MÉLANGES

HISTORIQUES ET LITTÉRAIRES

CHEZ MICHEL LÉVY FRÈRES, ÉDITEURS

OUVRAGES

DE

PROSPER MÉRIMÉE

DE L'ACADÉMIE FRANÇAISE

FORMAT GRAND IN-18

LES COSAQUES D'AUTREFOIS (2ᵉ édition).................	1 vol.
LES DEUX HÉRITAGES suivis de L'INSPECTEUR GÉNÉRAL et des DÉBUTS D'UN AVENTURIER (2ᵉ édition)..................	1 —
ÉPISODE DE L'HISTOIRE DE RUSSIE. — Les faux Demétrius (2ᵉ édition)...	1 —
ÉTUDES SUR L'HISTOIRE ROMAINE : Essai sur la Guerre sociale. — Conjuration de Catilina....................	1 —
MÉLANGES HISTORIQUES ET LITTÉRAIRES : Les Mormons. — Les Cosaques de l'Ukraine.—Sur un Tombeau découvert à Tarragone. — De l'Histoire ancienne de la Grèce. — L'Hôtel de Cluny. — De la Littérature espagnole. — Les Romains sous l'Empire.— Mémoires d'une famille huguenote. — De l'enseignement des Beaux-Arts. — Restauration du Musée. — Vie de César-Auguste. — Inventaire des joyaux du duc d'Anjou, etc. (2ᵉ édition)..........	1 —
NOUVELLES (4ᵉ édition) : Carmen. — Arsène Guillot. — L'Abbé Aubain.— La Dame de Pique. — Les Bohémiens.— Le Hussard. — Nicolas Gogol	1 —

POISSY.   IMP. ARBIEU, LEJAY ET CIᵉ

MÉLANGES
HISTORIQUES
ET
LITTÉRAIRES

PAR

PROSPER MÉRIMÉE

DE L'ACADÉMIE FRANÇAISE

DEUXIÈME ÉDITION

PARIS

MICHEL LÉVY FRÈRES, ÉDITEURS

RUE VIVIENNE, 2 BIS, ET BOULEVARD DES ITALIENS, 15

A LA LIBRAIRIE NOUVELLE

—

1868

Droits de reproduction et de traduction réservés

LES MORMONS

LES MORMONS.

I

Rien de plus fréquent en Angleterre, et surtout aux États-Unis, que l'apparition d'une secte nouvelle. La plupart cependant ne se séparent des principales communions réformées que par une interprétation plus ou moins étrange de quelques passages des saintes Écritures. La secte des Mormons, ou, comme ils s'appellent eux-mêmes, *des Saints du dernier jour,* a pris pour point de départ une révélation toute récente. Ce n'est plus un schisme qui s'élève parmi les protestants, c'est une religion fabriquée de toutes pièces, qui, n'ayant que vingt ans d'existence, règne en souveraine sur un peuple nombreux, et recrute chaque jour des prosélytes dans les deux hémisphères. Elle a ses prophètes, ses apôtres, ses miracles; elle compte déjà de nombreux martyrs, et c'est probablement aux pages sanglantes de son histoire qu'elle doit de n'avoir pas encore succombé sous le ridicule qui fait justice de tant de folies humaines.

J'ai eu la curiosité d'étudier cette nouvelle religion ; je me suis procuré les livres des Mormons, et j'ai essayé de les lire, mais le courage m'a manqué bien vite. En revanche, l'histoire de ces sectaires m'a paru offrir de l'intérêt, et je voudrais que les lecteurs du *Moniteur* fussent de mon avis. J'emprunterai la plupart des faits que je vais rapporter à deux ouvrages qui, l'un et l'autre, ont obtenu un légitime succès. Le premier, publié à Londres, par M. Mayhew (1), me paraît contenir des renseignements exacts et surtout fort impartiaux. A proprement parler, ce n'est qu'une compilation de pièces publiées pour ou contre les sectaires, une espèce d'enquête historique contradictoire, où l'auteur a pris le rôle de greffier et laisse rarement deviner son opinion. Si le dépouillement de la procédure est un peu long, il ne peut que conduire à un jugement équitable. L'autre ouvrage est de M. Gunnison (2), lieutenant dans le corps des ingénieurs topographes au service des États-Unis, et récemment employé au relevé topographique du territoire d'Utah. Pendant un séjour d'un an parmi les Mormons, il a été en relations continuelles avec la plupart de leurs chefs. A l'impartialité de M. Mayhew il joint l'avantage singulier d'observations personnelles et approfondies. J'aurai enfin occasion de me servir de la relation du capitaine Stanbury (3), compagnon de voyage de M. Gunnison, qui oublie parfois ses

(1) *The Mormons, or the latter day Saints.* London, 1852, 3ᵉ édit.
(2) *The Mormons in the Valley of the Great Salt Lake, by lieut. Gunnison of the topog. Ing.* Philadelphia, 1852.
(3) *Stanbury's Expedition to the Great Salt Lake.* Philadelphia, 1852.

triangulations pour décrire les mœurs des gens parmi lesquels il a vécu. J'indique mes autorités, et je prie MM. les Saints du dernier jour qui me feraient l'honneur de me lire de ne pas me rendre responsable des inexactitudes que je pourrais commettre sur la foi des écrivains que je viens de citer.

Pour commencer par le commencement, vers 1812, un M. Spalding, gradué d'une université des États-Unis, et fort adonné à la lecture des livres d'histoire, eut la fantaisie d'en écrire un à ses moments perdus. Le sujet qu'il choisit fut l'histoire de l'Amérique, je dis l'histoire ancienne, et très-ancienne. Manquant de documents, comme on peut le croire, il s'en rapporta à son imagination. Autant que j'en ai pu juger, l'invention est assez plate, et la forme ne rachète guère la niaiserie du fond. L'auteur fait descendre les Américains d'une tribu juive, et pour donner quelque couleur à son roman, il s'est appliqué à copier le style biblique, et c'est en effet le meilleur modèle qu'il pût suivre ; mais ces sortes de pastiches ont besoin, pour être tolérables, de la plume de M. de Lamennais ou de M. Miszkiewiez. A mesure qu'il avançait dans la composition de son ouvrage, M. Spalding le lisait à quelques amis qui lui faisaient leurs critiques, et il en profitait. Il y eut même des gens simples qui s'imaginèrent qu'il leur lisait la traduction de mémoires anciens découverts par lui ; et, de fait, il avait intitulé son histoire : *le Manuscrit trouvé*. M. Spalding mourut sans avoir publié son livre, qui fut conservé quelque temps par sa veuve, et prêté par elle à tous les curieux de Pittsburgh en Pennsylvanie, où elle résida quelque temps. Puis le manuscrit disparut, l'exception de deux ou trois chapitres, sans qu'on ait jamais pu savoir précisément ce qu'il est devenu.

Mais rien ne se perd dans ce monde, *le Manuscrit trouvé* tomba entre les mains d'un homme moins lettré, mais plus habile que M. Spalding, qui en fit l'Alcoran d'une religion dont il se prétendit le prophète. Telle est la version généralement accréditée en Amérique, corroborée d'ailleurs par le témoignage de la veuve de M. Spalding et par celui de quantité de personnes honorables; toutes ont identifié *le Manuscrit trouvé* avec *le Livre de Mormon*, lequel fut édité, il y a une vingtaine d'années, par Joseph Smith, le premier prophète des *Saints du dernier jour*.

Ce Joseph Smith était un jeune homme né en 1805 dans la ville de Sharon, comté de Windsor, État de Vermont, qui, jusqu'à l'année 1825, n'avait guère fait parler de lui que comme d'un vaurien. Son père était un fermier, assez pauvre, à ce qu'on dit, mais jouissant de quelque réputation dans le pays comme chercheur de trésors. Une superstition importée d'Écosse en Amérique attribue à certains cristaux de quartz transparent, qu'on trouve dans le sable, le pouvoir de faire découvrir les trésors cachés. On appelle ces cristaux *pierres du voyant,* et il y a deux manières de s'en servir : l'une de les vendre à des amateurs, l'autre de regarder au travers jusqu'à ce qu'on rencontre un trésor. Comme il est plus facile de trouver un imbécile qu'un trésor, Joseph Smith apprit tout enfant à trafiquer des *pierres du voyant,* et il joignit à cette industrie celle de la baguette divinatoire. De cette dernière, je puis parler pertinemment pour l'avoir vu pratiquer plus d'une fois. Prenez une baguette fourchue de coudrier, longue de deux pieds, coupée au décours de la lune ; quand elle sera bien sèche, vous la tenez horizontalement par la fourche entre le pouce et l'index de chaque main ; promenez-vous dans un endroit où la présence de certaines herbes ou de certains insectes vous a démontré l'existence d'une source : si, dans ce lieu, votre baguette, sans mouvement apparent des doigts, ne se tourne pas vers la terre, ne vous mêlez jamais de magie blanche.

A cette éducation, bien propre à former la jeunesse qui se destine au métier de prophète, Joseph Smith joignit l'avantage d'un commerce assidu avec quelques prédicateurs méthodistes qui lui apprirent, à l'âge de quinze ans, à disputer hardiment sur ce monde et sur l'autre. Ainsi préparé, et possesseur du manuscrit de M. Spalding, Joseph Smith songea à le publier, probablement pour réaliser quelque argent avec le produit de ce plagiat et se donner la réputation d'homme de lettres. Il est rare que les plus grands hommes aient de très-bonne heure la conscience de leurs hautes destinées ; leur but, d'abord terre à terre, s'élève à mesure qu'ils s'élèvent eux-mêmes. C'est ce qui arriva au Mahomet des Mormons. L'existence du manuscrit qui paraît avoir été entre ses mains dès 1826 ou 1827, fut révélée par lui à différentes personnes, mais sans qu'il le donnât alors pour un livre divin et une suite de la Bible. Ce ne fut qu'au moment de l'impression, c'est-à-dire en 1830, que Smith prit franchement le rôle d'inspiré et de prophète.

Cependant, dès avant cette époque, il faisait ses expériences sur la crédulité humaine et s'essayait en petit comité au rôle qu'il joua plus tard devant nombreuse compagnie. On sait le goût des Américains pour les mystifications, et quelles histoires extraordinaires publient leurs journaux. En ce temps-là, on commençait à se lasser du serpent de mer ; et, pour varier, on avait imaginé la découverte d'une Bible d'or dans je ne sais quels parages du Canada. Smith, qui paraît avoir eu toujours plus de talent pour perfectionner les inventions des autres que pour en trouver lui-même, annonça qu'il avait découvert, lui aussi, un livre d'or sur un monticule de sable voisin de sa demeure, mais qu'il ne pouvait le montrer, car ceux qui le verraient sans permission d'en haut seraient frappés de mort. Sur ce réchauffé de la tête de Méduse, il trouva un brave méthodiste qui lui prêta de l'argent pour imprimer son manuscrit et un maître d'école pour le lui copier. Ce dernier, nommé Olivier Cowdery, qui fut son premier disciple, mais qui dans la suite apostasia, raconte qu'il écrivit de sa main tout l'ouvrage, tandis que Smith le lui dictait caché derrière un rideau, lisant au moyen de deux *pierres du voyant* les caractères du livre d'or déposé au fond d'un chapeau.

En 1830, le merveilleux manuscrit fut imprimé, et en même temps l'histoire de sa découverte et de sa traduction s'embellit sensiblement, comme on va voir. Aujourd'hui les Mormons tiennent pour avéré, qu'un certain jour de l'année 1823, un ange du Seigneur, en robe blanche, *sans couture,* apparut à Joseph Smith au milieu d'une auréole lumineuse d'un indicible éclat, et lui tint ce discours : « Joseph Smith *junior,* tu es un vase d'é-

» lection; les doutes qui te tourmentent au sujet de la
» vraie religion seront levés et résolus. Tu connaîtras la
» vraie croyance, laquelle est renfermée dans un livre
» enterré au sommet de tel monticule dans l'État de New-
» York, et quand le temps sera venu, il te sera livré. »
Entre cette apparition et la découverte du livre saint,
quatre ans se passèrent, non sans quelques nouvelles visions dont je fais grâce au lecteur. Enfin, le 22 septembre
1827, l'ange du Seigneur, nommé *Moroni*, le mit en possession du trésor annoncé. Dans une espèce de coffre en
pierre, au lieu désigné, Smith trouva un certain nombre
de lames d'or, ou semblables à l'or, pour ne point mentir, couvertes de caractères inconnus, très-fins, mais très-
nettement gravés. Les lames étaient proprement enfilées
dans trois anneaux du même métal, reliure assurément
fort primitive. Notez que ces caractères, très-fins, n'étaient pas des lettres hébraïques, bien que le livre eût été
écrit par un prophète descendant des Hébreux. *Elles
eussent tenu trop de place*, disent les docteurs des Mormons. En effet, les pages ou les lames de métal n'avaient
que la hauteur d'un in-18, et réunies formaient un billot
de six pouces d'épaisseur. Pour ménager le papier, c'est
le métal que je veux dire, on s'était servi des caractères
de l'*égyptien réformé*, lesquels disent beaucoup de choses
en peu de mots, comme le turc de Covielle. Selon toute
apparence, Champollion, si habile à déchiffrer l'égyptien
non réformé, eût été embarrassé pour comprendre ce grimoire. Heureusement Smith, qui ne lisait alors que la
lettre moulée, trouva dans le même coffre, outre l'épée de
Laban, qui ne lui servit guère, un instrument en cristal qu'il

1.

nomme *urim-thumim* (1), autrefois fort en usage, dit-il, parmi les prophètes. Cela ressemblait à des besicles, mais des besicles si grandes, faites pour une tête si grosse, que, posées sur le nez d'un prophète de nos jours, leurs verres eussent dépassé ses deux oreilles. Le fait est qu'elles étaient montées aux deux bouts d'un arc. Disons en passant que l'*urim-thumim* est une des inventions du manuscrit de M. Spalding, qui le prête à un de ses héros, l'Œkiste ou le colonisateur hébreu de l'Amérique. Smith prit le parti de se servir d'un seul verre qui, vu sa grandeur, lui permettait de lire des deux yeux à la fois. La légère incommodité de cet instrument était bien rachetée par sa propriété de traduire les caractères qu'il faisait voir. C'est à l'aide de l'*urim-thumim* que Smith traduisit en anglais le livre sacré auquel il a donné le nom de *Livre de Mormon*. Si l'on me demande ce que signifie ce mot, tout ignorant que je sois en *égyptien réformé,* je puis l'expliquer aux curieux, d'après l'interprétation qu'en a donnée le prophète lui-même, dans une lettre à l'éditeur d'un journal américain. Voici ses propres paroles : « On dit en
» anglais, d'après le saxon, *good* (bon) ; en danois, *god;*
» en goth, *goda;* en allemand, *gut;* en hollandais, *goed;*
» en latin, *bonus;* en grec, *kalos;* en hébreu, *tob;* et en
» égyptien, *mon*. D'où, en ajoutant *more* (plus), contracté
» en *mor*, nous avons *mormon*, qui, littéralement, si-

---

(1) Ces mots se trouvent dans la Bible, **Ex.,** 28, 30, et ont fort exercé la sagacité des commentateurs. Ils paraissent désigner un ornement du Grand-Prêtre. « Et tu mettras sur le pectoral du jugement l'urim et le thumim... »

» gnifie *plus bon.* » Douterait-on maintenant que Smith ait eu le don des langues? — Il me semble entendre Sganarelle parler médecine et citer « le cerveau, que nous » nommons en grec *nasmus,* et la veine cave, que nous » appelons en hébreu *cubile.* »

La version anglaise de Joseph Smith prouve que l'*urim-thumim* n'est pas encore une machine à traduire sans défaut. Je ne prétends pas dire que cette version renferme des contre-sens, mais les barbarismes et les solécismes anglais y abondent. Le prophète avait eu une éducation un peu négligée, et n'était pas fort sur son rudiment lorsqu'il entra en relations avec les anges. Il est une faute qu'il affectionne : il avait remarqué dans sa bible anglaise l'emploi de la finale caractéristique *th*, inusitée dans le langage de la conversation, où elle est remplacée par la finale *s*, à la troisième personne du singulier de l'indicatif présent. Cette forme lui parut si belle, qu'à l'exemple des cuisinières qui emploient toujours l'orthographe la plus compliquée, il voulut mettre des *th* à toutes les personnes et à tous les temps des verbes. Il écrit couramment : *I saith, ye saith;* c'est à peu près comme : *Je disons, vous disez* en français. Ailleurs, il parle d'un descendant *littéral* d'Aaron, voulant dire peut-être un descendant en ligne directe. — Je remarque que tous ces nouveaux prophètes sont conjurés contre la langue de leur pays. Je me souviens d'un prédicateur saint-simonien qui, dans une conférence, s'écriait : « *Désubalternisons* la femme ! » Sur quoi plusieurs dames effrayées crurent devoir sortir.

Ces singularités grammaticales se retrouvent dans tous les ouvrages de Smith : pamphlets, lettres, articles de journaux, et singulièrement dans son livre de la Doctrine et des Pactes (*Book of Doctrine and Covenants*), qui contient les préceptes religieux de la secte, révélés au prophète au jour le jour et pour les besoins du moment. C'est de la sorte, dit-on, que l'Alcoran fut écrit.

On peut faire des fautes contre la grammaire et être éloquent. Joseph Smith a exercé une influence extraordinaire sur ses contemporains, et je vois, par le témoignage de ses ennemis eux-mêmes, qu'il passa pour un grand orateur. Quant à moi, qu'il soit le traducteur anglais de la langue des anges ou qu'il daigne écrire un article de journal, il me paraît également lourd, diffus, et, pour tout dire en un mot, assommant. Il est vrai qu'on juge mal un orateur sans l'entendre, et je n'ai pas entendu le prophète des Mormons. D'ailleurs, qu'est-ce que l'éloquence, sinon l'art de persuader. Les rhéteurs nous apprennent que pour persuader, il faut savoir agiter les passions de son auditoire ; or, chaque peuple, chaque pays, chaque époque a les siennes, et il serait étonnant que ce qui passionne un fanatique, par delà les montagnes Rocheuses, touchât un Parisien comme moi. Je ne doute pas que Cromwell n'ait été de son temps un grand orateur, et cependant je ne connais que M. Carlyle, son éditeur, qui de notre temps ait pu lire ses discours.

Quant à la doctrine religieuse prêchée par Joseph Smith, je la comprends encore moins que son éloquence, et je doute qu'on parvienne à découvrir un système philosophique quelconque dans le galimatias de ses révélations. « Qu'est-ce que Dieu ? dit-il. — Une intelligence matérielle « organisée, ayant un corps. Il a la forme d'un homme,

» et, de fait, est de même espèce. Il est un modèle de la
» perfection à laquelle l'homme est destiné à parvenir,
» Dieu étant le grand père et le chef de la famille. Cet
» être ne peut pas occuper deux places à la fois, donc il
» ne peut être présent partout... Le plus faible enfant de
» Dieu qui existe aujourd'hui sur la terre possédera plus
» de pouvoir, plus de propriétés, plus de sujets et de
» gloire que n'en possèdent Jésus-Christ et son père; tan-
» dis qu'en même temps Jésus-Christ et son père auront
» leur empire, leur royaume et leurs sujets augmentés
» en proportion. » Si cela signifie quelque chose, c'est
apparemment que Smith comptait *passer* Dieu après avoir
fait son temps de prophète. Cet échantillon suffira, je
l'espère, pour donner une idée de la théologie des Mormons. Leur symbole offre un mélange indigeste des principes du christianisme, de rêveries puritaines, et, çà et là, de quelques traits de la politique temporelle de Joseph Smith. Ce symbole est fort long, et je me bornerai à quelques extraits.

« Nous croyons que les hommes seront punis pour leurs
» propres péchés, et non pour les transgressions d'Adam.

» Nous croyons que, grâce à l'expiation du Christ (*ato-*
» *nement*), toute l'humanité peut être sauvée par son
» obéissance aux commandements de l'Évangile. » (Je ne
sais comment les Mormons concilient le premier de ces
articles avec le second.)

« Nous croyons que des hommes peuvent être appelés
» de Dieu par l'inspiration et par l'imposition des mains
» de la part de ceux qui sont *duement* autorisés à prêcher
» l'Évangile et à en administrer les commandements. »

[N'y a-t-il pas là une précaution prise par le prophète pour éviter le trop de concurrence dans les révélations divines? Je raconterai plus tard comment Joseph Smith eut fort à faire pour contenir l'enthousiasme de quelques-uns de ses adhérents trop faciles à s'inspirer.]

« Noüs croyons au rassemblement *littéral* (sic) d'Israël
» et à la restauration des dix tribus; que Sion sera rétablie
» sur le continent occidental; que le Christ régnera per-
» sonnellement sur la terre pendant mille ans; que la
» terre sera renouvelée et recevra sa gloire *paradisia-*
» *que*. Nous croyons à la résurrection *littérale* du corps
» (c'est décidément un mot mormonique) et que les morts
» dans le Christ ressusciteront d'abord, et que le reste
» des morts ne vivra pas avant les mille ans accomplis. »

Leur baptême, qu'ils estiment nécessaire au salut, s'administre par immersion; et, ce qui est fort commode, on peut être baptisé par procuration, voire même après sa mort. L'âme de votre grand-père est en péril, car peut-être n'a-t-il pas pu profiter de la révélation faite à Joseph Smith *junior* : faites-vous baptiser pour lui et n'en soyez plus en peine; c'est une attention qu'on doit avoir pour ses grands parens; mais il n'y a pas trop de temps à perdre, à ce que disent les théologiens mormons, car bientôt le baptême susdit ne pourra s'administrer qu'à Sion, c'est-à-dire dans la capitale des Mormons, et à Jérusalem.

Le livre de Mormon et celui de la Doctrine ne sont considérés par leurs docteurs que comme des suites de la Bible; mais le prophète a fait subir à la Bible elle-même un travail de révision qui s'imprime en ce moment. Personne n'a su encore l'hébreu, excepté Joseph Smith, qui avait le don de langues. Je ne connais de ses corrections à la Vulgate que l'interprétation du premier verset du premier chapitre de la Genèse, dont voici l'*erratum* : Au lieu de : « Au commencement, Dieu créa le ciel et la terre, lisez : le Dieu en chef (*the Head God*) rassembla les dieux et tint un grand conseil.»

En voilà assez de ces tristes extravagances. Hâtons-nous de dire que Smith et ses apôtres ont toujours professé publiquement la morale de l'Évangile. Cependant leurs ennemis prétendent qu'ils connaissent certaines restrictions mentales et distinctions de casuistes au moyen desquelles ils en imposent aux Gentils, sans que le diable y perde rien.

Le niveau de l'intelligence humaine se serait-il abaissé dans notre malheureux siècle? Explique qui pourra comment une fable aussi mal ourdie que la découverte des lames d'or, une doctrine aussi ridicule que celle dont je viens de traduire quelques articles, un langage aussi grossier que celui d'un paysan parlant de ce qu'il n'entend pas, aient pu produire tant d'effet parmi un peuple qui passe pour grave, sensé et même un peu calculateur. En 1830, Joseph Smith n'avait que cinq disciples; un an après il les comptait par milliers. La voix de l'ange Moroni, qu'il traduisait dans son jargon, lui dicta ce précepte : « Tu ne *convoiteras* pas ton propre bien, mais tu » en feras un usage libéral pour contribuer à l'impression » du livre de Mormon. » Aussitôt, et comme par enchantement, il a une imprimerie, il fonde un journal, une banque et bientôt une colonie. De tous côtés partent, sur son ordre, d'ardents missionnaires qui se répandent non-seulement dans les différents États de l'Union, mais qui viennent braver les sarcasmes de la vieille Europe et faire des recrues pour la nouvelle Jérusalem. Or, ces apôtres sont gens intelligents; les recrues qu'ils envoient à leur prophète ne sont ni des désespérés en dehors de la vieille société, ni des misérables que la faim pousse à se jeter dans l'Église nouvelle qui les nourrit. Les catéchumènes des Mormons, sur ce point tous les témoignages sont d'accord, ce sont des cultivateurs aisés, des artisans, d'élite qui arrivent avec leurs familles, possesseurs d'un petit pécule, économes, rangés, sobres, amis de l'ordre et du travail. On estime que depuis 1840 14,000 personnes ont passé de Liverpool en Amérique par les soins du comité d'émigration que les Mormons ont établi dans cette ville.

Parmi tout le fatras et le méchant verbiage de ses œuvres littéraires, originales ou pillées, Smith montre un talent réel d'organisation, et l'on entrevoit que le mauvais grammairien a des instincts de législateur. Il a compris le pouvoir de l'esprit d'association qui produit tant de merveilles aux États-Unis, et il l'exploite en le soumettant à une volonté unique. A l'autorité du gouvernement théocratique il allie l'activité particulière aux républiques commerçantes; il sait flatter l'orgueil de sa secte, et, en lui persuadant qu'elle est l'objet des préférences exclusives du Très-Haut, il la sépare du reste des hommes. Pleins d'un égal mépris pour les chrétiens et pour les idolâtres, les Mormons tirent gloire de leur isolement. Leur prophète leur a fait une loi et comme une nécessité de se suffire à eux-mêmes. C'est en inspirant aux Spartiates un orgueil non moins exclusif que Lycurgue les rendit pour quelque temps réellement supérieurs à tous les autres Grecs. Obéissance absolue au prophète, propagande active, abnégation des intérêts particuliers, ou plutôt direction intelligente des intérêts particuliers au profit de l'intérêt de la communauté, enfin fondation d'un État indépendant par la réunion de tous les membres de la société nouvelle, tels sont les préceptes que Smith a dictés à ses disciples; préceptes à la fois religieux et politiques; car son grand art fut toujours de prescrire comme un devoir envers le ciel tout ce qui pouvait contribuer à l'agrandissement de sa secte. Quelques-uns ont vu en lui un imposteur vulgaire servi par le hasard; d'autres ont cru qu'il partageait le fanatisme de ses adeptes et que s'il avait menti sciemment, c'était *pour le bon motif*, dupe d'ailleurs le plus souvent lui-même de ses rêveries mystiques. Pour moi, je ne doute pas que son but principal, dès qu'il eut compris son pouvoir, n'ait été de fonder un État dont il voulait être le législateur et le chef, et, à mon sentiment, toutes ses jongleries ne furent que des moyens à sa portée pour réaliser ce projet.

Qu'on rie tant qu'on voudra du plagiaire qui fait d'un roman le livre de sa religion; je ne pense pas qu'on puisse refuser son admiration à un jeune homme sans lettres, sans éducation, qui, n'ayant pour toutes ressources que son audace et sa persévérance, parvient à transformer des déserts en florissantes colonies. Au bon sens pratique de la race anglo-saxone, Smith joignait la fertilité d'expédients et cette témérité calculée et réfléchie qui caractérisent l'Américain du Nord. C'était un de ces hommes à volonté forte et que la nature a créés pour le commandement.

Dès le début de sa carrière, il eut à lutter contre des obstacles qui eussent rebuté tout autre que lui. Ses premières prédications et les fables sur lesquelles il fondait son autorité lui attirèrent le mépris des gens sérieux et la persécution de tous les fanatiques, si nombreux aux États-Unis ; elles lui valurent, qui pis est, l'amitié des charlatans et des fous, disposés par jalousie ou par esprit d'imitation à le dépasser en impostures et en extravagances. A peine convertis, quelques-uns de ses disciples eurent leurs inspirations et voulurent trancher du prophète. Au milieu de ses sermons, un maniaque poussait des cris enragés, et un autre maniaque prétendait ou croyait les traduire à la foule, partagée entre le prophète professeur et le prophète écolier.

Il faut savoir que, parmi les Mormons, l'interprétation des langues par l'inspiration est un article de foi. « Si un fidèle veut parler et ne sait comment exprimer les pensées de son cœur, qu'il se lève en pieds, disent les doctes, et qu'il ouvre la bouche ; quels que soient les sons qui en sortiront, l'esprit du Seigneur lui donnera un interprète. »

Je demande la permission de raconter ici, entre parenthèse, ce que je vis à Londres, il y a quelques années. On me mena dans une grande salle où l'on entrait pour un schelling, louée à des gens qui parlaient des langues inconnues et les expliquaient. Je pense que c'étaient des Mormons, mais on leur donnait alors un autre nom, que j'ai oublié. L'assistance était nombreuse et mêlée. Une partie se composait de gens graves, proprement vêtus, assis dans un recueillement profond, et de quantité de gamins et de badauds debout, qui les regardaient. Il y avait des moments de grand silence, lorsqu'on espérait que quelqu'un allait prendre la parole. Puis on entendait un chat miauler; aussitôt un coq chantait, un chien aboyait, et des éclats de rire et des huées immenses. Quelques hommes, à mine sérieuse et larges épaules, allaient prendre au collet le gamin qui faisait le chat ou le coq, et le mettaient à la porte; mais bientôt après le tumulte recommençait de plus belle.

Cela dura une bonne heure, sans que je visse un sourire ni l'apparence d'une distraction parmi les membres du cénacle. Tout d'un coup, une jeune femme se leva, jeta son chapeau en arrière et proféra, ou plutôt hurla, d'une voix qui n'avait rien d'humain, quelques mots inintelligibles, puis, retomba comme évanouie sur son banc. Le chat et le coq se turent un instant, saisis d'un effroi involontaire, dont je me sentis atteint moi-même. Pendant cette minute de silence, un homme se leva et commença à parler. Je me souviens qu'il nous dit que sa jeune sœur avait dit : *Thara ti ton tho,* et que cela signifiait... Mais alors les grognements, les coricocos et les aboiements devinrent si effroyables et la chaleur était si grande, que je gagnai la porte sans attendre le sermon.

Lorsque les Mormons commencèrent à devenir nombreux, les interrupteurs mécréants cessèrent de les importuner; mais la fréquence des descentes de l'Esprit Saint dans leurs assemblées menaçait la secte naissante d'un nouveau schisme à chaque réunion. Smith prévint le danger. Il établit une hiérarchie entre ses disciples, distribua les grades et les titres religieux, et intéressa les plus turbulents à maintenir la police. S'il remarquait parmi ses néophytes quelque esprit dangereux, il s'empressait de lui conférer le titre d'*apôtre* et de l'envoyer au loin pour convertir les infidèles. Ces missions, qui s'étendaient quelquefois jusqu'aux îles Sandwich, ou même en Afrique, le débarrassèrent, dit-on, de concurrents redoutables. Quelques rebelles furent expulsés. Il régla que l'inspiration ne viendrait plus qu'aux ministres ordonnés *ad hoc, selon le rite de Melchisedech*. Enfin, il divisa son troupeau en petits groupes commandés par des chefs dévoués qu'il visitait assidûment et qu'il formait à la discipline et à l'obéissance.

Avec les fonds que lui fournirent ses disciples, il acheta des terres, des instruments de labourage, des chevaux et des bœufs, et fonda un premier établissement à Kirkland, dans l'État d'Ohio, où un certain nombre de saints commencèrent à défricher et à planter. Tandis que lui-même parcourait les différents États de l'Union, pour répandre sa doctrine, quelques-uns de ses lieutenants dirigeaient l'exploitation agricole, d'autres administraient une banque, faisaient un journal et engageaient une violente polémique avec les Gentils, c'est-à-dire les chrétiens, surtout avec les méthodistes, justement alarmés des progrès d'une secte qui leur enlevait leurs sujets d'élite. Malgré la prudence que Smith recommandait à son troupeau et qu'il pratiquait lui-même dans ses rapports avec les infidèles, il ne put empêcher que des néophytes trop zélés ne compromissent l'Église naissante par leur langage indiscret et quelquefois par leur conduite. D'ailleurs, l'isolement dont les Mormons affectaient de s'entourer donnait prise à la calomnie. On leur imputa des folies auxquelles ils ne pensaient pas, et, entre autres, on prétendit que le communisme était le fond de leur doctrine. Cette accusation est grave aux États-Unis, où il y a plus de propriétaires qu'en aucun autre pays, et des propriétaires fort attachés à ce qu'ils possèdent. En outre, dès cette époque, le bruit se répandit que les Mormons prêchaient et pratiquaient la polygamie. Smith s'en défendit hautement et reprit même un de ses principaux confidents nommé Samuel Rigdon, qui avait exposé au sujet du mariage des idées fort peu claires qu'on a nommées « *la doctrine de la femme spirituelle,* » et que nous aurons bientôt à examiner. Toutes ces rumeurs, calomnieuses ou non, attirèrent aux Mormons des adversaires qui ne leur cédaient point pour l'intolérance et le fanatisme. Plus d'une fois, Joseph Smith fut hué, insulté, chassé à coups de pierres. Dans une de ses tournées, une bande de vauriens excités, à ce qu'on croit, par des prédicateurs méthodistes, força la nuit la porte de sa demeure, l'arracha de son lit, et, après l'avoir dépouillé et chargé de coups, le barbouilla de goudron depuis les pieds jusqu'à la tête, et le roula ensuite dans un lit de plumes. C'est un manière de *premier avertissement* fort usité dans les États de l'Amérique, où la loi de Lynch est en vigueur.

Cet accident ne refroidit pas le zèle apostolique du prophète : il n'en devint que plus ardent à presser la colonisation de ses sectaires; déjà il pouvait les appeler son peuple sans trop de hardiesse dans la métaphore. Il acheta des terres considérables dans le comté de Jackson, État de Missouri, et résolut d'y transporter son établissement de Kirkland. Si l'on en croit les infidèles, il avait fait de mauvaises affaires dans l'Ohio, et son départ aurait eu lieu *entre deux jours*, façon de parler américaine, qui répond à *faire un trou à la lune*. Quoi qu'il en soit, les Mormons accoururent en foule dans le Missouri, et y jetèrent les fondements d'une ville, d'après un plan envoyé du ciel et remis par Smith à leurs géomètres. Ils la nommèrent *Indépendance* ou *Sion*, et la bâtirent sur l'emplacement du jardin d'Éden, où fut créé notre père Adam, car c'est au Missouri qu'était le Paradis terrestre. Le prophète avait dit, et les sectaires répétaient avec enthousiasme, qu'un jour le Seigneur leur donnerait tout le pays et qu'on n'y verrait plus un infidèle. J'aime à croire que Smith espérait, avec le temps, convertir les Missouriens ou leur acheter leurs terres. Mais il paraît que des Mormons, plus pressés que les autres, firent, par avancement d'hoirie, quelques entreprises blamables contre les Philistins. Parmi les nouvelles recrues, il y en avait bon nombre qui ne connaissaient pas exactement encore la distinction entre le *meum* et le *tuum*. D'un autre côté, on sait que dans les nouveaux États de l'Union, il se trouve bien des gens qui seraient mal à leur aise dans les anciens; la plupart parce qu'ils se sont brouillés avec la justice, quelques-uns parce qu'ils ont des habitudes de vie semi-indiennes qui ne s'accommodent guère des lois et de la civilisation. Entre ces gens-là et les Mormons s'élevèrent des querelles pour des bœufs enlevés, des chevaux détournés. Il me paraît probable que, des deux côtés, il y eut des torts graves et de coupables violences. Mais les Mormons étaient et voulaient être des étrangers dans le Missouri. Leurs journaux, d'ailleurs, prêchaient l'abolition de l'esclavage, et c'en était assez pour soulever contre eux toute la population blanche, singulièrement intolérante sur cet article.

Un grand meeting eut lieu dans le comté de Jackson en juillet 1833, dans lequel furent adoptées les résolutions suivantes : « Qu'on ne souffrirait plus de Mormons dans le pays; que, s'ils donnaient des garanties de bonne conduite, on leur permettrait de vendre leurs terres et de s'en aller tranquillement; que, provisoirement, ils cesseraient de publier leur journal et de recevoir les étrangers qui professaient leurs opinions religieuses. » La délibération se terminait par ces mots : « Ceux qui ne feraient pas droit à la présente réquisition sont priés de s'adresser à leur prophète pour être informés du sort qui les attend. »

Une sommation de vider les lieux fut envoyée à Sion, avec intimation de répondre catégoriquement sous trois jours, et, en attendant, quelques saints, surpris isolément, furent renvoyés à leurs frères, goudronnés et emplumés. Le gouverneur du comté de Jackson partageait tous les préjugés des Missouriens contre les sectaires. A leurs réclamations, à leurs justes demandes de protection, il répondait par des plaisanteries ou des menaces : « Partez, disait-il, c'est le plus sûr, ou vous verrez de quel bois se chauffent mes gaillards du comté de Jackson. »

Après quelques pourparlers, les Saints, hors d'état de résister à la tempête, se résignèrent à l'émigration. Ils vendirent leurs propriétés à perte, et laissant à leurs ennemis leurs maisons et les premières assises du temple de Sion, passèrent dans une autre partie du Missouri, le comté de Clay, où ils fondèrent au milieu d'une espèce de désert, deux colonies nouvelles, *Far West* et *Adamson-Diahman*. On ne les y laissa pas longtemps tranquilles.

En 1838, nous les y trouvons considérablement accrus en nombre, mais encore plus odieux à leurs voisins. Les méthodistes les dénoncent comme les ennemis communs de l'humanité, et bientôt à la polémique des journaux et des sermons succède la guerre à coups de fusil. Smith s'y était préparé en formant aux exercices militaires une petite bande qu'il appela les *Danites* ou les *Anges destructeurs,* et dont il fit ses gardes du corps. Un engagement eut lieu entre une trentaine de ces anges et un bien plus grand nombre de Missouriens. Les premiers eurent l'avantage, tuèrent deux des Gentils et furent reçus par leurs frères comme David après son combat avec Goliath. L'agression des Missouriens était flagrante, mais les Mormons étaient exécrés. Aussitôt le gouvernement de l'État de Missouri fulmine des décrets contre les sectaires. La milice prend les armes de toutes parts, et ce fut une croisade générale au nom de la morale et de la civilisation outragées. Quelques-uns de leurs plus ardents défenseurs, capitaines ou colonels dans la milice du Missouri, s'étaient peint le visage à la manière des Indiens : ils se faisaient gloire de hurler le *war whoop* et d'être dans leur accoutrement plus sauvages que les sauvages eux-mêmes. De fait, un de leurs premiers exploits fut de tomber sur How-Mill, un hameau des Mormons, de le piller et d'y massacrer une vingtaine de personnes sans défense, hommes, femmes et enfants. En même temps qu'on courait sus aux Mormons comme à des bêtes fauves, on ne négligeait pas les violences légales. Le massacre de How-Mill restait impuni, mais un décret de prise de corps était lancé contre Smith et d'autres chefs pour avoir causé par leurs prédications la mort de deux citoyens des États-Unis : c'étaient ceux qui étaient restés sur le carreau dans leur escarmouche avec les Danites. Joseph Smith et deux de ses apôtres furent arrêtés et jetés en prison. Si l'on pouvait ajouter foi aux récits des Marmons, il n'est sorte de cruautés auxquelles leurs chefs n'aient été en butte pendant cette détention. On aurait servi, disent-ils, aux malheureux prisonniers la chair d'un de leurs camarades égorgé. *Credat Judæus Apella.* Je veux bien croire que MM. les colonels du Missouri s'amusent à jouer au sauvage pour faire peur aux petits enfants, mais je n'ai pas si mauvaise opinion de leur cuisine. Laissons cette histoire à ceux qui lisent les livres écrits en égyptien réformé, et remarquons seulement à quelles absurdes et dégoûtantes exagérations s'abaissent les hommes dans leurs querelles religieuses.

Ce qu'il y a de certain, c'est que ni Smith ni ses compagnons ne furent mangés par les Missouriens. Fort négligemment gardés, ils s'échappèrent de leur prison au bout de quelques semaines. Leurs frères cependant, environnés d'ennemis en armes, abandonnés par le gouvernement fédéral, ouvertement poursuivis par celui du Missouri, durent encore une fois plier leurs tentes et continuer leur pèlerinage. Ils quittèrent le comté de Clay au milieu d'un hiver rigoureux, et après avoir souffert des privations de toute espèce, arrivèrent dans l'État d'Illinois au nombre de 12 ou 15,000, plus attachés que jamais à leurs croyances, et toujours résolus à fonder leur ville sainte. Il y a dans leur symbole une belle phrase : « Nous avons enduré bien des choses ; nous espérons que nous serons capables d'endurer toutes choses. » Les Mormons ont forcé leurs plus cruels ennemis d'admirer leur courage et leur invincible persévérance.

Les exilés s'arrêtèrent dans l'État d'Illinois au bord du Mississipi, et sur les rives de ce grand fleuve jetèrent pour la troisième fois les fondements de leur nouvelle Sion. Ils la nommèrent *Nauvoo,* mot qui dans leur égyptien signifie *ville de Beauté.* Ils étaient arrivés pauvres, pillés, presque sans ressources ; mais telle est l'énergie et l'intelligence pratique de ces hommes, qu'au bout de dix mois il y avait deux mille maisons à Nauvoo, un grand hôtel de ville, des écoles, et de nombreux ateliers. Le pays était malsain ; en fort peu de temps des marais furent desséchés, des bois abattus et le territoire assaini. Mais plusieurs milliers de travailleurs moururent de la fièvre typhoïde. D'autres les remplacèrent, et l'épidémie fut vaincue comme le climat. Les prairies se couvrirent de troupeaux, les terres arables de riches moissons. Ce peuple singulier fait de l'agriculture et de l'industrie une affaire de religion, et travaille à s'enrichir avec son fanatique enthousiasme. La persécution n'avait fait qu'augmenter le nombre des conversions, et de tous les côtés arrivaient de ferventes recrues. En entrant dans la communauté, chaque Mormon donne le dixième de son bien au gouvernement, c'est-à-dire à l'Église. Il lui doit en outre, chaque année, le dixième de ses bénéfices ; enfin, de dix jours l'un, elle peut exiger ses services personnels. Smith comptait déjà un assez grand nombre de sujets pour se montrer difficile à recevoir les nouveaux venus. On dit qu'il se plaisait à éprouver le zèle des néophytes en leur empruntant d'abord tout leur argent, puis en exigeant d'eux les corvées les plus pénibles. Il voulait que les nouveaux habitants de Nauvoo prouvassent qu'ils étaient dignes de devenir les concitoyens des exilés de Sion.

La ville de Nauvoo, faisant partie de l'Illinois, devait être politiquement régie par la constitution de cet État; mais les Mormons ne reconnaissent d'autre autorité que leur théocratie. Cependant, comme il était très-important de ménager le gouvernement du pays où l'on s'établissait, Smith trouva moyen de tout concilier en reconnaissant nominalement les institutions de l'Illinois, tout en conservant de fait pour son peuple ses lois particulières. Au fond, il ne s'agissait que de traduire dans la langue officielle de l'Union les titres des fonctionnaires mormons, pour garder les apparences et conserver de bons rapports avec un pouvoir contre lequel il eût été imprudent de lutter. Ainsi, pour les Mormons, Joseph Smith continua d'être le prophète et le vicaire de Dieu, mais pour le gouvernement de l'Illinois, il fut le *maire* de Nauvoo, ou bien *le général* Smith, élu par la milice des Mormons, car dans l'Illinois les soldats nomment leurs officiers, comme faisait autrefois notre garde nationale. A son exemple, tous les hauts dignitaires de son église prirent un titre officiel. Le *patriarche* s'appela *juge de paix* pour les infidèles; les *apôtres* devinrent *aldermen*, et ainsi de suite. Toute la déférence que montrèrent les Mormons à se conformer à la constitution du pays où ils s'établissaient consista à inventer une synonymie de titres, où tout le monde trouvait son compte.

D'ailleurs, Smith s'appliquait plus que jamais à éviter toute collision entre son peuple et les Gentils. Les occasions étaient fréquentes, et ceux de ces derniers qui s'aventuraient à Nauvoo étaient pour la plupart gens à donner de l'occupation aux magistrats de tous les pays et de toutes les croyances. Mais Smith était ingénieux à éluder les difficultés, et lorsque les institutions qui l'enchaînaient ne lui laissaient pas tout le pouvoir qu'il eût voulu, il avait des moyens détournés d'en venir à ses fins sans que le gouvernement de l'Illinois y pût trouver à redire. Quelques Gentils venaient à Nauvoo pour épier la nudité de la terre, d'autres dans l'espoir de s'enrichir promptement parmi des gens si crédules, enfin, pour beaucoup d'autres, la ville des Mormons semblait, comme l'ancienne Rome, une cité de refuge, et il était à craindre que tous les mauvais sujets des provinces orientales n'en fissent leur résidence. Voici comment la police de la nouvelle ville en agissait avec ces messieurs. Aux Etats-Unis, point de passeports, et pour arrêter un coquin, il faut des formalités infinies. On se gardait bien d'y avoir recours. Dès qu'un individu suspect au prophète avait élu domicile à Nauvoo, on lui détachait trois grands gaillards, robustes, sérieux surtout, pourvus chacun d'un morceau de bois tendre et d'une serpette. — Il faut savoir qu'en

Amérique c'est une manie nationale de tailler du bois en menus copeaux, seulement pour occuper les doigts quand on n'a rien à faire ; cela s'appelle *to whittle*, mot qui manque à notre langue. En Angleterre, où l'on aime à rire aux dépens des Américains, on représente ordinairement le Yankee ratissant un morceau de bois, et l'on vous dit gravement que tout membre du Congrès, en arrivant à Washington, reçoit, par les soins du ministre de l'intérieur, un canif et une bûche de cèdre, dont il se fait un cure-dent à la fin d'une session. — Ces trois tailleurs d'allumettes, donc, allaient se planter devant la porte de l'individu qui leur était signalé, coupant, rognant, faisant des copeaux et attendant leur homme. Sortait-il, ils s'attachaient à lui comme son ombre, marchant lorsqu'il marchait, s'arrêtant quand il s'arrêtait, ne riant jamais et toujours occupés de leur bûchette.—Pourquoi me suivez-vous?—Point de réponse, et toujours les trois gaillards sérieux dolant leur morceau de cèdre. Se fâcher était imprudent, les trois Mormons étaient choisis d'une encolure respectable, et d'ailleurs ils n'eussent pas manqué de se plaindre au premier constable qu'on insultât des citoyens paisibles de l'État d'Illinois occupés à ne rien faire. Cependant les femmes se mettaient aux fenêtres pour voir passer la procession, et les enfants faisaient cortége. Pas la moindre insulte, mais aux copeaux le long des rues on pouvait suivre tous les pas du malheureux suspect. Quelle que fût la dose d'impudence dont il fût doué, rarement il résistait plus de deux heures à l'ennui de ces copeaux et de ces trois figures impassibles. On raconte qu'un drôle fortement trempé se laissa suivre pendant trois jours, au bout desquels il s'avoua vaincu et fit son paquet. Cette mesure de police préventive s'appela *whittling off,* ratisser dehors.

C'était peu pour Joseph Smith d'avoir changé un marécage en une ville florissante, il voulut que Nauvoo possédât un monument sans égal en Amérique, et il eut une révélation qui prescrivit la construction d'un temple. Malheureusement il n'y avait pas encore d'architecte converti à la religion nouvelle ; il fallut se contenter d'un Gentil. Les Mormons s'en consolèrent, en se rappelant que Salomon avait accepté les services du Tyrien Hiram. D'ailleurs, l'ange familier de Joseph Smith lui apporta du ciel plan, coupe et élévation ; et quant aux détails d'exécution, il les lui communiqua de vive voix. L'architecte fut un peu surpris des instructions qu'on lui donnait ; mais il n'eut garde de disputer sur l'art avec l'ange Moroni, qui en savait évidemment plus long que Vitruve et Palladio. Je voudrais bien pouvoir insérer ici le programme de l'ange pour l'instruction de nos architectes ; mais je n'ai pu me procurer qu'une courte description faite par un des Saints, encore n'est-elle pas des plus claires. — « Notre temple est aussi haut que les chapi-
» teaux des pilastres (*sic*), et il est majestueux à la vue,
» surtout pour moi qui sais que la dîme (l'obole du pau-
» vre) proclame la gloire de Dieu. Ce splendide modèle
» de la grandeur mormonique montre trente pilastres en
» pierre de taille, qui ont coûté 3,000 dollars la pierre.
» La base est le croissant d'une nouvelle lune. Les cha-
» piteaux ont cinquante pieds de haut (*sic*). Le soleil est
» sculpté en relief hardi, avec une face humaine large de

» deux pieds et demi, orné de rayons lumineux et de
» flots, surmonté de deux mains tenant deux trompettes.
» Quatre rangs de fenêtres : deux gothiques et deux
» rondes, etc. » Je plains le pauvre architecte! Le 6 avril
1841, la première pierre fut posée au bruit des salves
d'artillerie, à la suite d'une grande revue de la milice,
déjà forte de deux mille hommes bien armés, et passablement exercés à l'école de bataillon. En sa qualité de général, le prophète passa devant le front des troupes, suivi
d'un brillant état-major, où l'on remarquait plusieurs
dames à cheval. D'autres dames lui offrirent un drapeau
brodé de leurs mains, qui fut remis à la légion de Nauvoo, avec les allocutions et serments usités en de telles
occurrences.

Des profanes, qui ont vu le temple et l'ont décrit en termes à notre portée, le représentent comme un grand bâtiment long de cent-vingt-huit pieds, large de quatre-vingt-trois, haut de soixante, et divisé en trois nefs. Sur la façade
s'élève une tour octogone, surmontée d'un lanternon qui
porte une girouette formée par un ange tenant une trompette. Ogives, œils-de-bœuf, pilastres cannelés, balustres,
meneaux gothiques, il y a un peu de tout dans ce monument, et l'on voit que l'ange Moroni appartient à l'école
éclectique. Sous ce rapport, le temple de Nauvoo est bien le
modèle de la religion mormonique, qui pille à tort et à
travers avec beaucoup d'impartialité. Cette macédoine monumentale a coûté, dit-on, la bagatelle de dix millions de
dollars, en quatre ou cinq ans. C'est un peu moins que le
Parlement britannique bâti récemment par M. Barry. Cinquante millions dépensés en quatre ou cinq ans pour un

temple à l'usage des Mormons! En France, il y a plus de trente millions de catholiques, et j'aurais honte de dire ce que nous dépensons pour entretenir nos églises. Il est vrai que Smith avait fait un appel pathétique aux rois, reines et princes du monde, pour les engager à contribuer à cette grande œuvre, comme jadis la fameuse reine de Saba au temple de Salomon ; mais il est inutile de le dire, le plus clair de sa recette fut l'obole du pauvre, la dîme des Saints du dernier jour. Chaque Mormon apporta son offrande et travailla de ses mains un certain nombre de jours à ce temple sacré. C'est ainsi que se sont bâties la plupart de nos cathédrales. Tout peuple met sa vanité dans la possession d'un monument qui devient à ses yeux comme le centre de la patrie. Athènes avait son Parthénon ; Rome, son Capitole ; Jérusalem, ce fameux temple où les Juifs combattaient encore lorsque les Romains étaient maîtres de leurs remparts. Joseph Smith connaissait les hommes et avait compris que son bizarre monument allait donner une espèce de consécration à sa colonie et à son église.

Il n'était pas destiné à en voir la fin. La bonne intelligence qui régnait d'abord entre les Mormons et les autres habitants de l'Illinois ne fut pas de longue durée. Les premiers, fiers de leur temple, auprès duquel les églises protestantes du voisinage n'étaient que des granges, de leur ville déjà peuplée de quinze mille âmes, de leur croyance qui comptait plus de cent mille adhérents dans l'Union américaine, commencèrent à perdre la sage réserve qu'ils avaient à leur arrivée à Nauvoo. Ils firent grand bruit des prophéties qui leur promettaient la possession de la terre promise et l'expulsion des Gentils, enfin ils traitèrent de plus en plus cavalièrement les autorités de l'Illinois. D'un autre côté, toutes les accusations déjà portées dans le Missouri contre les sectaires se reproduisirent envenimées de la jalousie que la prospérité extraordinaire de Nauvoo pouvait inspirer à ses voisins moins heureux. Enfin des dissensions intestines entre les Mormons fournirent occasion aux Gentils d'intervenir dans leurs affaires.

Il faut bien en venir à parler de la *Doctrine de la femme spirituelle*. A différentes reprises, les journaux hostiles aux Mormons avaient dénoncé le prophète comme prêchant cette doctrine, qui, disaient-ils, n'était autre que la polygamie. Smith a toujours repoussé cette imputation par des dénégations formelles ; mais il paraît que, sur ce point comme en beaucoup d'autres, on ne s'entendait pas bien sur les termes. Polygamie vient de deux mots grecs qui signifient : beaucoup de noces. Or le prophète niait avec raison qu'on pût se *marier* plus d'une fois dans son Église. Il est vrai, et les Mormons n'en font plus mystère aujourd'hui, il est vrai qu'un Saint qui n'a pas assez d'une femme, peut, avec l'autorisation du prophète ou du sanhédrin mormonique, être *cacheté, scellé* (*sealed*) à une seconde femme, à une troisième, à une infinité d'autres femmes. Il y a une cérémonie spéciale pour ces *scellements* dans leur liturgie, et, à n'en considérer que les effets physiques et légaux, un profane, qui n'a pas les lunettes prophétiques sur le nez, pourrait prendre cela pour de la polygamie. C'est une erreur. Un Mormon ne se *marie* qu'à une femme, mais on peut le *cacheter* à une cinquantaine et plus, d'où il suit qu'il n'est pas polygame.

Dites, s'il vous plaît, *polysphragiste*, beaucoup cacheté, ce qui est bien différent.

Il paraît qu'on peut être cacheté à une femme mariée, ce qui avait lieu à Sparte du consentement du mari, tandis que, dans l'Église des Saints du dernier jour, on se passerait de la permission. J'avoue bonnement que je ne sais si les dames peuvent réclamer le bénéfice de nombreux scellements comme les hommes. Cela me semble juste et probable, car le moyen de trouver assez de femmes dans une colonie nouvelle, où nécessairement le beau sexe doit être en minorité? Il faut encore considérer que le prophète a déclaré qu'une femme ne peut entrer dans le royaume des cieux sans un homme qui la présente comme lui appartenant. Or, si on se défie un peu du salut de son mari, ne doit-il pas être permis de prendre pour chaperon quelque saint personnage, prophète ou patriarche, dont le crédit là-haut soit bien connu?

Je ne voudrais pas m'étendre longuement sur un sujet si délicat; je me bornerai à remarquer que, dans le principe, la doctrine de la *femme spirituelle* ne fut pas professée publiquement (1). On la révélait seulement à quelques initiés parvenus aux grades supérieurs de leur Église,

---

(1) Le prophète a dit : « Tout homme doit avoir *une* femme, toute femme un mari *seulement*. » Les casuistes mormons prétendent que cela veut dire que tout homme doit avoir *une* femme *au moins;* tandis que, par le mot *seulement*, Smith aurait condamné les femmes à n'avoir qu'un mari, un seul. Mais je ne sais si les paroles de Smith, destinées à donner le change aux Gentils, ne doivent pas recevoir une interprétation plus large et plus équitable. Je propose un chisme.

et le secret était soigneusement gardé pour ne pas scandaliser les Gentils ou les catéchumènes encore imbus de leurs vieux préjugés. Maintenant que les Mormons sont dans leur fort des montagnes Rocheuses, ils y mettent moins de façons. MM. Stanbury et Gunnison affirment que la plupart des *Anciens* ont plusieurs femmes. Ils en citent un qui est *scellé* à quarante-deux Mormones; enfin ils prétendent que, dans les grades élevés, une douzaine de cachets seulement passerait pour une sorte de célibat (1).

Dans la pratique, ajoutent les deux voyageurs, ce système n'a pas tous les inconvénients qu'on lui supposerait *à priori*. Les dames scellées et les mariées jouissent d'une égale considération, et on n'entend parler ni de disputes, ni de jalousie entre elles. Ils ne disent pas comment les Saints parviennent à gouverner des ménages si nombreux; mais je vois dans la relation de M. Gunnison, que la doctrine du scellement commence à rencontrer quelque opposition parmi la meilleure moitié de la communauté,

---

(1) J'ai sous les yeux un journal de Deserèt, qui publie le texte d'un discours prononcé par le professeur Orson Pratt, dans la conférence du 29 août 1852, sur *la pluralité des femmes,* qu'il recommande comme le moyen de jeter plus vite les fondements du royaume céleste, et d'offrir à Dieu un plus grand nombre de *tabernacles,* c'est-à-dire de corps destinés à recevoir l'esprit immortel. « Mais est-ce à dire, ajoute-t-il en terminant, qu'on puisse prendre les filles des hommes sans loi, condition ou restriction ? Non pas. Le prophète a les clefs de cette affaire. C'est lui qui donne la permission, quand on la lui demande. Et savez-vous ce qui arrivera aux personnes qui, ayant été instruites dans cette loi, la rejetteront ? Elles seront damnées, etc. »

car il parle de femmes qui se sont enfuies chez les Potowatomis et s'y sont mariées, préférant un cœur de sauvage tout entier à un quarante-deuxième de cœur de Mormon.

Je reviens aux dissensions qui éclatèrent à Nauvoo.

La doctrine de la femme spirituelle existait encore à l'état de mystère plus ou moins transparent parmi les Mormons, et, entre les récits des voyageurs et les dénégations des *Saints,* l'opinion était encore en suspens, lorsque Joseph, en sa qualité de prophète, excommunia un Mormon nommé Higbee, comme convaincu d'avoir *séduit* plusieurs femmes. Probablement il voulait faire un exemple qui prouvât sur ce point la pureté de sa morale. Higbee à son tour accusa Joseph de diffamation, et le cita devant la cour municipale de Nauvoo pour avoir à lui payer une amende de 5,000 dollars, somme à laquelle il estimait sa réputation de chasteté. Les aldermen de la cour, tous Mormons des hauts grades, acquittèrent honorablement le prophète, et renvoyèrent Higbee sans un centime de dommages. Mais il y avait eu procès et plaidoiries; Higbee avait produit des témoins vrais ou faux et fait des révélations curieuses. A l'entendre, le patriarche Hirum Smith, frère du prophète, avait chez lui un livre où les *Anciens,* c'est-à-dire les chefs de la secte, inscrivaient les noms de toutes les jolies femmes. Lorsqu'un d'entre eux avait envie de s'en approprier une, il lui faisait lire son nom dans ce catalogue, et lui annonçait que le ciel voulait qu'elle obéît, et elle obéissait. Chacun des Anciens, au dire de Higbee, avait dix ou douze *femmes spirituelles* ou non.

Que ce fût une calomnie ou, comme il est probable,

que cette révélation contînt une grande part de vérité mêlée de quelque exagération, l'affaire fit beaucoup de bruit, et tous les excommuniés du Mormonisme se liguèrent avec Higbee pour démasquer le prophète. Ils fondèrent, vers 1844, à Nauvoo même, un journal intitulé *the Expositor* (le Révélateur), dirigé contre Smith et son gouvernement. Dans le premier numéro parut un *affidavit*, c'est-à-dire une déclaration en justice, signée par seize femmes qui racontaient que Joseph Smith, Sydney Rigdon le grand prêtre et quelques autres chefs de la secte avaient essayé de les convertir à « *la doctrine de la femme spirituelle,* » c'est-à-dire d'attenter à leur vertu, sous prétexte qu'ils avaient pour cela une permission spéciale du ciel. Cet étrange document n'eut pas plus tôt vu le jour, que le conseil supérieur des Mormons, présidé par Joseph en personne, s'assembla et décréta la suppression du journal comme attentatoire à la sûreté publique (*a public nuisance*). Aussitôt deux cents Mormons, avec ou sans ordres, entourèrent les bureaux de l'*Expositor*, brisèrent les presses, rasèrent la maison, et firent un feu de joie des exemplaires du journal. Les rédacteurs, hommes prudents, avaient pris la fuite et gagné Carthage, ville de l'Illinois, d'où ils recommencèrent en sûreté leur polémique contre le prophète.

Sur leur plainte, un mandat d'amener fut lancé contre Joseph Smith, son frère Hirum, et plusieurs autres dignitaires de son église, dénoncés comme auteurs ou instigateurs des violences exercées contre le journal l'*Expositor*. Le prophète n'en tint compte, et le constable qui apportait l'exploit fut reconduit à la porte de Nauvoo très-peu cérémonieusement par un agent de la police municipale. Aux États-Unis, c'est chose grave que d'envoyer promener un constable. D'ailleurs, les autorités de l'Illinois n'attendaient qu'une occasion. La milice fut mise sous les armes pour que force restât à la loi, et, de leur côté, les Mormons commencèrent à élever des redoutes, déclarant qu'ils se battraient jusqu'au dernier pour défendre leur prophète. Les miliciens de l'Illinois juraient de ne pas laisser pierre sur pierre à Nauvoo. Les uns et les autres étaient gens à tenir parole. Dans cette extrémité, le gouverneur, M. Ford, pour éviter l'effusion du sang, fit un appel à l'humanité de Joseph Smith, et l'adjura de se constituer prisonnier, engageant sa parole et l'honneur de l'État d'Illinois qu'il serait protégé contre toute insulte. En même temps il somma les Mormons de rendre les armes qu'ils avaient reçues du gouvernement des États-Unis, et enjoignit à la légion de Nauvoo de reconnaître pour commandant un officier fédéral. Sur ces assurances, les deux Smith arrêtèrent les préparatifs guerriers de leurs sectaires, et vinrent se constituer prisonniers à Carthage. Ce noble exemple de leur respect pour la loi toucha peu leurs ennemis. En entrant dans la prison de Carthage, Joseph Smith, frappé d'un pressentiment sinistre : « Je suis, dit-il, un agneau qui vais à la boucherie ; mais je suis tranquille comme une matinée de printemps. Ma conscience n'est chargée d'aucun crime, et je mourrai innocent. » Les Mormons supplièrent le gouverneur de donner une garde sûre aux prisonniers, menacés, disaient-ils, par la canaille de Carthage. Mais la milice avait été congédiée, et d'ailleurs elle n'inspirait aucune confiance par son animosité connue contre les sectaires. Le 26 juin 1844, M. Ford vint visiter les deux Smith, et leur renouvela l'assurance qu'ils n'auraient rien à craindre. A tout événement, il commanda un petit poste pour maintenir l'ordre. Cependant on répandit parmi la populace que le gouverneur favorisait les prisonniers et qu'il voulait les soustraire à leur jugement. — « Si la loi n'y peut rien, dirent les chefs de la canaille, une bonne balle y pourvoira. »

Le 27 juin, à six heures du soir, un rassemblement de plus de 200 hommes armés de fusils, tous le visage barbouillé de noir, se porte à la prison. La garde n'essaye aucune résistance et livre le guichet. Aussitôt la foule envahit l'escalier qui conduisait à la chambre où se trouvaient Joseph Smith, Hirum et deux autres Mormons venus pour les visiter. Plusieurs coups de feu tirés contre la porte avertissent les prisonniers du sort qui les attend. Il n'y avait pas de verrou intérieur, et la porte était assez mince. Un moment les prisonniers essayent de la tenir fermée en la pressant de leurs corps et en s'appuyant contre les meubles. Ils étaient dans cette position lorsque Hirum Smith est frappé à la fois de deux balles : l'une, qui traverse le bois de la porte, l'atteint à la figure, tandis qu'une autre, arrivant par la fenêtre, le perce de part en part et lui casse l'épine du dos. Il tombe en s'écriant : « Je suis mort ! — Oh ! mon cher Hirum ! » s'écrie le prophète; et s'armant d'un pistolet à six coups, il ouvre la porte à demi et fait feu au hasard sur les assassins, tandis que ses deux amis essayent avec des cannes de détourner les canons de fusil qui à chaque instant entraient et faisaient feu par la porte entre-bâillée. Les six coups du pistolet déchargés, un des acolytes de Smith abandonne la porte et court à la fenêtre pour sauter dans une cour; mais il retombe aussitôt dans la chambre atteint d'une balle à la jambe et renversé par une autre qui broie sa montre dans son gousset. Joseph Smith, désarmé, tente à son tour de sauter par la fenêtre. Il tombe dans la cour percé de plusieurs balles, mais respirant encore; les meurtriers le traînent vers un puits, l'adossent contre la margelle, et quatre d'entre eux lui déchargent, à bout portant, leurs fusils dans la poitrine. Les deux Mormons demeurés dans la chambre de Smith furent épargnés.

Ainsi mourut, à trente-neuf ans, cet homme singulier qui a fait de grandes choses avec de si méprisables moyens : chef heureux de fanatiques, massacré par d'autres fanatiques dans un pays dont on célèbre la liberté et la tolérance. Depuis vingt ans, Smith combattait, pour soutenir son imposture, avec une persévérance digne d'une meilleure cause. Il avait poursuivi le dessein le plus extravagant, et un incroyable succès avait récompensé son opiniâtreté. Il avait réalisé son rêve d'enfant, fondé sa colonie, rassemblé son peuple; il était devenu législateur, souverain absolu. Sa mort, si honteuse pour ses ennemis, couronnait cette vie d'agitation et de lutte continuelle; leur rage détestable fit d'un charlatan un martyr et un dieu.

Le premier mouvement des Mormons, en apprenant le meurtre de leur prophète, fut de courir aux armes et de le venger; mais le conseil des douze apôtres, en qui résidait toute l'autorité depuis sa mort, fit preuve d'une admirable modération, et parvint à persuader aux citoyens de Nauvoo que, loin d'imiter leurs ennemis dans leurs violences, ils devaient s'en rapporter à la justice de leur pays pour la punition des coupables. Ces sages conseils furent écoutés ; et pour contenir cette population en armes, excitée par l'indignation et le fanatisme, il suffit d'une proclamation signée des membres du conseil. Ce fait, plus qu'aucun autre, prouve quelle admirable discipline Smith avait introduite parmi ses disciples. Quant aux auteurs de l'assassinat, aucun ne fut puni, et il ne paraît pas même qu'ils aient été sérieusement recherchés.

Tandis que l'horreur inspirée à tous les honnêtes gens par le massacre de Carthage obligeait pour un instant les Gentils à dissimuler leur haine et à suspendre leurs hostilités, les plus ambitieux des Mormons se disposaient à recueillir l'héritage du prophète. Sidney-Rigdon, l'inventeur de la doctrine de la femme spirituelle et un des premiers confidents de Smith, s'offrit pour lui succéder. Il s'y disait autorisé par l'ange Moroni, et apportait sa révélation toute fraîche. Il fallait, disait-il, quitter Nauvoo et s'établir au delà des montagnes Rocheuses ; mais le conseil des douze apôtres, sachant trop bien sans doute à quoi s'en tenir sur les révélations, le reçut fort mal. On lui dit qu'il était inspiré du diable, et non du ciel, et on le mit en jugement. Convaincu de mensonge, trahison, apostasie, il fut solennellement excommunié, et, selon la formule en usage parmi les sectaires, *abandonné aux souffets de Satan jusqu'à ce qu'il fît pénitence.* Il quitta

Nauvoo avec une douzaine de ses partisans. Les ennemis des Mormons espéraient de lui des révélations et du scandale ; il ne songea pas à se venger autrement qu'en essayant de fonder une église à lui, entreprise qui ne paraît pas avoir eu de succès. Il est tombé aujourd'hui dans l'obscurité.

L'autorité spirituelle et temporelle fut remise à M. Brigham-Young, membre et président du conseil des douze. C'est actuellement le président et le prophète des Mormons. Bien qu'il n'ait pas été des premiers disciples de Joseph Smith, il a partagé toutes les tribulations de sa secte, et, comme il le dit lui-même dans son langage mystique, « il a marché quatre ans dans le désert, les souliers pleins de sang. » Il passe pour un homme de talent, plus instruit que son prédécesseur, et non moins habile à manier le peuple singulier dont le gouvernement lui est échu en partage.

Quelques mois se passèrent dans une tranquillité apparente. La construction du temple avançait rapidement. La propagande aux États-Unis et en Angleterre amenait sans cesse de nouveaux prosélytes dans la ville sainte, car ce n'est point par quelques meurtres qu'on arrête les progrès d'une secte, il faut un grand massacre, une Saint-Barthélemy pour l'étouffer. Un pareil crime est heureusement impossible au dix-neuvième siècle ; mais la haine des Gentils ne demeura pas inactive. Dans l'automne de 1845, les hostilités contre les Mormons recommencèrent plus violentes que jamais. On brûlait leurs meules et leurs fermes, on assassinait des fermiers. De la part des sectaires, il y eut des représailles sanglantes. Je manque de renseignements précis sur les motifs qui poussèrent les habitants de l'Illinois à une espèce de confédération générale contre la cité de Nauvoo. Les reproches adressés aux Mormons sont trop vagues pour qu'il soit possible de leur donner créance. Quelques journaux dénoncent leur ville comme un repaire de faux monnayeurs et de brigands ligués contre la société. De leur côté, les Mormons défient leurs adversaires de citer un fait de leur désobéissance aux lois. — « Si des hommes perdus de crimes, disent-ils, ont trouvé momentanément un asile à Nauvoo, jamais ils n'ont fait partie de notre église ; jamais nos magistrats n'ont hésité à prêter main-forte aux ministres de la justice pour poursuivre ces ennemis de la société. » Tels sont les crimes reprochés aux Mormons ; telle est leur justification. Discerner la vérité de si loin n'est pas chose facile, et cependant, il faut le dire, toutes les apparences sont en faveur des sectaires. Mais le préjugé était contre eux. Ils se disaient, ils étaient étrangers au milieu de leurs compatriotes. Ils étaient plus riches, plus habiles, plus heureux dans leurs spéculations que leurs voisins. Ils sentaient leur supériorité et s'en montraient orgueilleux. C'en était assez pour qu'on les chargeât de tous les crimes.

Après de longues négociations, pendant lesquelles la guerre civile fut plusieurs fois sur le point d'éclater dans l'État d'Illinois, les Mormons, toujours abandonnés par le gouvernement fédéral, délibérèrent, l'inspiration aidant, de quitter encore une fois leurs foyers, et d'aller, par delà les montagnes Rocheuses, chercher une patrie tellement éloignée des Gentils, qu'ils n'eussent plus de longtemps à craindre leur malice. Alors une espèce de capitulation eut lieu entre les chefs de Nauvoo et le gouvernement de l'Illinois, par laquelle les premiers s'engagèrent à évacuer le pays, le second à les garantir contre toute molestation pendant le temps nécessaire pour leurs préparatifs. On verra comment cet engagement solennel fut observé.

Le pays au delà des montagnes Rocheuses était alors aussi peu connu que l'intérieur de l'Afrique l'est encore aujourd'hui; ce qu'on en savait, on le tenait du rapport de quelques Indiens et de ces hardis chasseurs qui vivent à la limite de la civilisation et dont Fennimore Cooper a poétisé le caractère. Pour parvenir aux montagnes, on savait qu'il fallait traverser d'immenses prairies infestées par des bandes nombreuses d'Indiens belliqueux, les Sioux, les Crows et les Schoschones. Là, le bois est rare; le fourrage nul pendant l'hiver et pendant une partie de l'été. De larges rivières, des ravins profonds opposent à la marche des caravanes des obstacles infranchissables; pour trouver des gués ou des passages, il est nécessaire de se détourner continuellement de la ligne directe qui conduit aux montagnes. Au pied de cette chaîne toujours couverte de neiges, de nouveaux dangers, de nouvelles fatigues attendent le voyageur. Fondrières, glaciers, précipices bordent les passages des montagnes Rocheuses. Au delà, on connaissait vaguement l'existence d'un grand lac salé, espèce de mer morte, dont les rivages étaient ou un désert, ou une terre promise : personne ne le savait encore. C'est vers ces lieux que les Mormons résolurent de se diriger pour y fonder leur quatrième ville sainte.

Au commencement de l'hiver de 1846, leurs premières colonnes se mirent en marche, précédées d'éclaireurs chargés de reconnaître le pays et de signaler les passages les moins difficiles. D'immenses convois de chariots les suivaient, traînés par des mules et des bœufs et chargés de meubles, d'ustensiles aratoires, de tentes et de provisions. La marche était lente. On campait souvent plusieurs semaines dans le même lieu, tandis que des détachements de travailleurs traçaient une route pour franchir une crevasse, ou jetaient un pont sur une rivière. Des laboureurs, cependant, défrichaient en avant de vastes espaces et les ensemençaient, afin de préparer des provisions à leurs frères qui viendraient après eux. Lorsque le soleil a desséché les hautes herbes des prairies, les troupeaux ne peuvent plus y trouver leur nourriture, abondante au printemps et après les premières pluies d'automne. Il fallait prévoir ces dangers du climat, se tenir en garde contre les changements de saison, et se préparer des camps sur les bords des rivières, dans des pays boisés, ou bien sur des collines où la végétation n'est pas brûlée par la sécheresse.

Pour la marche, point de routes tracées : on s'avançait la boussole à la main. Tantôt les convois d'émigrés sillonnaient péniblement de vastes marécages, où plusieurs fois dans la journée il leur fallait décharger et recharger leurs chariots; tantôt ils entraient dans des plaines arides qui leur faisaient endurer tous les tourments de la soif et décimaient leurs troupeaux. Plus loin, exposés à des rafales de neige et de pluie, ils étaient obligés de bivaquer sans feu sur une terre nue, humide et glacée. Quelquefois la lueur d'un incendie, dévorant les hautes herbes, jetait l'effroi dans la caravane, et il fallait des prodiges d'énergie pour écarter le fléau. Aux approches de l'hiver de 1847, les Mormons bâtirent une ville provisoire de baraques et de huttes construites de boue et de branchages, en attendant que la neige eût cessé de couvrir les prairies. Ils avaient amené de Nauvoo une musique militaire qui se faisait entendre dans toutes leurs haltes. Qui le croirait? en butte aux tourments de la soif, de la faim, exposés à toutes les misères de la vie errante, ces hommes de fer ne perdirent jamais leur gaieté. Lorsqu'ils s'étaient entourés d'un retranchement de chariots, lorsqu'ils avaient parqué leurs troupeaux, rentré le fourrage, lorsque les détachements envoyés pour faire du bois et de l'eau avaient assuré à la troupe un jour d'existence, les prédicateurs commençaient une prière, une exhortation ; les pèlerins entonnaient un hymne d'actions de grâces ; puis la musique faisait entendre dans le désert des valses et des contredanses, et, sauf la rareté des habits noirs et des gants jaunes, sauf des costumes un peu sauvages, des mines un peu étranges, on aurait pu se croire dans un bal champêtre, aux environs d'une grande ville.

L'ordre que les chefs avaient introduit dans les colonnes d'émigrés était admirable. Jamais troupe disciplinée ne se garda mieux, ne campa, ne bivaqua avec plus de méthode et de régularité. Ni la marche ni la fatigue n'interrompaient le travail. Les femmes filaient assises sur les chariots. A chaque halte, on entendait le bruit des marteaux et des métiers. En route on faisait du drap et de la toile ; on forgeait des essieux de voiture, des instruments de labourage; on tannait, avec du goudron et à la fumée, les cuirs des animaux dont la caravane se nourrissait. Jamais, quelle que fût sa situation, elle ne manqua à célébrer le dimanche par un repos complet pour les hommes et les animaux; et peut-être n'est il pas inutile de dire ici, comme un fait qui permet d'apprécier le caractère des Mormons, que, pendant toute la durée de leur pèlerinage, on ne vit personne maltraiter les bœufs et les mules qui traînaient les chariots. C'est à cette douceur, et aux soins constants qu'ils apportaient à ménager leurs attelages, qu'ils durent en grande partie de surmonter heureusement tant d'obstacles.

Au milieu de leurs campements, le scorbut et le typhus les atteignirent et en peu de jours firent de nombreuses victimes. Des familles d'émigrants furent enlevées tout entières, et il n'y eu guère de détachement qui ne perdît un tiers de son effectif. Ils avaient fait provision de médicaments aussi bien que d'armes et de meubles de toute espèce; mais personne n'avait songé à emporter des cercueils. Pour des hommes de race anglaise, être porté dans la terre à demi nu, sans une bière bien close, c'est une aggravation à la mort. Dans notre vieille Europe, au sein de nos grandes villes, on a vu plus d'une fois, dans les épidémies, les cadavres abandonnés sans sépulture. Les Mormons imaginèrent de creuser péniblement des troncs d'arbre qu'ils allaient chercher fort loin, et d'y renfermer leurs morts. Ils ne manquèrent jamais à ce pieux devoir, et l'on peut aujourd'hui calculer leurs pertes et suivre leurs traces aux amas de pierres soigneusement entassées le long de la voie qu'ils ont suivie.

Pendant que les premières colonnes des Mormons traversaient péniblement la prairie et frayaient parmi les plus rudes fatigues une route aux frères qui allaient les suivre, le reste des citoyens de Nauvoo travaillait avec un redoublement de zèle et d'activité à l'achèvement du temple. Ils s'étaient fait un point d'honneur, un devoir religieux de n'abandonner leur patrie qu'après avoir consacré ce monument mystérieux de leur culte. Au jour fixé, un grand nombre d'étrangers arrivèrent à Nauvoo de toutes les parties de l'Union. Quelques-uns avaient abandonné leurs campements de la prairie pour assister à cette solennité douloureuse; car ce temple, élevé de leurs mains, décoré des offrandes du riche et du pauvre, allait bientôt être abandonné aux Gentils. Un instant cette ville vouée à la destruction reprit une apparence de vie et se para pour sa dernière fête. Les cérémonies sacrées s'accomplirent, et quelques heures après tous les mystérieux ornements du temple disparurent, la foule des pèlerins se dispersa, et le plus grand nombre reprit tristement le chemin du désert. Les derniers travaux pour l'achèvement du temple avaient cependant ranimé la haine des Gentils de l'Illinois. Ils savaient que les Mormons avaient rendu les armes qu'ils avaient reçues du gouvernement; ils avaient vu la fleur de leur jeunesse partir pour les montagnes Rocheuses, et ils espérèrent avoir bon marché du reste. Au mépris de la convention jurée, un corps d'environ deux mille hommes, avec du canon, se présenta devant Nauvoo, espérant surprendre la ville. Ils furent chaudement repoussés par une petite troupe de trois cents hommes de la légion de Nauvoo, commandée par un général Wells. Ce fut seulement lorsque le dernier détachement des exilés se fut mis en marche que la horde assiégeante pénétra dans la ville. Elle y célébra sa facile victoire par des orgies, et bientôt par l'incendie du temple, qui n'offre plus aujourd'hui que l'aspect d'une ruine ancienne.

En même temps que l'émigration apprenait, dans le désert, la perfidie de ses ennemis et recevait cette nouvelle preuve de l'indifférence ou de l'impuissance du gouvernement à faire respecter les promesses les plus sacrées, un message du président des États-Unis venait sommer les exilés, comme citoyens de l'Union, de fournir leur contingent à l'armée fédérale, qui se disposait alors à attaquer la république du Mexique. Il n'y eut pas un moment d'hésitation. La loi commande, il faut obéir. Le lendemain de la réception de cet ordre, un bataillon de cinq cent vingt hommes partait pour la Nouvelle-Californie, prêt à verser son sang pour ce drapeau fédéral qui ne les avait jamais protégés. En ce moment, bien qu'ils se trouvassent sur le territoire d'Indiens nombreux et assez mal disposés à leur livrer passage, les exilés se séparèrent sans murmure de la fleur de leurs soldats. On vit alors les femmes remplacer les hommes dans une partie de leurs travaux. Elles guidaient les attelages, et parfois conduisaient les charrues. Le malheur et le sentiment religieux avaient uni les sectaires, qui semblaient ne plus faire qu'une famille. Dans les marches, chacun abandonnait son chariot pour relever ou réparer celui d'un camarade. Le riche partageait son pain avec le pauvre, et, si de tels actes ont valu aux Mormons le reproche de communisme, souhaitons à toute l'Europe de n'en voir jamais que de semblables.

Le 21 juillet 1847, après dix-huit mois passés dans le désert, l'avant-garde des Mormons arriva sur les bords du grand lac Salé. Quelques jours après un terrain avait été consacré pour l'emplacement d'une ville, et tout autour on voyait des bœufs labourer la terre, des hommes ensemencer, planter, arroser. Les colons s'occupaient activement à distribuer, dans des canaux d'irrigation, les sources d'eau vive qui tombent des montagnes pour se perdre dans le lac Salé. D'autres profitaient de ces ruisseaux pour établir des moulins et des scieries. En janvier 1848, ils avaient bâti un fort capable de repousser toutes les tribus indiennes du nouveau monde ; six mille acres avaient été enclos de palissades, selon l'usage américain, et une population de plus de cinq mille personnes était fixée dans la ville nouvelle, qui porte le nom de *Deserèt,* mot mystérieux qui, dans la langue des anges, signifie la cité de l'Abeille. Les Mormons ressemblent, en effet, à l'abeille par leur activité incessante et leur faculté de changer de demeure sans changer de caractère. Pour eux, le travail est une loi divine. « Nous sommes, disent-
» ils, les fermiers du Très-Haut. Notre devoir est d'amé-
» liorer son champ pour qu'il en nourrisse ses saints. »
On ne voit pas un individu inoccupé dans leur pays. Le président-prophète, M. Brigham-Young, est charpentier, et, à ce qu'il paraît, charpentier fort habile. Joseph Smith, en raison de ses inspirations continuelles, qui lui prenaient beaucoup de temps, est le seul Mormon qui ait été dispensé de travailler de ses dix doigts. Aussi, pas un

pauvre parmi eux. Je me trompe : après avoir construit des écoles, un hôtel de ville, un caravansérail pour les étrangers, ils pensèrent à bâtir un hospice pour les pauvres. En gens prudents qu'ils sont, ils voulurent savoir combien de leurs frères avaient besoin des secours de la communauté. Il y en avait *deux*, qui se sont peut-être enrichis depuis lors.

Le grand lac Salé (ainsi nommé pour la nature de ses eaux saturées de sel) est situé entre le 40° 40' et le 41° 40' de latitude nord ; il s'étend en longitude du 112° au 113°. Une chaîne de hautes montagnes borde sa rive orientale; mais entre le lac et les premiers escarpements se trouve une plaine bien arrosée qui se lie par une pente insensible à des vallées perpendiculaires à la chaîne. Dans la plaine et dans les vallées, la culture est facile au moyen d'irrigations, et le sol d'une fertilité prodigieuse. De l'autre côté du lac s'étend un désert immense, absolument dépourvu de végétation. Le sol se compose d'une couche d'argile recouverte d'une croûte de sel. Pendant la saison des pluies il se change en un marécage infranchissable; en été on peut le traverser, même avec des voitures légères, mais à la condition de porter l'eau, le bois et le fourrage. Il est facile de voir que ce désert est une partie desséchée du bassin occupé autrefois par une vaste mer intérieure, dont la situation offre plus d'une analogie avec la mer Morte. Le grand lac Salé lui-même tend à se dessécher. Il est peu profond, et quelques-unes de ses nombreuses îles se lient au continent pendant la sécheresse. Il reçoit à son extrémité sud les eaux douces du lac d'Utah, portées par un canal naturel d'une vingtaine de lieues. Les Mormons, frappés des rapports qu'offre leur patrie avec la Palestine, ont appelé ce canal le *Jourdain*. Les îles très-hautes du lac Salé et les montagnes sont couvertes de bois, et de leurs flancs sortent une infinité de sources thermales de toute espèce. Cette chaîne renferme encore en abondance du fer et de la houille. Avec du fer et de la houille tout est possible à l'homme.

La prospérité des Mormons n'a fait que croître depuis qu'ils se sont établis à l'ouest des montagnes Rocheuses. Licencié après la paix faite avec le Mexique, leur bataillon traversa la Nouvelle-Californie pour gagner Deserèt, et c'est, dit-on, à ce détachement qu'est due la découverte des terrains aurifères. Un instant, quelques-uns des Mormons cédèrent à l'entraînement général qui y poussait les aventuriers de tous les pays; mais bientôt, à la voix de leur prophète, ils regagnèrent les bords du lac Salé et ne pensèrent plus qu'à cultiver leurs champs. Aujourd'hui leur ville est une station de ravitaillement pour la foule des Gentils qui se porte aux *placers* ou qui en revient, et ce passage continuel n'a pas peu contribué au rapide accroissement de Deserèt. Les saints approvisionnent les chercheurs d'or, et la légende d'Ésaü vendant son droit d'aînesse pour un plat de lentilles prouve que le métier de pourvoyeur est des plus profitables. L'hôtel des monnaies de Deserèt frappe des dollars et des doubles dollars d'or, et s'il faut s'en rapporter aux récits des voyageurs, les caisses de l'église nouvelle regorgeraient de ce vil métal. Je lis dans une relation que la présidence a mis de côté quatre-vingt-quatorze mille quatre-vingts onces d'or pour les indemnités de route à distribuer aux apôtres envoyés parmi les Gentils, et aux Mormons manquant de ressources pour obéir à la loi qui prescrit le rassemblement *littéral* d'Israël. Rabelais a laissé cet aphorisme : qu'il faut mentir toujours par nombre impair. Il se peut qu'on ait un autre système au delà des montagnes Rocheuses ; pourtant on ne peut s'empêcher de croire que la présidence est au-dessus de ses affaires et qu'elle a de l'argent de reste, quand on lit dans *le Deserèt-News* (c'est *le Moniteur* du pays) que les *Anciens*, réunis en conférence le 14 septembre 1852, ont fait partir quatre-vingt-dix-huit missionnaires à la fois pour les *quatre coins du globe* (1). Chez les Mormons un missionnaire ne se met pas en route comme nos premiers apôtres avec un bâton et une besace. Les leurs voyagent en *gentlemen* et partent munis de bonnes lettres de crédit. Il est évident que ces quatre-vingt-dix-huit missionnaires exigent des frais de route assez considérables. Dix sont dirigés sur différents États de l'Union ; six sont expédiés aux colonies anglaises des Indes occidentales ; quarante-deux pour les Iles-Britanniques ; huit pour l'Allemagne ; deux pour Gibraltar, que je soupçonne d'aller perdre leur temps en Espagne ; un en Danemark ; trois en Norvége ; neuf dans l'Inde ; trois en Chine ; deux à Siam ; trois au cap de Bonne-Espérance ; neuf en Australie ; neuf aux îles Sandwich ; un en France. Il semble que les Anciens ne comptent pas sur une forte moisson d'âmes dans notre pays ; cependant le *Livre de Mormon*

(1) *The four corners of the globe.*

a déjà été traduit à l'usage de nos compatriotes (1), ainsi que plusieurs numéros de *l'Étoile de Deserèt*, publication religieuse à l'usage des sectaires.

Ab ungue leonem. Il est incontestable que la colonie d'Utah a fait et fera des progrès gigantesques comme toutes les jeunes sociétés du nouveau monde. Un médecin anglais a remarqué que les employés de la banque qui deviennent fous n'oublient jamais l'arithmétique : il paraît que les Américains peuvent le devenir sans cesser d'être les faiseurs d'affaires les plus intelligents du monde. Peu après leur arrivée au lac Salé, les Mormons ont demandé au congrès que le pays colonisé par eux fût annexé à l'Union en qualité de *territoire*, et bien avant que le gouvernement fédéral eût pu statuer sur cette demande, les envoyés de Deserèt recevaient des instructions nouvelles pour réclamer cette annexion, non plus comme *territoire,* mais comme nouvel *État* de la fédération américaine. Leur population actuelle leur donne, disent-ils, un droit incontestable à ce titre très-important pour eux, car en l'obtenant ils acquièrent le pouvoir de se donner telle constitution qu'il leur plaira. Leurs prétentions seront-elles admises ? J'entends dire qu'elles rencontreront une opposition assez vive, et que le gouvernement fédéral a des sujets de plaintes contre les sectaires. J'ai lu dans un journal américain, il y a quelques mois, un rapport curieux de deux juges fédéraux envoyés de Washington à Deserèt pour établir dans la capitale des Mormons

---

(1) *Le Livre de Mormon*, histoire sacrée des peuples *aborigènes* de l'Amérique, publié par John Taylor. Paris, 1852, in-18 de 512 pag.

une cour de justice. Ces magistrats apportaient de l'argent pour l'installation de leur tribunal. Ils disent que l'argent a été encaissé et qu'on ne les a pas installés; que lorsqu'ils ont rendu des arrêts, personne n'en a tenu compte, sous prétexte qu'on n'avait que faire à Deseret de la procédure fédérale. Enfin ils racontent qu'ils ont eu la mortification d'assister à des sermons et à des conférences théologiques où l'on n'a ménagé ni les susceptibilités de leurs sentiments religieux ni celles de leur patriotisme fédéral. Bref, on leur avait rendu leur séjour si pénible, que, sans en recevoir d'intimation officielle, et sans être admonestés par voie de ratissage (*whittling-off*), ils avaient cru devoir quitter le pays.

Toutefois, il y a peu d'apparence que le gouvernement de Washington prenne au sérieux les énormités reprochées aux sectaires; il sent toute l'importance actuelle du pays d'Utah, situé comme un oasis au milieu de l'immense désert qui sépare les provinces orientales de la Californie. D'ailleurs, quelque irrévérencieux que soient les procédés des Mormons pour messieurs de la justice, il est évident qu'il ne faut pas songer à les mettre à l'amende. Établis sur le revers des montagnes Rocheuses, à trois mois de marche des frontières de l'Union, ils peuvent pendant longtemps encore se moquer impunément de tous les gouvernements du monde. Ils sont à présent chez eux, comme on dit. Leur population est nombreuse et leur patience est à bout. Malheur à qui s'aviserait de la mettre encore une fois à l'épreuve!

Qu'ils soient annexés ou non à la confédération des États-Unis, on peut regarder comme certain qu'ils demeureront en paix avec son gouvernement. Ils n'ont pas de Gentils autour d'eux qui se scandalisent, comme les Missouriens, de leurs pratiques religieuses ou soi-disant telles. Leurs seuls voisins sont les Indiens Utahs, qui paraissent être un composé de parias expulsés de différentes tribus, pauvres diables qui disparaîtront bien vite devant la civilisation envahissante des *visages pâles*. Les Saints du dernier jour n'ont donc pas besoin de l'autorisation du congrès pour jouir de l'indépendance la plus complète, et d'ici à longtemps leur tranquillité ne peut être troublée que par la discorde intérieure.

Ce malheur paraît fort à craindre au premier abord. Proscrits par les Missouriens et les habitants de l'Illinois, ou bien errant dans les prairies, les Mormons ont été dociles, parce que le danger qui les pressait les avertissait à chaque instant que leur seule chance de salut était dans leur union et leur obéissance à leurs chefs. Ceux-ci étaient respectés parce qu'ils étaient nécessaires et qu'il ne se rencontrait pas de prétendants assez hardis pour leur disputer un commandement qui offrait pour tout avantage une effrayante responsabilité. Maintenant la situation a bien changé. Le danger a disparu. Les chefs trouveront-ils la même obéissance? Ne semblera-t-il pas abusif à bien des maris, à bien des pères, que tel homme, parce qu'il est membre du grand conseil, vienne *sceller* sa femme ou sa fille, tandis qu'il ne pourra lui rendre la pareille? Les émigrants nouveaux venus qui n'ont pas combattu pour leur église, qui n'ont pas retrempé leur zèle dans les misères de la persécution, pourront bien se scandaliser du pêle-mêle prétendu spirituel qui les attend dans la ville sainte. La paix et le repos feront réfléchir. Enfin, l'exemple de Smith est tentant. Il prouve qu'un certain fonds d'impudence suffit pour élever un homme à la plus haute fortune. L'inspiration a été mise à la portée de tout le monde, et le métier de prophète, à Deserèt, offre des séductions qu'il n'avait pas dans le Missouri ou l'Illinois. Fanatiser, abrutir la population de l'Utah est le seul moyen de la gouverner despotiquement ; mais cette population se recrute sans cesse de nouveaux venus apportant chacun sa doctrine. Le plus grand nombre des colons arrive à Deserèt avec des habitudes de liberté et de licence même ; les journaux de l'Union pénètrent avec les voyageurs ; en un mot, la richesse croissante de la colonie, le goût du luxe et des jouissances raffinées qui en est la suite inévitable, semblent devoir se liguer contre un gouvernement théocratique dont les momeries seront bientôt usées.

Toutefois, le bon sens pratique des Anglo-Américains est si puissant, qu'il peut prévenir encore la division et la dissolution de la communauté des Mormons. L'activité commerciale remplacera peut-être à Deserèt l'enthousiasme religieux, que la polémique et la persécution n'exciteront plus. Quelque temps encore les dogmes des Mormons se conserveront par patriotisme et comme un héritage auquel de grands travaux et de dures souffrances ont attaché une certaine gloire. La mémoire de Joseph Smith demeurera honorée, mais on ne parlera guère de ses rêveries et beaucoup des résultats de sa colonisation. Les folies et les abominations de la secte seront abandonnées à petit bruit. Un jour peut-être les habitants de l'Utah se trouveront de tout point semblables à ceux des grandes villes de l'Union, jadis peuplées par des Puritains exilés qui ont attendu le Règne de Mille ans, mais dont les enfants n'attendent plus aujourd'hui que les bateaux d'Europe pour se mêler et se confondre dans notre vieille société. — Malgré tous ses défauts, elle vaut bien, après tout, des sociétés nouvelles comme celle dont je viens d'esquisser l'histoire.

LES COSAQUES DE L'UKRAINE

ET

LEURS DERNIERS ATAMANS

LES COSAQUES DE L'UKRAINE.

Les auteurs polonais ont appris à l'Europe occidentale l'existence et le nom des Cosaques. Ce nom (en russe *Kazak*) a passé dans notre langue, par des relations du dix-septième siècle, avec la prononciation polonaise. Pendant longtemps l'étymologie de ce mot a exercé la sagacité des érudits du Nord. Les uns l'ont dérivé du slave *koza*, chèvre : c'est, disaient-ils, que les Cosaques courent comme des chèvres ; d'autres l'ont fait venir de *koça*, qui signifie tresse de cheveux, faux, langue de terre qui s'avance dans un fleuve ; et les raisons ne manquaient pas pour justifier ces différentes acceptions : car les Cosaques ont bien pu porter autrefois des cadenettes ; ils se servaient de faux pour faire leurs foins, voire même pour se battre ; enfin, leurs premiers établissements furent au bord d'un fleuve ou il ne manque pas de promontoires avancés. Aujourd'hui que les études étymologiques ont fait de grands progrès, on est à peu près d'accord pour regarder le mot Cosaque comme emprunté au turc. Dans cette langue *cazak* veut dire partisan, fourrageur, soldat qui fait la guerre pour son propre compte. Tels furent, en effet, les premiers Cosaques établis au bord du Dniéper et de ses affluents, entre les territoires polonais, moscovite et tartare. Leurs mœurs avaient les plus grands rapports avec celles des habitants du *Border,* ou frontière d'Écosse, et le nom du pays où ils parurent d'abord, l'Ukraine (*Oukraïna*), a précisément cette signification dans les dialectes slaves.

Les Cosaques ne furent donc pas un peuple particulier, mais un rassemblement de Slaves polonais ou russes, qui se constituèrent en colonie dans un pays périodiquement dévasté par les incursions des Tartares. Ils se fortifièrent dans la Petite-Russie, terre que personne n'osait cultiver et qu'il fallait défendre chaque jour les armes à la main. De la sorte, ils devinrent les gardes avancées des chrétiens orientaux contre les musulmans, alors envahisseurs. Il me semble que les premiers Cosaques, les Cosaques modèles, furent les Zaporogues (1), c'est-à-dire ceux qui se fixèrent dans les îles du Dnieper, au delà des cataractes ou des rapides de ce fleuve. Une espèce d'archipel couvert de roseaux épais, coupé par une multitude de canaux où la navigation est difficile, offrait un asile sûr à des hommes résolus, pourvus de barques légères qu'ils

---

(1) Leur nom est tiré des deux mots russes : *za* (au delà), et *porog* (barrage de rochers).

maniaient avec une incroyable adresse. Ajoutons que leurs ennemis ordinaires, les Tartares de Crimée, n'avaient dans leurs expéditions que de la cavalerie.

Nous, qui avons eu le malheur de voir dans notre enfance des Cosaques aux Champs-Élysées, nous nous les représentons comme des hommes à grande barbe, vêtus à l'orientale, montant de petits chevaux et armés de longues lances. Voilà les Cosaques d'aujourd'hui. Leurs ancêtres furent des bateliers. Le capitaine Margeret, qui servit en Russie sous Boris Godounof et sous le premier des faux Démétrius, écrivait en 1609 : « La meilleure infanterie (russe) consiste en Strelits et Cosaqs. » Un demi-siècle plus tard, un autre officier français, le sieur de Beauplan, qui avait souvent fait la guerre contre les Cosaques dans l'armée polonaise, disait d'eux : « Là où ils témoignent plus d'adresse et de valeur, c'est à se battre dans le Tabord (*tabor* (1), retranchement nomade formé de chariots), car ils sont fort justes à tirer des fusils, qui sont leurs armes ordinaires. Ils ne sont pas mauvais aussi à la mer, mais à cheval ils ne sont pas aussi des meilleurs. » Ce que Beauplan raconte de leur vigueur à ramer serait incroyable, si son témoignage n'était confirmé par celui de tous les écrivains contemporains russes et polonais. « I'ay veu, dit-il, et visité tous les treize sauts [du Dnieper], et passé toutes ces cheutes dans un seul canot en montant la rivière, ce qui semble d'abord une chose

---

(1) Ce mot slave, que les Hussites employaient au propre pour désigner leurs assemblées en plein champ, a été mal à propos regardé comme emprunté à l'Écriture.

impossible, se trouvant de ces cheutes que nous avons franchies de sept à huit pieds de hauteur. Jugez s'il estoit là nécessaire de bien ioüer de l'aviron. Parmi ces Cosaques, nul ne peut être receu Cosaque s'il ne monte tous les Poroüys (*poroghi,* barrages de rochers) ; de sorte qu'à leur mode, je puis bien estre Cosaque, et c'est là la gloire que i'ay acquise en ce voyage.

» Pour vous définir ce que c'est proprement que Poroüy, ie vous diray (continue Beauplan), que c'est un mot russien qui signifie pierre de roche. Ces Poroüys sont comme une chaîne de ces pierres estendues tout au travers de la rivière, dont il y en a quelques-unes sous l'eau, d'autres à fleur d'eau, d'autres aussi hors de l'eau de plus de huit à dix pieds, et sont grosses comme des maisons et fort proches les unes des autres, de façon que cela est fait comme une digue ou chaussée qui arreste le cours de la rivière ; puis après tombe de la hauteur de cinq à six pieds ; et, en d'autres, de six à sept, selon que le Boristhènes est enflé. »

Le but de l'institution des Zaporogues était la guerre aux infidèles, c'est-à-dire aux Tartares, qui ravageaient les frontières de la Moscovie et de la Pologne. Sans cesse sur le qui-vive, les habitants des îles du Dnieper passaient leur temps comme on le passe aux avant-postes : aujourd'hui suprenant un parti de fourrageurs tartares, le lendemain chaudement poursuivis par un ennemi supérieur en nombre. Leur principal village, qu'ils appelaient *Sietcha* (1), était un camp fortifié par la nature et par

---

(1) *Sietcha* signifie en russe carnage.

l'art. Là, aucune femme n'était admise ; là, ils ne possédaient rien que leurs armes et leurs bateaux. Quant au produit de leurs incursions, ils se hâtaient de le vendre, et ils cachaient soigneusement l'or et l'argent enlevé sur l'ennemi. D'ordinaire, ils chargeaient le Dniéper de recéler leurs trésors ; ils les jetaient dans le fleuve, où chaque Cosaque avait un trou ignoré de ses camarades et connu de lui seul. Lorsqu'ils eurent des canons, ils les noyaient de la même manière si un danger pressant les obligeait à quitter pour quelque temps leur retraite.

L'organisation politique et administrative de cette horde fut celle de toutes les peuplades slaves du voisinage : propriété en commun de la terre et du bétail, partage des fruits du labeur commun ; or, le grand labeur pour les Zaporogues, c'était le pillage sur terre et la piraterie. Dans la Sietcha, égalité absolue entre tous les Cosaques ; aux anciens seulement on accordait quelques distinctions honorifiques, parfois le pouvoir de juger les contestations, d'après de vieux usages ou les traditions de la horde. Toutes les affaires importantes se décidaient à la majorité des voix. Au moment d'entrer en campagne, ils élisaient un chef qu'ils nommaient *ataman kotchevoï*, c'est-à-dire capitaine errant, dont l'autorité était absolue et despotique comme doit l'être celle d'un commandant militaire ; mais au retour, il redevenait l'égal de ses soldats, responsable, de plus, de ses fautes comme chef, bien souvent du mauvais succès de ses entreprises. Ainsi que l'ancienne Rome, la Sietcha des Zaporogues se recrutait de tous les gens de bonne volonté qui venaient offrir leurs bras ; mais tout le monde n'était pas admis; et, pour les préférés même, il fallait un noviciat. A la vérité, on n'exigeait pas un certificat de bonnes vie et mœurs, mais il fallait faire preuve de courage, d'adresse et de vigueur. L'apprentissage était rude, comme il le fut depuis chez nos flibustiers. D'ailleurs, nul ne se mettait en peine des antécédents d'un candidat : qu'il fût Polonais ou Russe, serf ou homme libre, il était le bienvenu s'il se montrait digne de devenir membre de la redoutable communauté. Une fois affilié à la *sietcha*, il devenait un être privilégié, et tous les Zaporogues étaient prêts à défendre, les armes à la main, leur frère adoptif, quelque justement brouillé qu'il fût avec la justice. La plupart de ces Cosaques professaient la religion grecque. Lorsque leur petite république s'accrut, et que leurs institutions se régularisèrent, ils eurent un clergé, soldé par eux, pour bénir leurs bateaux partant pour la course, et les absoudre eux-mêmes *in articulo mortis*. Leurs prêtres étaient à la hauteur de leurs fonctions et dignes de leurs ouailles. Ils étaient encore plus ignorants que les autres membres du clergé russe orthodoxe, et ils mêlaient aux pratiques de leur culte bon nombre de superstitions musulmanes ou païennes. Ainsi ils croyaient à la seconde vue, aux oracles, aux enchantements; fort entêtés d'ailleurs de leur croyance, et prêts à souffrir le martyre pour la foi orthodoxe, sans savoir et sans chercher à connaître en quoi elle différait des autres communions. Il y avait à Kïef une école de théologie d'où sortaient la plupart des prêtres cosaques. Pour eux, Kïef était la ville sainte, et, dans toutes leurs querelles avec la Pologne, ils demandèrent que le clergé grec et ses écoles y conservassent une suprématie, ou du moins une entière liberté.

Derrière les Zaporogues, dans les plaines fertiles, mais souvent ravagées, de l'Ukraine, il y avait d'autres Cosaques, dont les mœurs étaient moins sauvages, qui vivaient en famille et qui s'occupaient de l'agriculture. Ils étaient en bonne intelligence avec les Zaporogues, qu'ils considéraient comme leur avant-garde, et parmi lesquels ils avaient toujours des parents et des amis. A vrai dire, le camp des Zaporogues n'avait pas une population fixe. On y allait apprendre la guerre, se former à la piraterie, tenter quelque bon coup ; puis on le quittait pour mettre en sûreté son butin et pour vivre tranquille. Beaucoup de Zaporogues avaient leurs femmes ou leurs terres dans des cantons de l'Ukraine, et la plupart des Petits-Russiens allaient dans leur jeunesse faire quelques campagnes parmi les Zaporogues.

Étienne Batthori reconnut de quelle utilité pouvait être pour la Pologne la population belliqueuse de l'Ukraine, et il s'appliqua à lui donner une organisation régulière. D'abord les rapports entre les Cosaques et la république de Pologne furent à l'avantage des deux parties. Elle reconnut leur existence comme hommes libres, et leur concéda, à titre de priviléges, toutes les franchises dont ils jouissaient de fait. Dans la suite, elle accorda une solde annuelle à chaque Cosaque, mais en exigeant qu'il fût inscrit sur un rôle spécial en qualité de soldat. Le nombre des régiments fut fixé, et il leur fut interdit de dépasser un certain effectif. Ainsi fut établie la première distinction entre les Petits-Russiens : les uns furent Cosaques, c'est-à-dire soldats, et, comme tels, possédèrent des franchises; les autres demeurèrent paysans. Mais la distinction n'était pas facile à maintenir. Les colonels cosaques, intéressés à tenir sous leurs ordres une troupe redoutable, accueillaient dans leurs rangs des paysans qui préféraient le sabre du soldat à la charrue du serf, et en tout temps les *polks* ou régiments cosaques comptèrent un plus grand nombre de soldats que leurs registres officiels n'autorisaient d'inscriptions. Les rois de Pologne prétendirent souvent nommer le chef, ou l'ataman, des régiments de l'Ukraine ; mais ils durent se contenter d'intriguer pour en avoir un à leur convenance, et de confirmer celui que les Cosaques avaient élu. Ils lui envoyaient à cet effet, en grande pompe, une masse d'armes plaquée d'argent, un sceau et un étendard semblable à ceux des Turcs et formé par une queue de cheval pendante au bout d'une lance.

Longtemps, par une réserve ou par un oubli volontaire, le gouvernement polonais ne se mêla pas des Zaporogues, qu'il considérait cependant comme ses sujets et comme faisant partie de l'armée cosaque aux ordres de l'ataman de l'Ukraine. Or les Zaporogues ne reconnaissaient, en fait, l'autorité d'aucun chef étranger à leur horde. J'ai déjà dit que, dans leur petite république, ils n'élisaient que des chefs temporaires, presque toujours pour la durée d'une expédition. Passionnés pour leur indépendance, ils la faisaient consister dans le droit pour chaque homme de n'obéir qu'à son caprice. La constitution en vigueur chez les Zaporogues était donc en opposition flagrante avec l'organisation légale et officielle de l'armée de l'Ukraine ; mais, satisfaits de leur liberté réelle, ils s'inquiétaient peu d'en obtenir la reconnaissance publique ; et, de son côté, le gouvernement polonais, sachant à quels hommes il avait à faire, fermait les yeux sur ce qui se passait au delà des rapides.

A l'exemple des Zaporogues et des Cosaques de l'Ukraine, d'autres Slaves, originaires pour la plupart de la grande Russie, s'établirent sur les bords du Don, et s'y organisèrent d'après les mêmes principes. Nés sujets des grands-ducs de Moscovie, mais vivant à peu près en dehors de leurs lois, ils reconnurent leur autorité nominale et les servirent même souvent dans leurs guerres contre les Turcs et les Tartares, leurs ennemis communs. Les Cosaques du Don ne tardèrent pas à rivaliser de gloire avec ceux du Dnieper et les surpassèrent même comme écumeurs de mer. Le Don et ses affluents, avec des îlots et des canaux sans nombre, offraient des retraites admirables à leurs barques légères, qui désolèrent longtemps la mer d'Azof et les rivages de la mer Noire. Le système de colonisation militaire cosaque était si conforme aux mœurs et au génie du peuple russe, qu'il fut bientôt imité, d'abord sur les rives du Volga, puis sur celles de l'Iaïk. Un grand fleuve et des steppes, dans le voisinage d'un ennemi chez lequel la maraude est une entreprise louable et profitable, voilà quelles furent les conditions d'existence de ces hordes d'aventuriers qui devinrent avec le temps une nation.

L'Ukraine, comme on l'a vu, n'était pas habitée seulement par les Cosaques, il y avait des paysans et des gentilshommes qui s'y étaient établis sous la protection de l'armée du Dnieper, ou à qui les rois de Pologne avaient donné des terres dans la steppe jadis inculte, mais qui tendait à se peupler à mesure que les invasions des Tartares devenaient moins fréquentes ou étaient plus promptement et plus énergiquement réprimées. Les gentilshommes propriétaires en Ukraine étaient des *panes* ou nobles polonais, ayant, comme tels, leur part de souveraineté et leur *liberum veto* dans les diètes.

En Ukraine, la condition des paysans était plus dure que dans aucun autre pays slave. Exposés aux incursions des Tartares, parfois aux déprédations des Zaporogues, ils avaient l'existence la plus misérable. Après avoir énuméré les corvées, les redevances, les taxes vexatoires et arbitraires de toute sorte imposées par les gentilshommes polonais de l'Ukraine, Beauplan, que j'ai déjà cité, ajoute : « Bref, ils sont contraints de donner à leurs maîtres ce qu'il leur plaist demander, en sorte que ce n'est pas merveille si ces misérables n'amassent jamais rien, assubiettis qu'ils sont à des conditions si dures. Mais c'est encore peu de chose, car leurs seigneurs ont puissance absolue, non-seulement sur leurs biens, mais aussi sur leurs vies, *tant est grande la liberté de la noblesse polonoise* (qui vivent comme en un paradis, et les paysans comme s'ils étoient en un purgatoire) ; de sorte que s'il arrive que ces pauvres paysans tombent asservis en la main de méchants seigneurs, ils sont en estat plus déplorable que les forçats des galères. »

Le malheur des paysans de l'Ukraine s'accroissait encore, si la chose était possible, par la comparaison de leur sort avec celui des Zaporogues leurs voisins et des

Cosaques *inscrits*. Aussi les désertions étaient-elles fréquentes parmi les serfs de la Petite-Russie; les régiments cosaques et surtout la Sietcha du Dnieper servaient d'asile à tous les serfs réduits au désespoir. Malheur à qui se fût avisé de les réclamer sur cette terre privilégiée! Mais la franchise ouverte dans les îles du Dnieper n'était pas le seul attentat des Cosaques contre ce que Beauplan appelle la *liberté* de la noblesse polonaise. Non-seulement les atamans et les colonels des régiments *inscrits* accueillaient les fugitifs, mais encore beaucoup de simples Cosaques, vilains ou serfs fugitifs, prétendaient, en leur qualité de soldats privilégiés, posséder des terres et avoir des paysans tout comme des gentilshommes. Cela semblait une intolérable outrecuidance aux *panes* polonais. Ce fut bien pis lorsque les Cosaques demandèrent à être représentés dans les diètes de la république.

Étienne Batthori, qui fit tant pour la gloire et la prospérité de la Pologne, n'avait rien négligé pour s'attacher les habitants de la Petite-Russie, où il voyait une inépuisable pépinière de soldats; mais les successeurs de ce grand homme n'imitèrent point ses sages exemples. Ils traitèrent l'Ukraine en pays conquis; ils en distribuèrent le territoire entre leurs favoris, et à tous les maux que souffraient les Petits-Russiens ils ajoutèrent la persécution religieuse. Les Cosaques, zélés pour le culte grec, perdirent patience et s'insurgèrent à plusieurs reprises, mais tumultuairement et sans concerter leurs efforts. Chaque révolte attirait dans leur pays une armée polonaise, et les formidables *hussards*, tout bardés de fer, avaient presque toujours bon marché d'une masse de paysans mal armés et sans discipline. Les Zaporogues, qui, en général, donnaient le branle à l'insurrection, regagnaient leurs îles inaccessibles, abandonnant leurs camarades à la vengeance des nobles polonais. Point de pitié à cette époque pour des serfs révoltés contre leurs seigneurs : on pendait, on écartelait, on brûlait vifs les atamans des Cosaques ; on coupait quelques centaines de têtes, et l'ordre se rétablissait pour un temps. Ces rigueurs ne domptèrent pas l'amour passionné des Cosaques pour leur indépendance, mais elles eurent pour la Pologne deux résultats bien funestes : le peuple opprimé tourna les yeux vers la Russie *orthodoxe*, et s'accoutuma à regarder le souverain de ce pays comme son protecteur naturel. D'un autre côté, la haine invétérée que les Cosaques avaient vouée aux Tartares s'affaiblit singulièrement. Le khan de Crimée était l'ennemi des panes polonais, leurs oppresseurs, et les Cosaques songèrent bientôt à le prendre pour allié.

« On n'est jamais trahi que par les siens, » dit un vieux proverbe. Un grand nombre de révolutions anciennes ou modernes nous offrent l'exemple d'une classe opprimée, ou soi-disant telle, guidée à l'insurrection par un membre de la classe des oppresseurs. C'est ce qui arriva en Ukraine. Beaucoup de gentilshommes polonais, pauvres et amoureux d'aventures, prenaient parti chez les Zaporogues ou dans les régiments de Cosaques inscrits. De ce nombre fut Bogdan Chmielnicki, originaire de la Lithuanie, mais dont la famille s'était établie à Tchighirin, parmi les Cosaques. Il parlait facilement le polo-

nais, le russe, le latin et le turc. C'était un esprit souple
et délié, patient et rusé comme un sauvage de l'Orient,
ambitieux comme un membre d'une aristocratie dont
chaque individu exerçait dans les diètes sa part de pou·
voir souverain. Courageux au besoin, même jusqu'à la
témérité, il ne recourait cependant à la force qu'après
avoir épuisé toutes les ressources de l'intrigue. Ses talents
et sa rare instruction lui avaient valu les fonctions de secrétaire général des Cosaques (*pissar*), qui répondaient
à peu près à celles de ministre des relations étrangères.
Après la dignité d'ataman, il n'y en avait pas de plus considérable ; et même, lorsque le secrétaire avait de l'esprit,
son influence surpassait souvent, parmi les Cosaques,
celle du chef militaire. Député à Varsovie pour présenter
les réclamations des habitants de l'Ukraine, Chmielniçki
s'était signalé par son audace et par la vivacité de son
zèle pour ses commettants. On le regardait à la cour
comme un homme habile, mais dangereux. Déjà la république avait senti la nécessité de bâtir des forteresses sur
les bords du Dnieper pour tenir en bride les Cosaques.
Un général de la couronne, montrant à Chmielniçki les
remparts d'une de ces citadelles, lui demanda qui pourrait les détruire : « Ce que la main de l'homme a élevé, la
main de l'homme peut l'abattre, » répondit Chmielniçki.

A son retour en Ukraine, le *sous-staroste* (espèce de
sous-préfet) de Tchighirin, gentilhomme polonais bien
apparenté, entreprit de le persécuter pour lui faire expier
l'opposition qu'il faisait au gouvernement. On l'accusa
de posséder indûment des terres et des paysans, et le

sous-staroste se mit en devoir de le déposséder. Mais on ne connaissait guère les formes de la procédure en Ukraine. Le petit despote de Tchighirin entra bien accompagné dans la maison de Chmielnicki, la saccagea, la brûla, viola sa femme et la tua. Sans doute ce magistrat était vif, et quelque résistance avait dû exciter sa colère ; mais son procédé, après tout, n'était pas pour le temps et pour le pays une chose trop extraordinaire. En apprenant son malheur, Bogdan Chmielnicki dit froidement : « Ils ne m'ont pas tout ôté ; il me reste *ma mère cosaque*. » C'est ainsi que les Zaporogues appelaient leur sabre.

On sait ce qu'était alors un roi de Pologne. Vladislas IV, sous le règne duquel on traitait ainsi les Cosaques, avait horreur des excès de sa noblesse, mais était impuissant à les réprimer. Quelque temps auparavant, il avait reçu une députation de l'Ukraine qui venait se plaindre de nombreux actes d'oppression. — « Que puis-je faire ? dit-il en haussant les épaules. N'êtes-vous pas des Cosaques, et n'avez-vous pas un sabre au côté ? » Bogdan Chmielnicki profita du conseil. Sans s'amuser à rédiger des placets, il courut au camp des Zaporogues, leur raconta ses injures, et les anima si bien qu'ils le nommèrent leur ataman par acclamation, et, pour première preuve de leur sympathie, massacrèrent tous les Polonais qui se trouvèrent à leur portée.

Jusqu'alors on n'avait vu parmi les Cosaques que des insurrections désordonnées, violentes, mais passagères comme un débordement. Nul plan, nul concert entre les hordes soulevées. On ne tarda pas à s'apercevoir cette fois qu'un chef habile dirigeait les rebelles, et qu'une guerre longue et ruineuse allait commencer. Le premier soin de Chmielniçki fut de faire alliance avec le khan de Crimée, déjà fort irrité contre la Pologne pour le refus des subsides qu'il en attendait aux termes d'anciens traités. Il négocia pareillement avec le tsar de Russie, et s'assura de sa bienveillance et de sa coopération secrète. L'armée de Chmielniçki se grossit d'un assez grand nombre de Cosaques du Don, toujours prêts à faire cause commune avec leurs frères du Dnieper; enfin, il appela aux armes tous les serfs de l'Ukraine et les enrôla dans ses régiments.

Mal renseigné sur les forces des insurgés, le grand général de la couronne marcha à leur rencontre avec quelques milliers d'hommes, dont la majeure partie était des Cosaques réputés fidèles, mais qui, à la vue de leurs camarades, l'abandonnèrent, et le reste de l'armée polonaise fut taillé en pièces. A cette époque, les nobles polonais allaient en guerre avec un train magnifique. Il n'y avait pas toujours des lits dans leurs châteaux, mais leurs tentes de campagne étaient doublées de brocart, leurs selles brodées d'or et souvent couvertes de perles et de pierreries. Le butin fut considérable et enflamma les Cosaques d'une nouvelle ardeur. En guise de subsides, Chmielniçki donna ses prisonniers aux Tartares ses alliés, pour en trafiquer en Orient. Modeste au milieu de son triomphe, il se garda bien d'abord d'afficher de hautes prétentions. Il écrivit au roi pour excuser ses compagnons et justifier leur prise d'armes, en rappelant leur dure oppression, leur longue patience, et l'impossibilité d'obtenir justice. Il finissait par protester de son dévouement au roi et à la république, et offrait de déposer les armes aussitôt qu'on aurait rendu à l'Ukraine ses anciennes franchises. Mais tout en négociant avec cette couleur d'humilité, il laissait ses lieutenants porter le fer et le feu dans la Volhynie et la Podolie, détruire les récoltes et emmener en esclavage les femmes et les enfants. Pour lui, il entrait en triomphe dans Kïef, y faisait chanter un *Te Deum*, et acceptait le titre de *Restaurateur de la foi orthodoxe et des libertés de la Petite-Russie*. Le sous-staroste de Tchighirin, qui l'avait si cruellement outragé, était mort, mais sa veuve se trouva à Kïef, et Chmielniçki l'épousa, en reconnaissance, dit-on, de quelques bons offices qu'elle lui avait rendus dans le temps qu'il était encore secrétaire des Cosaques.

Au milieu de ces pourparlers de mauvaise foi, Vladislas mourut, laissant à Jean Casimir, son successeur, l'héritage d'une guerre terrible, guerre de nationalité, de caste et de religion tout à la fois, aggravée par la puissante intervention des Tartares et surtout par la connivence redoutable de la Russie. Casimir, qui n'avait ni troupes ni argent, s'estima fort heureux d'obtenir une trêve au prix de la reconnaissance de Bogdan Chmielniçki en qualité d'ataman de l'Ukraine. Il lui envoya les insignes de cette dignité, une pelisse, une masse d'armes d'argent et le *bounchouk* ou queue de cheval que les atamans faisaient porter devant eux comme leur bannière. Chmielniçki accepta les présents du roi de Pologne, et, dans le même temps, une autre pelisse, une autre masse, une autre queue de cheval lui étaient envoyées par le sultan, qui, sans doute, croyait s'acquérir de la sorte un puissant vassal. Mais le rusé ataman prenait de toutes mains, et, tandis qu'il amusait Turcs et Polonais de vaines promesses, il n'avait qu'un but, celui de fonder un État indépendant dont il serait le chef. Au printemps de l'année 1649, il se jeta tout à coup sur la Podolie avec une armée de quatre cent mille Cosaques, Tartares et paysans insurgés. Je laisse la responsabilité de ces chiffres aux historiens du temps, qui, dans leur latin cicéronien, appellent cette guerre : *Bellum scythico-cosaïcum*. Ce qui, à la rigueur, peut faire croire à cette immense multitude, c'est que les Cosaques et les Tartares de ce temps étaient bien plus faciles à nourrir que nos armées modernes. Avec un petit sac de farine de seigle, un Cosaque faisait une campagne ; et, quant aux Tartares, à l'exemple d'Homère, qui ne perd jamais, *même au milieu des combats, l'occasion de parler d'un repas,* je ne puis résister à l'envie de dire un mot de leur cuisine telle que la décrit Beauplan. « Lorsqu'il se trouve un cheval qui ne peut plus cheminer, ils l'esgorgent... ils coupent la chair par rouelles les plus grandes qu'ils peuvent... la mettent sur le dos de leur cheval, qu'ils sellent dessus, le sanglent le plus fort qu'ils peuvent, puis montent à cheval, courent deux ou trois heures en chemin faisant, car toute l'armée va de même cadence. Après ils redescendent, le dessellent et retournent leur rouelle de chair, et avec le doigt recueillent l'escume du cheval et en arrosent ces mets, de peur qu'ils ne se desseichent trop. Cela fait, ils le ressellent et ressanglent bien fort comme devant, recourant de nouveau deux ou trois heures, et alors la chair est cuite à leur gré comme si c'était une estuvée. Voilà leurs délices et leurs ragoûts. »

Ces quatre cent mille hommes si habiles à se nourrir l'étaient moins pour assiéger une place : Zbarras, dans la Podolie, les arrêta tout d'abord, et ses défenseurs, repoussant les attaques continuelles et luttant contre une disette effroyable, se battirent si vaillamment, qu'ils donnèrent le temps à Casimir de s'approcher avec l'armée de la république. Elle était peu nombreuse, mais, animée par l'exemple de son roi et par le courage du désespoir, elle résista aux attaques des Cosaques et des Tartares. Ces derniers, qui ne se souciaient guère de se faire tuer pour les franchises de l'Ukraine, offrirent de traiter. On se hâta de leur donner 100,000 florins et de leur en promettre 200,000 ; ils demandèrent et obtinrent, par-dessus le marché, de pouvoir librement piller les provinces polonaises qu'ils allaient traverser pour retourner chez eux. Quant à Chmielniçki, il fut solennellement confirmé dans sa dignité d'ataman ; le roi jura de faire respecter les priviléges des Cosaques et autorisa l'augmentation de leurs régiments, ce qui équivalait à sanctionner toutes les inscriptions précédentes. Ce traité fut conclu à Zborow, sur le champ de bataille, à quelques milles de Zbarras.

L'article qui permettait aux Tartares le pillage de la Podolie fut scrupuleusement observé de part et d'autre, mais ce fut le seul. D'un côté, Chmielniçki, au lieu de quarante mille hommes qu'il devait avoir dans son armée, en répartit soixante mille dans ses régiments ; d'un autre côté, les nobles polonais recommencèrent à contester aux Cosaques le droit de posséder des terres, et aux paysans de l'Ukraine leur qualité de Cosaques inscrits. De là des débats interminables, j'entends débats à coups de fusil, incursions sur les deux rives du Dnieper et pillages continuels. L'ataman, cependant, voyait grandir son influence et son pouvoir : il obligeait le hospodar de Moldavie à lui payer tribut ; la Porte Ottomane et la cour de Moscou recherchaient à l'envi son alliance. La grandeur du péril ouvrit les yeux à Casimir, qui, rassemblant toutes ses forces, se hâta d'entrer en Ukraine. Chmielniçki, accompagné du khan des Tartares, lui épargna la moitié du chemin et vint à sa rencontre avec une armée de trois cent mille hommes (j'ai déjà dit que je ne prétends pas garantir ces chiffres formidables). On peut se faire une idée des connaissances militaires des deux partis par les faits suivants, racontés par les auteurs contemporains : L'armée polonaise n'eut connaissance de ces trois cent mille hommes que lorsqu'elle se trouva à une demi-lieue de leur camp ; en revanche, les Cosaques lui laissèrent tout le temps de se ranger en bataille au delà d'un défilé qu'il lui fallut traverser, et ne songèrent à prendre les armes que lorsque les boulets de Casimir commencèrent à tomber parmi leurs chariots. La bataille eut lieu le jour de Saint-Pierre et Saint-Paul 1651, près d'un village nommé Berestençko. Les Cosaques, retranchés dans leur *tabor*, se battirent bravement et ne purent être entamés ; mais les Tartares les secondèrent mal. Bien qu'il appartînt à l'héroïque famille des Ghereï, le khan avat beaucoup d'aversion pour les boulets. Le commandant d'artillerie polonaise ayant fait pointer ses pièces contre un groupe de cavaliers qui entouraient l'étendard blanc du prince tartare, un boulet emporta un mourza de la suite du khan, et celui-ci n'attendit pas une seconde décharge ; il tourna bride honteusement avec sa cavalerie, entraînant Chmielniçki dans sa suite, soit que l'ataman eût perdu tout espoir de vaincre, soit, comme l'ont prétendu ses admirateurs, que le khan voulût l'avoir auprès de lui comme un otage qu'il se réservait de livrer à Casimir pour en obtenir la paix. Privés de leur chef, les Cosaques tinrent bon plusieurs jours sous le feu de l'artillerie polonaise, qui les décimait à distance: mais la division se mit entre leurs chefs. Un colonel sortit du tabor pour occuper une position avantageuse ; les autres crurent qu'il s'enfuyait, et aussitôt une terreur panique s'empara de toute cette multitude, qui naguère s'était montrée si résolue. Il y avait dans le camp un grand nombre de serfs insurgés, mauvais soldats, armés de faux et de bâtons, qui affamaient leur armée sans lui donner aucune force. Ce fut un sauve-qui-peut général. La plupart de ces malheureux furent massacrés ou se noyèrent dans les lacs et marais, où ils se jetèrent en fuyant.

La victoire de Berestençko fut glorieuse, mais stérile. Après avoir sabré les fuyards pendant plusieurs lieues, les nobles polonais crurent que la guerre était finie et voulurent regagner leurs châteaux. En quelques jours l'armée de Casimir se fondit en quelque sorte, tandis que les plus aguerris des Cosaques se ralliaient dans leurs places de refuge et dans les îles des Zaporogues. Chmielniçki s'était racheté du Tartare, justifié auprès de ses soldats, et, vaincu, il obtint des vainqueurs les conditions qu'il leur offrait au commencement de la campagne.

Tel fut, tel devait être le triste résultat des exploits de cette noblesse polonaise, si héroïque sur le champ de bataille, mais toujours et partout imprévoyante et indisciplinée.

L'année suivante, la guerre recommença. Chmielniçki ayant voulu marier un de ses fils à la fille du hospodar de Moldavie, le roi de Pologne s'en alarma, et le grand général de la couronne encore plus, qui voulait pour son propre fils l'alliance du Moldave. Cette fois les Polonais furent les agresseurs, et mal leur en prit. Le grand général fut tué et ses troupes battues. En 1653, le roi lui-même, s'étant aventuré en Ukraine avec peu de monde, se laissa entourer, et fut contraint d'acheter la paix aux conditions qu'il plut à Chmielniçki de lui imposer.

Casimir voulut avoir sa revanche. Depuis la bataille de Berestençko les relations entre les Tartares et les Cosaques étaient devenues peu amicales. La cour de Varsovie excita entre eux la mésintelligence et finit par traiter avec le khan pour exterminer à frais communs l'ataman et ses hordes. Sur le point de se trouver entre deux feux, Chmielniçki crut n'avoir plus qu'un parti à prendre. Il s'y était préparé de longue main; c'était de se jeter entre les bras de la Russie. Rassemblant les colonels et les anciens de tous ses régiments, il leur représenta leur ruine inévitable s'ils n'étaient soutenus par un puissant allié. La Pologne avait assez prouvé combien elle détestait et leurs libertés et leur religion. Aujourd'hui, alliée aux Tartares, elle allait détruire en Ukraine la foi orthodoxe. Un seul protecteur pouvait détourner l'orage prêt à fondre sur les Cosaques, c'était le tsar de Moscou, maître d'un vaste empire, parlant leur langue, professant leur religion. S'ils lui rendaient hommage, il s'engageait à les défendre et respecter leurs franchises.

La plupart des Cosaques applaudirent à ce langage. Déjà c'était une opinion populaire qu'il fallait se donner au *tsar blanc*, au seul monarque chrétien de l'univers : c'est ainsi que les grands-ducs de Moscovie s'appelaient eux-mêmes. Dès le commencement de la guerre contre la Pologne, un certain nombre de Cosaques avaient abandonné l'Ukraine pour vivre tranquilles dans les steppes entre le Don et le Donetz, territoire alors désert, à cause des incursions des Tartares, mais considéré comme faisant partie de l'empire russe. Accueillis avec empressement par le tsar, dont ils couvraient la frontière, ces Cosaques avaient formé, sous le nom de *régiments slobodiens,* des espèces de colonies militaires dont la prospérité rapide avait attiré l'attention de leurs compatriotes. La défection de Chmielniçki apportait au tsar de bien plus grands avantages; aussi s'empressa-t-il de recevoir son serment d'allégeance et de lui garantir les antiques franchises de l'Ukraine.

Le traité entre la Russie et les Cosaques fut signé à Pereïeslav en 1654. Je remarque qu'en premier lieu, les Cosaques stipulèrent qu'ils ne dépendraient pas du patriarche de Moscou pour les affaires spirituelles. Dès cette époque, l'Église russe était divisée en plusieurs sectes, et la majorité des Petits-Russiens appartenait à celle des *starovertsi*, qui prétendent avoir conservé sans altération les rites antiques du christianisme. Aujourd'hui encore, la plupart des Cosaques tiennent obstinément à leur vieille liturgie.

Le traité de Pereïeslav fut suivi d'une guerre longue

et désastreuse pour l'Ukraine. Presque toutes ses villes reçurent des garnisons russes, et le pays fut accablé de réquisitions. Sur la fin de sa vie, il paraît que Chmielnicki se repentit de sa défection. En effet, une triste expérience venait de lui apprendre que la suzeraineté d'un tsar était bien plus lourde que celle des rois de Pologne. Il s'aperçut qu'au lieu de l'indépendance qu'il avait rêvée, il n'avait fait que changer une sujétion à peine offensante pour son orgueil contre une servitude trop réelle. Les Polonais s'étaient montrés des despotes avides; mais leur inconstance et leur légèreté laissaient toujours à leurs vassaux l'espoir d'un adoucissement. Non moins avides, mais plus habiles, rusés et tenaces, les Russes étaient des maîtres de plus en plus exigeants, et la proie qu'ils saisissaient une fois n'échappait plus à leur étreinte.

Il est très-pénible pour un historien de laisser mourir un homme célèbre de sa belle mort. J'ai le regret de dire que, selon toute apparence, Bogdan, vieux et infirme, est mort tout bonnement dans son lit, après une courte maladie, en 1657. A la vérité, quelques auteurs veulent qu'il ait été empoisonné par ordre du sultan, irrité de ce qu'il refusait de mettre l'Ukraine sous sa protection. D'autres, par une invention plus dramatique, prétendent qu'il s'empoisonna lui-même, désespéré de voir les Russes s'impatroniser dans son pays. Ce qui me semble plus probable, c'est qu'il mourut comme Marco, le héros des ballades serbes, *de la main de Dieu, le vieux tueur*. Il mourut, d'ailleurs, dans la plénitude de son intelligence, aimé et respecté de ses sujets, et fut le premier et le seul des atamans qui nomma son successeur.

Son choix ne tomba peut-être pas sur le plus digne. Son fils Georges, que les Cosaques reconnurent d'abord pour leur ataman, n'hérita ni de ses talents ni de son autorité. Aidé des conseils du secrétaire Wigofski, confident, et, à ce qu'on croyait, dépositaire de tous les secrets politiques du vieux Chmielniçki, Georges chercha vainement à ramener les Cosaques sous la protection de la Pologne. La plupart de ses officiers l'abandonnèrent : il en résulta une guerre civile acharnée, qui affaiblit au dernier point les forces que l'Ukraine possédait encore. On vit à la fois deux atamans, l'un vassal de la Russie, l'autre de la Pologne, tous les deux suivis d'une armée étrangère, beaucoup plus occupée de les surveiller et de prévenir leurs trahisons que de les aider dans leurs entreprises. Georges-Chmielniçki, effrayé ou dégoûté de la lutte qu'il avait à soutenir, abdiqua pour aller se jeter dans un cloître. Mais sa ferveur fut de courte durée : il jeta son froc, essaya de rallier ses partisans, et, n'y pouvant parvenir, il fut contraint de se réfugier en Turquie. Il y mourut en 1679, tué dans un engagement contre Serko, l'ataman du parti russe.

La petite république des Cosaques de l'Ukraine avait été détruite à la mort de Bogdan Chmielniçki. L'autorité de la Russie ne fit que s'accroître, et chaque nouvelle rébellion n'eut d'autre résultat que de diminuer leurs franchises. Quant aux Zaporogues, ils conservèrent encore quelque temps leur indépendance de fait, se mettant tour à tour à la solde des rois de Pologne et des souverains de Russie, quelquefois s'alliant aux Turcs et aux Tartares.

Le dernier des atamans de l'Ukraine qui ait essayé de

reconquérir l'indépendance de sa nation fut Mazepa, que Voltaire, lord Byron et Horace Vernet ont rendu célèbre dans l'Occident. Il était fils d'un petit gentilhomme de Podolie, et ses commencements furent assez semblables à ceux de Bogdan Chmielnicki. L'histoire du cheval sauvage qui l'emporta chez les Zaporogues est une très-jolie tradition qui, malheureusement, n'est attestée par aucun témoignage contemporain digne de foi, et Nordberg, chroniqueur fort exact, n'en déplaise à Voltaire, rapporte avec toute vraisemblance que Mazepa fut pris fort jeune par des Cosaques avec un convoi polonais. Parmi ces barbares, un aventurier ayant reçu quelque éducation était une utile recrue, et le poste de *pissar* ou secrétaire de la sietcha ne pouvait lui échapper. De secrétaire, Mazepa devint ataman de l'Ukraine à force d'intrigues et grâce à la souplesse dont il fit preuve auprès de Pierre le Grand. Pour lui plaire, il abandonna son costume national, prit l'uniforme prussien, et fit apprendre la charge en douze temps à ses Cosaques. Il avait, d'ailleurs, fait preuve de valeur et de zèle au siège d'Azof et à l'attaque de Perecop, où il seconda vigoureusement les opérations de l'armée russe.

Dans un voyage qu'il fit à Moscou, il gagna complétement la confiance de Pierre, qui lui donna le grand cordon de l'ordre de Saint-André et le combla de présents magnifiques. Persuadé qu'il avait trouvé l'homme le plus capable de devenir son lieutenant, le tsar lui confia quelques-uns de ses plans de civilisation, où Mazepa ne vit sans doute autre chose qu'une menace contre ce qui restait d'autorité aux atamans de l'Ukraine. La lutte venait d'éclater entre la Suède et la Russie ; l'ataman se méprit sur les forces des deux princes rivaux, et crut qu'avec l'appui de Charles XII il pouvait s'assurer cette souveraineté indépendante que Chmielnicki avait rêvée et qu'il avait été sur le point d'obtenir. S'entourant des plus grandes précautions, il fit faire, dès l'année 1705, quelques ouvertures au roi de Suède, qui, d'abord, les accueillit très-froidement. Charles XII méprisait les Russes, et, dans ses idées chevaleresques, il se faisait probablement scrupule d'acheter par la ruse et la trahison une victoire que son épée pouvait lui donner. Probablement, les conseils de Stanislas et les difficultés croissantes qu'il rencontrait le ramenèrent à une politique moins généreuse, et il prêta l'oreille aux offres de Mazepa. Les communications secrètes devinrent fréquentes entre celui-ci et Stanislas. Ils correspondaient par l'entremise d'un jésuite polonais et d'un évêque moldave réfugié en Ukraine. L'ambition, d'ailleurs, n'était pas, comme il semble, le seul mobile de l'ataman. Bien qu'âgé de cinquante-huit ans, il était devenu amoureux d'une princesse Dulskaïa et voulait lui donner un trône. Dans son traité avec Charles XII, il demanda d'abord la souveraineté de l'Ukraine, puis le duché de Sévérie, qui avait fait partie autrefois du royaume de Pologne, et que les armes suédoises devaient enlever au tsar. Stanislas Leczinski fit consentir facilement son allié à toutes ces demandes, et Charles, qui venait de faire un roi de Pologne, ne crut pas plus difficile de faire un prince de la Petite-Russie.

Pendant ces négociations, Mazepa affectait toujours le plus grand dévouement pour le tsar. Il lui envoyait des troupes et des subsides ; mais si l'on en croit les annalistes russes, il instruisait les Suédois de tous ses mouvements, et prenait des mesures pour faire battre ses propres soldats. Pour lui, il s'excusait sur son âge et ses infirmités de ne pas monter à cheval, et de confier à ses colonels le soin de conduire ses Cosaques en Pologne. Né catholique, il avait embrassé la religion grecque en Ukraine, et il édifiait ses sujets par la ferveur de son zèle religieux. Il bâtissait des églises, faisait des fondations pieuses, et ne semblait plus occupé que du soin de son salut. Quelque habile que fut son hypocrisie, ses manœuvres n'échappèrent pas à plusieurs colonels cosaques attachés à la Russie. Iskra, colonel du régiment de Poltava, et Kotchoubey, juge général de l'armée cosaque, l'accusèrent de trahison. Mais Pierre était infatué de Mazepa ; il repoussa avec dédain leur dénonciation, et poussa l'aveuglement jusqu'à les envoyer chargés de chaînes à l'ataman, comme leur juge naturel. Kotchoubey était allié à la famille de Mazepa; il avait été son ancien ami et son camarade, et, ainsi qu'Iskra, l'avait accompagné dans toutes ses expéditions. Mais Mazepa ne songea qu'à se débarrasser de rivaux dangereux. Il les fit périr l'un et l'autre dans les plus cruels supplices, et par un raffinement de vengeance, après les avoir condamnés à mort, il les fit appliquer à la torture avant l'exécution de la sentence, pour en obtenir, disait-il, des révélations.

Ce ne fut qu'en 1708, au moment où les Suédois se préparaient à passer le Dnieper, que Mazepa leva l'étendard de la révolte. Il s'aperçut bien vite qu'il s'était trompé sur l'obéissance de ses sujets. Dès qu'il eut annoncé l'intention de se joindre aux Polonais et aux Suédois, que les Cosaques traitaient de *païens*, il se vit abandonné de presque toute son armée. Ses meilleurs officiers se tournèrent contre lui, et lorsqu'il se présenta à Charles XII, il ne lui amena qu'une troupe mal armée, et plus qu'à demi découragée. Cependant il réussit à gagner les Zaporogues et à conduire leur ataman au camp suédois, où il rendit quelques services. Nordberg raconte à cette occasion une scène de mœurs assez curieuse. Mazepa ayant invité à dîner les principaux des Zaporogues dans la maison d'un seigneur du pays, les fit boire à la santé de Charles XII et les enivra suivant l'usage. En sortant de table, probablement aussi selon un usage national, ils voulurent emporter l'argenterie. Le maître d'hôtel s'y opposant, les Zaporogues se plaignirent qu'on manquât à l'hospitalité, et exigèrent que ce serviteur fidèle leur fût livré. Dans les mœurs du temps et du pays, la tête d'un domestique était trop peu de chose pour qu'on se brouillât avec des amis qui la demandaient. Le pauvre diable fut mis entre les mains de ces sauvages, qui pendant une heure se le renvoyèrent comme un ballon, en le poussant et repoussant à coups de pied. Enfin, un Cosaque plus humain que les autres mit fin à son supplice d'un coup de coutelas.

La bataille de Poltava anéantit les espérances de Mazepa. A la nouvelle de sa défection, les Russes s'étaient rués en force dans l'Ukraine et l'avaient impitoyablement ravagée. Après la défaite de Charles XII, la vengeance du tsar s'appesantit encore plus rudement sur les malheureux Cosaques qui ne purent trouver un refuge sur le territoire turc. Les Zaporogues ne furent pas oubliés, et expièrent cruellement l'imprudente levée de boucliers de leurs chefs. La sietcha fut détruite, tous leurs repaires furent fouillés, on brûla leurs barques, on massacra impitoyablement tous ceux qui ne purent passer en Turquie. Si l'on en croit les récits contemporains, la corde et la roue en firent périr plusieurs milliers. Ce n'était point assez pour Pierre. Longtemps il fatigua la Porte par ses demandes d'extradition, mais il ne put empêcher le vieux Mazepa de mourir naturellement à Bender, sous la protection du sultan, entouré des débris de sa horde et d'un assez grand nombre d'exilés. Le courroux du tsar le poursuivit après sa mort. Tous les ans l'Église russe prononce contre lui des malédictions solennelles, ainsi que contre Georges Chmielniçki et contre Grégoire Otrepief, que la politique moscovite a voulu identifier avec le faux Démétrius. Seule parmi toutes les communions chrétiennes, l'Église russe orthodoxe damne les gens qui ont le malheur de déplaire au souverain. C'est un des avantages politiques d'une religion dont le pape est l'empereur.

La défection des Cosaques de l'Ukraine porta un coup funeste à la Pologne; en revanche, l'abaissement de la Pologne précipita la perte de leur indépendance. Aujourd'hui quelques priviléges sans grande importance forment la seule distinction entre les Cosaques et les autres sujets de l'empire russe.

SUR UN TOMBEAU

DÉCOUVERT

A TARRAGONE

SUR UN TOMBEAU

DÉCOUVERT

A TARRAGONE.

L'attention des antiquaires espagnols a été vivement excitée par la découverte faite à Tarragone d'un tombeau singulier auquel il est fort difficile d'assigner une date. A en juger par quelques-uns de ses caractères, on serait tenté de le rapporter à une époque très-reculée, antérieure peut-être à la domination romaine ; tandis que d'autres caractères semblent convenir à un temps beaucoup plus rapproché de nous, comme, par exemple, à la période de lutte entre le paganisme et la religion chrétienne. Ce n'est pas tout : quelques compositions gravées sur cet étrange monument montrent des costumes et des souvenirs égyptiens ; puis, tout à côté, on trouve des mythes d'origine phénicienne. Plus loin sont tracés des hiéroglyphes ; ailleurs, des inscriptions en caractères semblables à ceux des médailles celtibériennes. On dirait que toutes les mythologies barbares ont été mises à contribution pour le désespoir des antiquaires, ou plutôt pour ouvrir le champ le plus vaste à leurs hypothèses.

La découverte remonte à 1850. Des galériens employés à des travaux de déblayement sur le bord de la mer, à peu de distance de Tarragone, dans un lieu qui servait autrefois de cimetière aux protestants, et où l'on trouve fréquemment des antiquités romaines, rencontrèrent à quelques pieds au-dessous du sol moderne une mosaïque grossière. Elle fut brisée, et, deux pieds plus bas, se présenta une seconde mosaïque d'un travail tout aussi médiocre, épaisse de six pouces. On sait qu'il est fort ordinaire, dans les villes antiques, de rencontrer ainsi plusieurs pavés les uns au-dessous des autres, et la *Maison Carrée* à Nîmes, par exemple, est bâtie sur une mosaïque romaine. Les galériens de Tarragone ayant défoncé ce pavement inférieur arrivèrent au tuf, et là découvrirent un sarcophage formé de plaques de marbre blanc, long de six pieds, large d'un pied et demi et haut d'un pied à peu près. Toutes ces plaques étaient couvertes de dessins gravés assez profondément et rehaussés de couleurs. Un mastic noir remplissait les tailles creusées dans le marbre, qui, en quelques places, a été coloré ou teint.

Il passe quelquefois des Anglais à Tarragone, à qui l'on vend des médailles et des fragments romains, et tous les gens qui fouillent la terre savent que cela est d'un certain rapport. Les galériens brisèrent le sarcophage à grands coups de pioche, chacun voulant en emporter un morceau pour le vendre. Quant au contenu du tombeau, tout a malheureusement disparu. Interrogés dans la suite sur ce qu'ils avaient trouvé, les galériens ont déclaré : « que » dans le sépulcre de marbre ils avaient vu un cadavre » couvert d'un suaire, ayant sur la poitrine *une idole*, un » vase et deux objets qu'ils n'ont pu décrire exactement, » peut-être des espèces d'amulettes. Tout cela leur paraissant sans valeur, fut jeté pêle-mêle à la mer, avec les os des protestants et les fragments des deux mosaïques. Toute ville a son antiquaire. Celui de Tarragone s'appelle don Bonaventure Hernandez, nom très-convenable à un archéologue. Il parvint à retirer des mains des galériens le plus grand nombre des fragments du tombeau.

Quatre de ces fragments sont aujourd'hui dans le Musée de l'Académie de l'Histoire, où j'ai pu les examiner longuement à plusieurs reprises. Les autres, que M. Hernandez a conservés, ont été calqués avec soin et lithographiés. Des exemplaires de ces lithographies sont sous mes yeux. Enfin, pour tous les détails qui vont suivre, j'ai pour me guider un mémoire de mon savant ami, M. A. Delgado, antiquaire de l'Académie de l'Histoire. Envoyé à Tarragone par cette compagnie, il institua une enquête en règle sur toutes les circonstances de la découverte, fit exécuter lui-même quelques fouilles, et recueillit une masse de témoignages et de renseignements qu'il a communiqués à l'Académie. Avant tout, j'essayerai de donner une idée générale des dessins gravés sur le marbre. Ils sont d'une rare grossièreté, et je ne connais que les idoles sardes publiées par le général Della Marmora qui appartiennent à un art aussi rude, aussi barbare. Il faut remarquer toutefois dans ces compositions une certaine méthode d'abréviation systématique assez semblable à celle des peintres et des sculpteurs mexicains, et qui semble comme une transition entre le dessin et une écriture hiéroglyphique. Ainsi, tous les détails sont supprimés, sauf ceux qui ont une importance capitale pour l'explication de la légende figurée. Trois pointes au bout de deux traits parallèles veulent dire une main et un bras; un trait ou un point exprime un œil, etc. J'insiste sur ces détails parce qu'ils peuvent fournir des présomptions sur l'âge du monument.

Les figures sont marquées par des contours gravés et remplis de mastic noir; quelquefois elles se détachent en blanc sur un fond noir : le marbre ayant été réservé pour les contours, absolument comme dans les émaux *à taille d'épargne*. Quelques-unes ont été colorées avec une espèce de teinture qui a légèrement pénétré dans le marbre. Les chairs sont en rouge clair. Il y a quelques ajustements peints en jaune et en vert. Enfin, un des fragments que possède le Musée de l'Académie, et qui représente un taureau devant un autel, est une espèce de mosaïque composée de morceaux de marbre incrustés avec une certaine précision.

Je n'essayerai pas de décrire ici, encore moins d'interpréter toutes les compositions que présentent les vingt-huit ou trente fragments conservés; la chose serait d'ailleurs impossible dans l'état de mutilation où sont les restes de ce curieux monument. Je me bornerai à indiquer sommairement quelques sujets qui peuvent se deviner. Tous paraissent se rapporter à trois séries distinctes, dont la première serait une espèce de cosmogonie bizarre, la seconde une légende d'Hercule, la troisième, enfin, aurait trait à une tradition historique. Probablement il existe quelque connexité entre ces trois catégories de dessins.

Dans la première, je placerai un fragment où sont gravés trois triangles se coupant de manière à former une étoile. Chaque compartiment auquel donne lieu la rencontre des lignes contient un œil. De chaque pointe de l'étoile partent des bras ailés, et des angles rentrants sortent des flammes et des foudres.

Un second fragment présente un taureau sur le corps duquel sont dessinés trois espèces de démons, dont l'un a une tête de chien, un autre tient un serpent Tous les trois ont le corps couvert d'hiéroglyphes très-grossièrement imités des hiéroglyphes égyptiens et *intraduisibles*. On voit que la composition dont ce bœuf faisait partie a été entourée d'une bordure d'hiéroglyphes tous aussi fantastiques que les premiers. — Vient ensuite une Diane d'Éphèse, le corps dans une gaîne ou dans une draperie serrée, avec deux rangées de mamelles, tenant d'une main une espèce de caducée, de l'autre des épis.

Je passe quelques autres divinités encore plus barbares, quelques-unes rappelant par leurs attributs les dieux égyptiens, d'autres les Cabires ou les Patæques des monuments grecs, quelques-unes les idoles phéniciennes. Un assez large fragment est divisé en deux scènes. Dans la première, un dieu à tête de crocodile, assis sur un autel, reçoit les offrandes de ses adorateurs ; dans la seconde, au-dessous, des pêcheurs harponnent des thons.

Trois fragments méritent d'être notés. L'un est une scène de déluge. Le second, qui par la conformité de sa bordure ne devait pas être éloigné du précédent, montre un cadavre debout entouré d'un serpent. De la bouche du cadavre jaillissent des foudres (?), des scorpions et des insectes ; à ses pieds est une chouette. De l'extrémité de la queue du serpent sort un petit homme, puis un plus grand, puis un autre plus grand encore. Le marbre manque après le quatrième. Le cadavre, à la place du cœur, a une marque noire, et tous les petits hommes provenant du serpent portent la même marque. M. Delgado était tenté de voir là une indication du péché originel.

Je donnerai une description encore plus détaillée d'un dernier fragment, à mon avis le plus curieux de tous et qui appartient à l'Académie de l'Histoire. Deux figures, mâle et femelle, sont debout en regard. Des abeilles sortent des lèvres de l'une pour entrer dans celles de l'autre. Entre les deux figures un feu est allumé, et sur ce feu tombe du lait sortant du sein de la femme, ou plutôt ce lait tombé sur une spirale de petits embryons d'animaux, quadrupèdes, oiseaux, poissons, et le centre de la spirale est une tête humaine. Derrière l'homme est un palmier mâle et un serpent ailé à tête cornue ; derrière la femme, un palmier femelle et un serpent à tête humaine et portant des mamelles. N'y a-t-il point là une allusion aux deux principes créateurs dont les mythologies anciennes ont varié à l'infini les personnifications ?

Je passe à la seconde série, aux mythes d'Hercule, et d'abord je dois dire à quoi je reconnais Hercule ; c'est à sa peau de lion, car le reste de son costume diffère beaucoup de celui avec lequel l'art grec nous a familiarisés. Sous la dépouille du lion, l'Hercule espagnol porte une veste rayée, jaune et noire, et quelquefois des *anaxyrides* ou pantalons de même étoffe. Il est d'ailleurs non moins batailleur que le héros thébain. On le voit sur différents fragments achever des exploits que je ne saurais guère expliquer. C'est ainsi que, debout sur un cadavre, il présente une tête à un taureau. Ailleurs, il combat contre trois hommes noirs armés de massues, qui représentent là peut-être le triple Géryon des fables grecques. Dans ce combat, Hercule est aidé par des hommes blancs, dont un est monté sur un chameau. Les adversaires noirs sont battus et décapités, et les compagnons du héros portent leurs têtes en triomphe. Une autre composition, dont les personnages sont de très-petite proportion, célèbre encore une victoire d'Hercule, et une de ses justices. Trois cadavres décapités sont pendus par les pieds à un arbre. C'est la suite ou le préliminaire d'une bataille où Hercule conduit une armée très-étrange. D'une ruche sort un essaim d'abeilles que certains gros oiseaux cherchent à intercepter. Ces abeilles se transforment par degrés; au lieu de voler, elles marchent la tête en l'air, puis elles deviennent de petits hommes ailés, enfin des hommes parfaits, armés de piques et suivant leur chef dans une expédition innommée. Au-dessus de leurs têtes, des hirondelles volant semblent leur montrer le chemin.

Voici encore une autre expédition, mais qui paraît postérieure à la précédente. Elle est gravée sur le plus considérable des fragments et dans toute la largeur d'une des plaques de marbre. Des hommes armés sortent de la gueule d'un crocodile, qui, suivant M. Delgado, désignerait l'Égypte. Les uns sont dans des barques à voile, les autres vont par terre ; un d'eux est monté sur un chameau. Tous se dirigent vers un détroit, enjambé par un grand personnage couronné d'une espèce de mitre, qui de ses deux mains repousse deux rochers, Calpé et Abyla. Les deux rochers sont couverts d'hiéroglyphes ou plutôt de signes barbares. Au-dessus de la tête du colosse qui sépare les montagnes, on voit un demi-cercle d'abeilles, puis un zodiaque. — Du côté opposé au crocodile d'où sort l'expédition, des hommes nus s'avancent pour la repousser à coups de pierres et de bâton. Un d'eux est monté sur un cheval. Les hommes de cette terre, qui est sans doute l'Espagne, vont de droite à gauche, grandissant et passant par toutes sortes de transitions, depuis un point noir, qui indique une pierre ou une motte de terre, jusqu'à prendre la forme humaine. L'artiste n'a-t-il pas voulu nous dire par là que ce peuple est autochthone ? J'oubliais de noter qu'au-dessus du crocodile on remarque un soleil, et du côté opposé une grande étoile. La direction de l'expédition de l'est à l'ouest est ainsi caractérisée. — Le zodiaque commence au verseau, mais plusieurs des signes ont une forme inusitée. Ainsi les gémeaux sont figurés par deux étoiles. L'écrevisse par un soleil ou bien par une étoile. Au lieu de la vierge, un serpent ; enfin une autre étoile, au lieu du capricorne.

Au-dessus de cette composition on en voit une autre également divisée en deux parties (séparées par le zodiaque) et qui paraît représenter les dieux et les habitants de l'Égypte et de l'Espagne. A gauche, un bœuf Apis adoré, un crocodile et des ibis tuant des serpents; puis une Isis qui sème du blé et des gens qui le scient et le mettent en bottes. Du côté opposé, les trois Gorgones, puis des naturels qui font la vendange, dorment sous des treilles, se chauffent à un feu et font un sacrifice. Tout cela est surmonté de caractères bizarres dont les uns offrent de l'analogie avec les hiéroglyphes égyptiens, les autres avec les lettres des médailles celtibériennes.

Il faut rattacher, je crois, à la série que j'ai appelée historique, un fragment qui représente une émigration. Un homme emporte sa mère ou un malade. Sa femme les suit chargée d'un enfant à la mamelle et d'un paquet sur sa tête; derrière vient un enfant nu qui porte un paquet et sur sa tête un panier de fruits; enfin, un esclave noir, très-pesamment chargé, ferme la marche.

Le revers de ce fragment est également gravé. On y voit un homme noir combattant contre un lion, et au-dessous, des rameurs, avec une coiffure qui rappelle celles des sphynx, dans une barque à voiles, qui naviguent dirigés, comme il semble, par des hirondelles volant au-dessus de leurs têtes.

Je crois voir une suite de l'émigration, dont plusieurs épisodes nous ont été déjà présentés, dans d'autres compositions où les nouveaux venus construisent une espèce de retranchement avec des pierres *non taillées*. Ils y sont attaqués par les naturels, espèce de sauvages, qui leur lancent des pierres, et qu'ils repoussent à coups de traits.

Pour finir, il me reste à parler d'un dernier fragment qui représente une espèce de momie, les bras croisés sur

6.

la poitrine, couchée sur une peau de lion. Autour volent des abeilles qui semblent sortir de deux encensoirs disposés aux pieds de la momie. Au-dessus des abeilles, de vilains petits démons anguipèdes et ailés, qui pour la bizarrerie de leur forme ne le cèdent guères aux idoles sardes, complètent cette scène funèbre.

Je n'ai point à m'occuper ici des inscriptions, si ce n'est pour dire que les hiéroglyphes n'offrent aucun sens, et que, selon toute apparence, ils sont des imitations inintelligentes d'hiéroglyphes véritables, telles qu'on en a fait à Rome sous les empereurs, et de notre temps à Paris, lorsque la mode était au style égyptien. Quant aux inscriptions celtibériennes, je ne sache pas que personne soit parvenu à les interpréter.

Quelques mots encore sur l'origine probable du monument étrange dont je viens d'essayer la description. Trois hypothèses se présentent : 1° celle d'une falsification plus ou moins moderne; 2° que le tombeau est antérieur à la conquête romaine et l'œuvre des anciens habitants de la Tarraconaise ; 3° qu'il appartiendrait à une époque de l'empire assez avancée où le paganisme battu en brêche par la religion nouvelle essayait de se renforcer en pillant à droite et à gauche les mythes de tous les peuples soumis à la domination romaine. J'examinerai successivement chacune de ces hypothèses, et je ferai le résumé des arguments qui les appuient ou les combattent.

Nier un fait qu'on ne peut expliquer est toujours très-facile, et c'est un parti fort commode que prennent un grand nombre d'antiquaires. Mais dans le cas présent c'est une ressource qu'il faut, je crois, abandonner. Je n'ai pas l'honneur de connaître don B. Fernandez, possesseur du plus grand nombre des fragments, mais tous les témoignages sont unanimes en faveur de sa loyauté et de sa bonne foi. D'un autre côté, M. Delgado, chargé de faire une enquête à Tarragone, a interrogé successivement et séparément tous les galériens qui avaient eu part à la découverte, et les a trouvés uniformes et constants dans leurs réponses. De plus, ayant fait exécuter des fouilles sous ses yeux, il a découvert non point des fragments du même tombeau, mais d'autres antiquités analogues pour le style et également remarquables par une imitation maladroite de l'art égyptien. Un canope, des débris de bas-reliefs ou de marbres gravés trouvés à Tarragone sont au musée de l'Académie et appartiennent évidemment à un art ou à des idées religieuses semblables aux précédentes. J'ajouterai un fait assez curieux, c'est que dans ces fouilles on a trouvé d'abord un fragment de marbre avec la moitié d'un dieu égyptien gravé en creux, puis, plus loin, dans une vieille maçonnerie, un morceau de ciment qui avait conservé l'empreinte du creux précédent, à une époque où il était dans son intégrité. Enfin, pour ne pas citer mon opinion sur l'authenticité des quatre fragments qui existent à l'académie, j'alléguerai celle de mes savants confrères, M. de la Saussaye et M. de Longpérier, qui, après les avoir examinés avec la plus grande attention, sont demeurés convaincus que l'hypothèse d'une falsification n'était pas admissible.

Contre une origine très-ancienne, on peut faire remarquer le style général des dessins qui dans quelques-uns de leurs détails semblent appartenir à une époque bien postérieure à la conquête romaine. Sans doute il est fort difficile d'assigner une date à un ouvrage très-grossier qui n'a pas été exécuté par un artiste, mais par quelque ouvrier ignorant; cependant on peut toujours reconnaître une intention d'imitation dans les barbouillages faits dans un pays où les arts sont cultivés. Les gamins de Pompéi, dans les corridors du théâtre, se sont amusés à dessiner sur le stuc des gladiateurs, qui pour l'incorrection et la maladresse ne le cèdent pas aux soldats que nous voyons à Paris charbonnés sur les murs. Et pourtant, sans trop de peine, on pourrait démontrer que les gladiateurs de Pompéi procèdent des tableaux d'Apelles et que nos bons-hommes ont eu pour type les lithographies de Charlet. Au contraire, les dessins de gens qui n'ont pas eu sous les yeux les œuvres d'artistes de profession ont un tout autre caractère. Il y a dans les arts des conventions qu'une nation et qu'une époque adoptent, et ces conventions, que comprennent tous ceux pour qui elles ont été inventées, sont à peu près inintelligibles pour un autre peuple et pour un autre temps. Voyez les sculptures de Palenque ou les peintures des manuscrits mexicains : le sens des scènes représentées nous échappe; tout nous semble monstrueux et absurde. Par contre, il y a des sauvages qui ne comprennent pas une gravure d'un grand maître. Si dans les dessins de Tarragone on observait quelques-unes de ces conventions d'un art déjà avancé, n'en serait-on pas autorisé à conclure qu'ils n'appartiennent pas à une époque très-reculée? Pour citer un exemple entre vingt, la façon dont le feu et la fumée sont exprimés est purement conventionnelle. Il est évident que ce n'est pas avec des *traits* qu'on dessine la flamme et la fumée. Or, dans les compositions de Tarragone, on trouve des conventions analogues à celles des plus bas temps de l'art romain.

On peut répondre, il est vrai, que personne ne sait si ces représentations conventionnelles ont été inventées par les Romains ou si elles ont été imitées par eux. Le moyen de deviner d'où le graveur du tombeau de Tarragone tenait le peu qu'il savait de son métier? M. Delgado, qui penche pour attribuer au monument une date fort ancienne, fait remarquer, dans son mémoire, qu'il a été découvert sous deux couches de mosaïques et dans un terrain où l'on ne rencontre plus de médailles ni de débris de poteries romaines. Pour qu'on élevât des maisons et qu'on fît des mosaïques sur le sol d'un tombeau, il fallait que la tradition d'un lieu consacré aux mânes fut tout à fait perdue, ce qui nous reporte nécessairement à une époque fort antérieure à la conquête romaine. Dans son voyage à Tarragone, M. Delgado a étudié avec beaucoup d'attention les substructions antiques sur lesquelles est bâtie l'enceinte romaine. Elles se composent de gros blocs informes qui, par l'absence d'assises parallèles et de parement taillé, ressemblent aux plus anciennes constructions cyclopéennes. Une porte, aujourd'hui presque enterrée, subsiste encore, remarquable par son linteau énorme et le rétrécissement de l'ouverture à la partie supérieure. A coup sûr, voilà un témoignage irrécusable de l'existence de Tarragone comme ville antérieurement à l'occupation romaine. Le tombeau et les débris nombreux recueillis jusqu'à ce jour, et qui portent l'indice d'une imitation plus ou moins maladroite de l'art égyptien, pourraient appartenir à cette antique cité, et l'on en pourrait conclure, non point une colonie égyptienne en ce lieu, mais la tradition, ou si l'on veut la prétention d'une telle origine.

DE L'HISTOIRE ANCIENNE

DE LA GRÈCE

DE
L'HISTOIRE ANCIENNE DE LA GRÈCE (¹).

I

LES TEMPS HÉROIQUES.

L'histoire moderne est décidément seule en vogue parmi nous ; en France, aujourd'hui, loin d'encourager les recherches sur l'antiquité grecque et romaine, on pense qu'elles appartiennent exclusivement aux érudits, aux pédants, disons le mot, et qu'elles ne s'adressent qu'aux écoliers, encore seulement pour le temps qu'ils sont condamnés au grec et au latin. Je suis de ceux qui trouvent ce préjugé fort injuste. A mon avis, le malheur

---

(1) *History of Greece*, by George Grote, tomes I et II. Londres, 1846, Murray.

de l'histoire ancienne, c'est d'être enseignée par contrainte et d'être apprise lentement et péniblement. Nous l'avons épelée dans de sombres classes en regardant à la dérobée un coin de ciel bleu à travers les barreaux de nos fenêtres, en pensant avec regret à la balle ou aux billes que nous venions de quitter. Nous avons lu Hérodote et Thucydide lambeau par lambeau, comme on lit maintenant un roman feuilleton, oubliant le chapitre de la veille et comprenant à moitié celui que nous avions sous les yeux. Hors du collège, si par fortune nous avons retenu quelque chose de ce qu'on nous y a montré, l'histoire ancienne pourra devenir pour nous la plus attachante lecture. Tout le monde n'est pas roi ou ministre pour avoir besoin des enseignements de l'histoire, mais il n'est personne qui ne prenne intérêt au jeu des passions, aux portraits de ces grands caractères qui dominent des peuples entiers, à ces alternatives de gloire et d'abaissement que de près on nomme la fortune, mais qui, vues de loin et d'ensemble, deviennent la révélation des terribles et mystérieuses lois de l'humanité. Où trouvera-t-on ce spectacle plus animé, plus fécond en péripéties que dans cette classique Grèce, ce grand pays qui tient une si petite place sur la carte? Dans cette terre privilégiée, pas une montagne qui ne redise le nom d'un poëte, d'un sage, d'un héros, d'un artiste. Pour nous, les noms des hommes illustres de la Grèce, de *ses grands morts,* comme disait César après Pharsale, sont encore les synonymes de génie et de vertu. Quelle contrée, si vaste qu'elle soit, peut se vanter d'avoir produit un Socrate, un Platon, un Phidias, un Homère, un Eschyle, un Aristote? Souvent le monde a été bouleversé par des hordes brutales mises en mouvement, comme les Huns, par un fléau de Dieu. A la Grèce seule était réservée la gloire d'éclairer les autres nations et de les policer. Ses armes, sa littérature, ses arts, ont été bienfaisants. Dans l'espace de quelques siècles, vingt peuples helléniques, ou plutôt vingt petites villes ont déployé une activité sans égale pour réaliser tout ce qui se peut imaginer de bon, d'utile et de beau. Leurs institutions si variées, leurs mœurs plus variées encore se sont ressemblé pourtant par un résultat et peut-être par un but commun, celui de conserver à l'individu sa valeur propre et de lui offrir le plus libre développement de toutes ses facultés.

Le temps a cruellement mutilé l'histoire de la Grèce comme toutes les autres parties de sa littérature. Pour reconstruire l'édifice avec ses débris épars, il faut non-seulement le jugement et la critique nécessaires à tout historien, mais encore une variété de connaissances spéciales qui rarement se trouvent réunies dans le même homme : d'abord une intelligence profonde d'une langue difficile et d'une étonnante richesse, puis des études sérieuses sur toutes les branches de l'archéologie, science qui fait servir les monuments figurés à remplir les lacunes des monuments écrits. Les rapports de la Grèce avec l'Orient et l'Égypte ont été trop fréquents pour qu'il ne soit pas indispensable d'être préparé à plus d'une excursion dans ces contrées, où maint habile antiquaire ne s'aventure que timidement. Sans doute une forte éducation classique et d'immenses lectures, auxquelles on ne se résigne guère que lorsqu'on est doué de cette curiosité particulière aux érudits, peuvent mettre aux mains d'un littérateur les premiers matériaux, et, pour ainsi parler, les instruments indispensables à son œuvre; ce ne sera rien encore tant qu'il n'aura pas compris, ou plutôt deviné par une sorte d'intuition la vie antique, si différente de notre vie moderne. A toutes les époques, des savants laborieux, des hommes de lettres instruits ont écrit sur la Grèce; aujourd'hui, on ne trouve guère dans leurs ouvrages que les idées et les opinions de leur temps. Dans ces drames composés successivement sur le même sujet, les noms des personnages sont les mêmes, mais les costumes, et, ce qui est plus fâcheux, les caractères et le langage se transforment continuellement sans se rapprocher pour cela de la vérité. Il y a quelque vingt ans, Courier se moquait de Larcher, qui n'avait vu dans Hérodote que seigneurs, princesses et gens de qualité. Au moyen âge, les trouvères racontaient aux barons de France les aventures du bon chevalier Hector le Troyen et les amoureuses entreprises formées pour les beaux yeux de madame Hélène. Aujourd'hui, aux Thermopyles, le pâtre qui vous guide vous montre le lieu où le klephte Léonidas trouva la mort en défendant le *Dervéni* contre un pacha.

Notre siècle cependant a un avantage sur ceux qui l'ont précédé : les mœurs constitutionnelles nous ont habitués aux débats politiques, et, à force d'entendre parler de nos constitutions modernes, nous comprenons mieux les gouvernements libres de l'antiquité. Nos chambres, nos élections, nous expliquent l'*agora* d'Athènes et le sénat de Sparte, que les courtisans de l'Œil-de-Bœuf avaient peine, je pense, à se représenter clairement. D'un autre côté, nous n'avons plus ces grandes passions, ni même ces modes tyranniques, comme on en avait autrefois, qui plient tout à un certain caprice et à de certaines conventions. Accoutumés au scepticisme, blasés, indifférents pour le présent, nous pouvons juger plus sainement du passé. En littérature, comme dans les arts, il n'y a plus d'école, ou, s'il en existe encore, on y professe l'éclectisme. Le meilleur temps pour traduire, pour comprendre ceux qui ont inventé, c'est peut-être le temps où l'on n'invente plus; c'est le nôtre. En résumé, nos progrès, nos qualités, nos défauts même, favorisent aujourd'hui les études historiques. On peut en voir déjà les heureux effets. Le moyen âge, lettre close pour nos aïeux, s'est éclairé d'une vive lumière, grâce aux savantes recherches de M. Guizot et de M. Augustin Thierry. L'histoire de la Grèce et celle de Rome se sont rajeunies en Allemagne par les doctes travaux de Niebuhr et d'Ottfried Müller. Malheureusement ces deux grands chefs d'école se sont montrés plus habiles à détruire l'œuvre de leurs prédécesseurs qu'à fonder un monument durable. Le premier a bien convaincu Tite-Live d'avoir écrit un joli roman sur les premiers siècles de Rome, mais il n'a pu persuader à tous ses lecteurs que les choses se passaient au Capitole comme dans la *Rathhaus* de Ditmarschen. Esprit plus juste et moins aventureux, O. Müller n'est arrivé en général qu'à des résultats négatifs, ou bien, à des fables reconnues il n'a substitué que des hypothèses plus ingénieuses que solides. L'un et l'autre, avec les défauts de leur pays, s'abandonnent trop souvent à leur imagination et se passionnent quand il s'agit de raisonner.

Admirables pour découvrir un filon dans la mine la plus obscure, ils en perdent quelquefois la trace par leur empressement à tout bouleverser pour l'atteindre. Pour ma part, j'ai foi dans le bon sens britannique, et je vois avec plaisir qu'un Anglais, c'est-à-dire un esprit pratique et positif, qu'un ancien membre du parlement comme M. Grote, entreprenne d'écrire l'histoire de la Grèce. C'est un bonheur qu'une vaste érudition (et personne ne contestera celle de M. Grote) se rencontre au service d'un homme d'affaires, longtemps spectateur, acteur même dans le grand drame de nos révolutions modernes. En effet, ce qui a toujours manqué aux érudits pour écrire l'histoire, c'est de connaître les affaires et les hommes. Ce n'est point dans le cabinet qu'on acquiert cette science, non moins indispensable pour juger le passé que pour se conduire dans le présent. L'ouvrage que nous allons analyser porte donc avec le nom de son auteur une recommandation particulière et toute nouvelle. Au reste, les deux premiers volumes, les seuls qu'ait encore publiés M. Grote, sont précisément ceux pour lesquels il a eu le moins besoin de son éducation politique. Ils ne forment, à proprement parler, qu'une introduction contenant l'exposé critique des légendes, plus ou moins incertaines, relatives aux premiers âges de la Grèce. Bien qu'un tel travail soit plutôt du ressort de l'érudit que de l'historien, il suffit cependant pour faire apprécier la méthode de l'auteur et le but qu'il s'est proposé.

Sur les événements antérieurs aux premières olympiades, nous ne savons que ce que les poëtes et les mythographes nous ont transmis. C'est une suite de récits étranges, qui, pour le merveilleux, ne le cèdent en rien à nos contes de fées. Des dieux s'humanisant avec les jolies mortelles, tantôt battant, tantôt battus, mourant quelquefois; des métamorphoses d'hommes en animaux, voire d'hommes en dieux, voilà le fonds ordinaire des mythes antiques. Au premier abord, on est tenté de laisser ces prodiges aux poëtes et aux lecteurs des *Mille et une Nuits;* mais, si l'on ne tient pas compte de ces fables, l'histoire de la Grèce n'aura plus de commencement. En effet, la mythologie et l'histoire grecque s'enchaînent si étroitement que la seconde est incompréhensible à qui ne connaît pas la première. De même qu'il existe une transition insensible entre les trois règnes de la nature, les dieux, les héros et les hommes se suivent et se confondent dans les premiers âges. Chez les anciens, la guerre de Troie, et même le combat des géants contre les dieux, trouvaient autant de créance que le dévouement de Léonidas ou la bataille de Salamine. Dans la Grèce civilisée, dans la Grèce administrée par de sceptiques préteurs romains, à l'occasion de débats politiques entre deux peuples, on argumentait sur un ancien mythe comme on discute aujourd'hui les articles du traité d'Utrecht, et il n'y avait pas de ville si petite qui n'eût quelque famille en possession de priviléges honorables, qu'elle devait à une arrière-grand'mère séduite ou violée par un dieu. Hécatée disait et croyait qu'il était le descendant de Jupiter au dix-septième degré. A Rome, où l'on ne se piquait pas de poésie, César, esprit fort positif, discourant au forum, parlait de Vénus, son aïeule, aussi gravement que de son oncle Marius.

Ces légendes, que les anciens acceptaient aveuglément, contiennent-elles quelques éléments historiques ou philosophiques, et peut-on dégager ces éléments des ornements étrangers qui les enveloppent? Sur la première question, il ne peut y avoir, je pense, diversité d'opinions qu'au sujet de la proportion plus ou moins grande de vérité mêlée à la fable. La rivalité de Thèbes et d'Orchomène, par exemple, et la guerre dans laquelle cette dernière ville perdit sa prépondérance politique en Béotie, ne sauraient être révoquées en doute, bien que le Gargantua grec, Hercule, y joue un rôle, et que l'événement soit raconté entre l'aventure des cinquante filles de Thestius et celle du lion de Némée.

Quant à la possibilité d'interpréter les mythes et surtout de mettre en lumière le fonds historique qu'ils renferment, pour en juger, il faut chercher d'abord à se rendre compte de la manière dont la mythologie s'est formée, c'est-à-dire étudier les éléments divers qui la constituent.

Partout les premiers enseignements donnés aux hommes ont pris la forme de récits poétiques. C'est, à ce qu'il paraît, celle que l'esprit humain saisit le plus facilement. La forme didactique n'appartient qu'à une civilisation déjà avancée et à des langues assez perfectionnées pour pouvoir exprimer des idées générales ou même des idées abstraites. Ainsi, pour des barbares grossiers, l'idée que nous attachons au mot *peuple*, en tant qu'une réunion d'hommes ayant un même langage, des mœurs et des institutions communes, est une idée pour laquelle ils n'ont souvent point de mots. Au lieu de tel *peuple,* ils diront telle *famille ;* plus souvent encore ils diront tel homme, tel héros, d'autant plus grand que le peuple sera plus nombreux. « Les légendes grecques, suivant la remarque de » M. Grote, ne nous présentent que de grandes figures » individuelles ; les races, les nations disparaissent der-» rière le prince; les héros éponymes surtout sont non-» seulement les souverains, mais les pères, les représen-» tants de la horde à laquelle ils donnent leur nom. » De là vient que l'histoire du peuple se résume souvent tout entière dans la vie de son héros éponyme.

La difficulté d'exprimer des idées abstraites n'est pas moins grande, et les premiers hommes ont remédié à la pauvreté de leur langue par l'emploi de figures et d'allégories. Les Arcadiens avaient conservé le souvenir de l'invasion de leur pays par la mer et de sa stérilité, qui ne cessa que grâce aux alluvions de leurs rivières. Voici comment leurs géologues racontaient la chose : « Cérès, » ayant été violée par Neptune, demeura longtemps irri-» tée. Sa colère cessa quand elle se fut baignée dans le » fleuve Ladon. » Observons que les mythes ne contiennent guère que des idées très-vulgaires et, pour ainsi dire, enfantines. La forme qu'ils emploient est enfantine aussi.

Cette forme étant la même pour toutes les notions qu'il s'agit de conserver, il s'ensuit qu'au même récit se rattachent parfois des idées ou des événements qui n'ont nul rapport entre eux. Il semble que, le récit poétique étant un moyen de fixer la mémoire, on s'en soit servi, comme d'un registre, pour inscrire pêle-mêle tout ce qu'il importait de ne pas oublier. Les premiers livres de tous les peuples sont des espèces d'encyclopédies. On y trouve comme un résumé de toutes les connaissances existant à l'époque où ils furent écrits. Cette confusion est encore plus marquée dans les mythes de la Grèce, et il est rare que la même légende ne réunisse des notions d'astronomie, de physique, de religion, d'histoire, de métaphysique et de morale. Prenons un exemple pour rendre plus sensible ce mélange hétérogène. Je choisirai le mythe d'Hercule comme un des plus connus. La plupart des antiquaires sont d'accord pour voir dans les douze travaux d'Hercule des allusions astronomiques. A un certain point de vue, le fils de Jupiter et d'Alcmène est identifié avec le soleil, et, pour parler le jargon de l'archéologie moderne, c'est un *héros solaire*. — Ce héros solaire devient le captif d'Omphale. Il s'habille en femme et file de la laine, tandis que sa maîtresse se revêt de la peau de lion et porte la massue. Nouvel aspect de la légende, où l'on peut chercher un sens cosmogonique et religieux. — Ailleurs Hercule est un symbole de la fécondité, un dieu bienfaiteur, lorsque dans son combat avec Achéloüs il ravit au fleuve la corne d'abondance. — Destructeur des monstres, protecteur des opprimés, passant toute sa vie au milieu d'épreuves et de dangers continuels, Hercule sera encore le prototype du courage et de la vertu. Braver les périls et la souffrance par amour de la gloire, tel fut le choix d'Hercule, disaient les philosophes de l'antiquité en le proposant pour modèle. — Maintenant n'est-il pas probable qu'à ces voyages d'Hercule, où nous avons vu tout à l'heure une allégorie du cours du soleil, se lient quelques souvenirs d'anciennes expéditions maritimes? Dans le combat du héros contre Albion et Belgius en Ligurie, il n'est pas difficile de deviner une allusion aux anciens démêlés des marchands ou des pirates grecs et phéniciens avec les peuples de la Gaule. D'autres aventures tirées du même cycle portent encore plus décidément le caractère historique. Nous avons déjà parlé de la guerre des Thébains contre Orchomène : Hercule, dit la légende, ruina les Orchoméniens en obstruant les émissaires du lac Copaïs, les fameux *catabothra*, gigantesques travaux dont on reconnaît encore les vestiges. En présence de ces ruines prodigieuses, il est impossible de douter que les mythes ne contiennent une notable portion de réalité historique. Rattacher toutes les grandes traditions à un nom populaire est une pratique ancienne et qui ne s'est pas perdue de nos jours. Aujourd'hui le peuple attribue à César tous les travaux des Romains ; Charlemagne concentre sur lui seul toutes les traditions du moyen âge.

Amalgame de notions différentes, la mythologie s'est encore embrouillée par les altérations et les additions répétées que le même récit a dû subir en passant de bouche en bouche chez un peuple rempli d'imagination, beaucoup plus sensible à la forme de la narration qu'au sens qu'elle renfermait. En Grèce, les poëtes prêtèrent des passions aux héros et aux dieux, comme les sculpteurs donnèrent des formes humaines aux monstrueuses idoles qu'ils avaient reçues de l'Asie. D'un autre côté, par suite de la grande analogie qu'ont entre eux les différents cultes de la nature, des superstitions étrangères, s'introduisant de bonne heure dans les religions helléniques, les modifièrent et y apportèrent de nouveaux épisodes qui vinrent s'encadrer çà et là dans le cycle des légendes nationales. C'est ainsi que nous avons vu l'aventure d'Omphale, empruntée au culte du Sandon de Lydie, prendre place dans le mythe d'Hercule. L'Asie et l'Égypte ont exercé la plus grande influence sur la mythologie grecque, et n'ont pas peu contribué à en augmenter le désordre.

Quelque incohérentes que fussent ces histoires héroïques ou divines, elles composèrent, pendant un espace de temps assez long, toute la masse de connaissances que possédassent les anciens. C'était, pour me servir de l'heureuse expression de M. Grote, tout leur fonds intellectuel (*their mental stock*). Dès une époque fort reculée, quelques esprits hardis, choqués de tant d'absurdités et de contradictions, essayèrent d'interpréter les mythes et d'y chercher un sens qui satisfît la raison. Plusieurs philosophes, faisant ressortir des vérités morales plus ou moins déguisées sous des allégories, voulurent rendre utiles les vieilles légendes en les commentant à leur manière. D'autres y cherchèrent de l'histoire, et proposèrent un système d'explication qui, supprimant tous les miracles, changeait les récits les plus merveilleux en une espèce de chronique poétisée. Telle fut la méthode d'Évhémère, qui, pour cette tentative, encourut le reproche d'impiété et la colère des prêtres et des païens orthodoxes. Avec lui, plus de dieux, plus de héros, plus de prodiges. Jupiter était un roi de Crète; les centaures, des gens qui montaient bien à cheval; Pluton, un richard, qui, pour garder ses trésors, se servait d'un mâtin hargneux, nommé Cerbère, ayant *triple gueule*, comme le chien de la Fontaine. Ces systèmes eurent, comme il semble, assez peu de vogue en leur temps, ou tout au plus ne servirent qu'à donner des armes au scepticisme.

Pour les masses, les mythes demeurèrent une chose sacrée qu'on ne devait pas approfondir. La doctrine : *point de raison,* n'appartient pas au père Canaye, elle est renouvelée des Grecs ; parmi eux, elle était favorisée prodigieusement par la beauté de la poésie fondée sur ces antiques traditions, et les merveilles des arts, les pompes religieuses, l'orgueil national, rappelaient à chaque instant les vieilles croyances et les rendaient chères à ceux mêmes qui voulaient en douter.

Chez les modernes, plus d'une tentative d'explication s'est reproduite : d'abord le système d'Évhémère ; c'est le plus commode, et je me souviens que notre professeur de grec, en nous faisant traduire la fable d'Orythie enlevée par Borée, nous avertissait que cette jolie histoire était fondée sur une anecdote vraie, mais qu'il s'agissait tout bonnement d'une jeune fille qui se promenait imprudemment sur un rocher à pic, lorsque le vent, s'engouffrant dans sa robe, la précipita. Cela est bon pour celui qui voulait écrire en madrigaux toute l'histoire romaine.
— D'autres érudits ont pensé encore que les mythes cachaient un sens sublime, dont quelques adeptes avaient seuls la connaissance. La lettre des légendes formait, disent-ils, la religion du peuple : les honnêtes gens et surtout les initiés aux mystères possédaient le sens caché ; mais le secret a été bien gardé, comme il semble.
— Enfin Dupuy, frappé de certaines formes sans cesse répétées dans la plupart des mythes, fit un gros livre pour prouver que la mythologie n'était que de l'astronomie poétique. A son compte, les Leverrier d'autrefois ne procédaient pas par des x, comme on fait au Bureau des

Longitudes, mais consignaient leurs observations dans de petits contes pleins de grâce. La meilleure réfutation de cette belle découverte a été le pamphlet d'un Belge qui, par l'application de la méthode Dupuy, démontra que Napoléon n'a pas existé, et que sa prétendue histoire n'est qu'une allégorie du cours du soleil.

Après une infinité de livres composés sur ce sujet, la question est demeurée à peu près aussi obscure qu'auparavant. M. Grote, qui en expose les éléments avec beaucoup de netteté et d'exactitude, n'arrive qu'à une conclusion négative. « Les mythes, dit-il, sont un produit » particulier de l'imagination et des sentiments, sans ». relation avec l'histoire ou la philosophie. On ne saurait » les décomposer pour y découvrir des faits historiques, » ni les interpréter comme des allégories philosophiques. » Certaines légendes, il est vrai, portent la présomption » d'une tendance à l'allégorie (*an allegorising tendency*); » d'autres, qu'on ne peut préciser, contiennent une por- » tion de réalité amalgamée à la fiction ; mais cette réa- » lité ne peut être reconnue à aucun indice intrinsèque, » et on n'en peut supposer l'existence que lorsqu'elle est » confirmée par un témoignage collatéral. Enfin, aux ré- » cits mythiques on ne peut appliquer les règles de la » probabilité historique, et, quant à leur date, il n'y a » pas de chronologie qu'on y puisse adopter. » Ainsi, selon M. Grote, les mythes seraient à peu près des énigmes sans mots. Il reconnaît pourtant qu'on ne peut les passer sous silence, parce qu'ils forment une introduction obligée à l'histoire de la Grèce. Ils méritent d'être étudiés, parce qu'ils constituent la croyance des anciens, et qu'ils font connaître les mœurs et les idées des hommes qui ajoutaient foi à de pareils récits. Pour écrire une histoire de la Grèce, il faut rapporter les légendes des dieux et des héros, de même que pour écrire l'histoire des Arabes on doit analyser le Coran.

Peut-être le parti suivi par M. Grote est-il le plus sage. La tâche de l'historien n'est point celle de l'archéologue, et, pour en venir à l'expédition de Xercès et à la guerre du Péloponèse, il n'est pas nécessaire de travailler à débrouiller la cosmogonie d'Hésiode. Cependant je ne puis être d'accord avec M. Grote sur l'opinion qu'il se forme des mythes. Quelque vive qu'il suppose l'imagination des Grecs, quelle que fût leur passion pour le merveilleux, je ne puis croire qu'ils aient inventé des contes uniquement pour le plaisir de conter. Son principal argument, qu'il emprunte à Platon, est celui-ci : « Après » avoir interprété une fable par une méthode quelconque. » il faut *nécessairement* employer la même méthode pour » une autre fable. Or, cela sera impossible : donc la my- » thologie est inexplicable. » Le raisonnement serait juste si la mythologie avait été fabriquée de toutes pièces par un seul homme et dans un certain système ; mais l'auteur de l'*Histoire de la Grèce* ne me paraît pas s'être rendu compte de la manière dont s'est formée la masse des légendes antiques. Nous avons essayé tout à l'heure d'en donner une idée, et l'on a pu voir combien d'éléments avaient concouru à leur composition. Le nom seul que tout à l'heure M. Grote donnait à la mythologie, ce *fonds intellectuel* des anciens, devait l'avertir qu'elle était l'œuvre de plusieurs mains et qu'elle renfermait les notions les plus variées. Un homme prend un livre dans une bibliothèque, il comprend les premières pages de ce livre et conclut avec raison qu'il comprendra le reste si l'auteur a le sens commun ; mais peut-il inférer qu'il comprendra de même tous les livres de la bibliothèque ? Assurément non, car il ne sait pas d'avance si tous sont composés dans la même langue et traitent de sujets à sa portée. A mon sentiment, la mythologie est une bibliothèque, et pour en faire l'exploration, il faut lire plus d'une sorte de caractères.

Puisque les mythes se composent d'éléments divers, on voit d'abord qu'il sera impossible de les expliquer tous par un système unique d'interprétation. Non-seulement le même système ne s'appliquera qu'à une certaine classe de légendes, mais quelquefois la même légende nécessitera l'emploi de plusieurs systèmes. Et cette variété n'a rien d'extraordinaire, car tout à l'heure on a pu voir, par l'exemple d'Hercule, que le personnage principal d'un mythe doit être considéré sous plusieurs aspects différents. La forme légendaire servant à exprimer des notions de toutes sortes, il arrive nécessairement que deux ou plusieurs ordres d'idées distinctes sont confondus dans le même récit. Pour étudier la mythologie, il faut avant tout, je pense, s'appliquer à connaître sa *langue;* j'appelle ainsi les figures ou les métaphores par lesquelles les hommes, dans un certain état de civilisation traduisent ordinairement leurs idées. Cette langue, très-pauvre assurément, est, suivant toute apparence, naturelle aux hommes encore grossiers et incultes, car on la trouve en usage dans des pays fort éloignés les uns des autres, et elle sert d'organe à des religions fondées sur des croyances très-différentes. C'est ainsi qu'on ne peut lire les cosmogonies antiques sans être frappé des rapports qu'offrent entre eux les différents récits sur l'origine des choses, je ne dis pas quant à la substance de ces récits seulement, mais surtout quant à la manière de représenter les mêmes idées par les mêmes figures. Toutes ces religions de l'antiquité, qu'on appelle cultes de la Nature, font usage des mêmes métaphores, des mêmes allégories. Tantôt elles considèrent la Nature dans son ensemble, tantôt dans ses propriétés particulières, mais toujours elles la représentent par une suite de personnifications procédant les unes des autres, d'abord vagues, puis plus précises, et ayant une tendance de plus en plus marquée à se rapprocher de l'humanité. Ces personnifications des forces naturelles deviennent bientôt des *personnages* avec leur apparence de réalité. Les mythographes leur donnent des rôles et des caractères, comme nos romanciers en prêtent aux héros de leur imagination. Partout les premiers hommes, fuyant les idées abstraites, s'efforcèrent d'y substituer des images à la portée de leur intelligence. Plus d'une fois on peut observer l'influence que le génie particulier des langues exerce sur l'idée qu'on attribue à ces personnifications naturelles, et le caractère d'une divinité dépend souvent du genre que son nom a dans la langue du peuple qui lui rend un culte. Là où le nom du soleil est féminin, comme dans les langues germaniques, et je crois aussi dans plusieurs idiomes de l'Asie, la personnification divine du soleil ou la *divinité solaire* aura quelque chose de féminin dans son caractère, et tous les récits où elle figurera auront quelque trait en rapport avec son sexe. Pour moi, je ne doute pas que le caractère de la Cérès grecque, si empreint d'amour maternel, ne tienne en grande partie à l'idée de maternité qu'éveille le nom de *Demêter*. Le génie particulier d'un peuple, ses mœurs, ses habitudes, le climat sous lequel il vit, contribuent encore à modifier ses légendes et à dicter le choix de ses allégories. L'action des forces naturelles, leur combinaison pour produire l'ordre du monde, le mystérieux *Cosmos*, s'expriment tantôt par des combats et des meurtres, tantôt par des mariages et des amours divins. N'est-il pas évident que, dans l'un et l'autre cas, les mythographes ont employé les figures les plus familières au génie de leur nation? Mars était le grand dieu des Thraces farouches, Vénus la déesse des Cypriotes voluptueux. En résumé, quelles idées faut-il chercher dans ces légendes de dieux et de héros ? — Toutes les idées que rappelaient aux anciens ces mots de *dieux* et de *héros :* tantôt la Nature dans la confusion de ses éléments, tantôt quelques-unes de ses propriétés, quelques-uns de ses phénomènes, ou l'action bienfaisante ou destructive qu'ils exercent. Quelquefois un dieu représentera l'inventeur des arts ou plutôt les arts eux-mêmes ; il sera le législateur d'un peuple, souvent il sera ce peuple lui-même.

En voilà bien assez, et trop peut-être, sur un sujet qu'il est difficile de traiter sans d'immenses développements ; je m'arrête pour revenir à l'*Histoire de la Grèce*. De quelque manière qu'on les envisage, les aventures des héros et même celles des dieux offrent toutes un fonds de vérité que ne pouvait méconnaître l'esprit observateur de M. Grote. Cette vérité, on la trouve dans le tableau de mœurs transmis par ces légendes, et l'on ne peut douter qu'elles ne nous donnent des renseignements exacts sur la société dans laquelle elles s'accréditèrent. Soit qu'on les considère comme des allégories ayant un sens caché, soit qu'on n'y veuille voir que des contes faits à plaisir, restera toujours la forme même du récit empruntée à la nature. Romanciers, poëtes et mythographes ne peuvent prendre autre part leurs ornements et leurs couleurs. M. Grote a noté avec beaucoup de soin et de sagacité les traits principaux de la civilisation héroïque, et, pour en faire ressortir davantage les singularités, il la compare souvent à la civilisation grecque des temps historiques. Il montre qu'une grande révolution s'est opérée dans l'intervalle de temps inconnu qui sépare les deux époques. Dans la première, le pouvoir des chefs est immense ; quelquefois, il est vrai, ils prennent l'avis des anciens de leur tribu, mais leurs décisions sont toujours sans appel. Aux monarchies barbares succéda l'autorité de l'*agora* ou assemblée du peuple. Plus de rois dans la Grèce historique, leur nom même est voué à l'exécration, et l'assassinat de quiconque aspire à la royauté est proposé à la jeunesse comme l'action la plus noble et la plus méritoire. Ce n'est qu'à Sparte que les rois se sont conservés, mais de leur ancien pouvoir ils n'ont retenu que le privilége de commander les armées, et ils l'exercent sous la jalouse surveillance d'une puissante aristocratie. Chez les mythographes, les rois jouent parmi les mortels le rôle de Jupiter dans l'Olympe, ou plutôt leur Olympe est l'image d'une ancienne cité hellénique. Ils donnent à ces pasteurs d'hommes toutes les qualités qui conviennent à un âge grossier, beauté, force physique, valeur; ils n'oublient pas l'éloquence. Le roi doit commander dans les assemblées par la puissance de sa parole autant que dans les combats par la terreur de son bras. L'éloquence forme ainsi la transition entre l'âge des héros et les temps historiques. Elle était destinée à remplacer la force brutale et à devenir chez les Grecs le fondement de toute autorité.

Si le pouvoir des chefs paraît absolu dans les temps héroïques, la religion n'a pas encore réuni tous les individus composant une nation dans un culte général. Le sentiment d'obligation envers les dieux ne se manifeste guère que par des actes individuels, des vœux et des sacrifices, espèce de contrat entre l'homme et la Divinité au moment du péril. Cependant un sentiment de respect pour les dieux se mêle déjà dans les engagements des mortels entre eux. Le lien qui unit un Grec à son père, à son parent, à son hôte, à quiconque lui donne ou en reçoit un serment, ce lien, dis-je, est considéré comme en rapport avec l'idée de Jupiter qui en est le témoin et le garant; association remarquable attestée par quelque surnom caractéristique du dieu. Voilà, suivant l'observation fort juste de M. Grote, en quoi consistaient toutes les idées de morale d'un héros des anciens âges. La loi n'était pas séparée de la religion ni des relations particulières; le mot même de loi, avec l'idée qu'on y attacha plus tard, est inconnu aux poëtes du cycle épique. Alors, en effet, la société n'accordait aucune protection à l'individu hors d'état de se faire respecter par ses propres forces.

L'amour de la patrie, si puissant dans les républiques

grecques à l'époque de leurs démêlés avec les Perses, semble n'avoir été d'abord qu'un attachement vague au sol, une disposition à la nostalgie, et les relations de famille constituent le lien principal entre les individus. Dans la suite, le patriotisme et les sentiments d'orgueil exclusif qui en sont la conséquence, affaiblirent probablement ces affections du foyer domestique. Dans la Grèce libre du cinquième siècle avant notre ère, on voit les femmes traitées en esclaves par leurs maris. L'amour des âmes est presque inconnu, ou bien ce ne sont pas les femmes qui l'inspirent. Au contraire, dans les temps héroïques, elles exercent une influence considérable, et dans toutes les légendes leur rôle est important. La femme est-elle condamnée à perdre son empire dans les gouvernements libres?

Nous ne suivrons pas M. Grote dans son long examen des mœurs héroïques, un des morceaux les plus intéressants de son travail, mais qui nous éloignerait du plan que nous nous sommes tracé. J'aime mieux passer à un autre chapitre : c'est une dissertation curieuse sur les poëmes d'Homère, source principale de nos connaissances sur les premiers âges de la société grecque. Un témoignage de cette importance méritait d'être discuté dans le plus grand détail, et l'auteur, en traitant la question si souvent débattue de l'origine des poëmes attribués à Homère, a montré la critique la plus judicieuse, et même a émis quelques idées nouvelles dont je vais essayer de rendre compte.

On n'a jamais pu fixer, je ne dirai pas avec certitude, mais avec quelque précision, la date de l'Iliade et de l'Odyssée, admirables débris d'un grand cycle épique qui a disparu. D'après Hérodote, la plupart des critiques modernes s'accordent à poser les limites de nos incertitudes entre les années 850 et 776 avant notre ère. On sait que les deux épopées ne furent point écrites d'abord, mais que pendant assez longtemps elles furent apprises par cœur et récitées par une classe d'hommes nommés rapsodes : c'étaient les trouvères des Grecs. Il est probable qu'elles ne furent consignées par écrit qu'environ deux siècles après leur composition. Dans un intervalle de temps si considérable, et avec un mode de transmission si défectueux, on est en droit de supposer que bien des changements se sont introduits dans ces deux poëmes.

Wolf le premier attaqua l'unité de composition de l'Iliade et de l'Odyssée. Il prétendit qu'elles étaient l'œuvre de plusieurs rapsodes, dont les chants, d'abord composés isolément, avaient été dans la suite rassemblés et liés tant bien que mal les uns aux autres ; en un mot, il soutint que ces épopées ne sont que des compilations analogues à la collection des romances du Cid, aux sagas d'Islande, ou aux ballades de la frontière écossaise. Lachmann, continuant la thèse de Wolf, a proposé une nouvelle division de l'Iliade en seize chants, œuvres de différents auteurs; ou plutôt il ne reconnaît dans le poëme que seize morceaux originaux composés à peu près à la même époque, sur autant de sujets distincts. Ces ballades ou ces récits poétiques auraient été cousus les uns aux autres par les académiciens de Pisistrate, ou tous autres premiers éditeurs, quels qu'ils puissent être.

N'est-il pas étrange que des érudits du premier ordre

trouvent *de vives raisons* comme le docteur Pancrace, bien plus, de bonnes raisons, pour ne voir qu'une compilation hétérogène dans un poëme où toute l'antiquité et tant de modernes ont reconnu un chef-d'œuvre de composition ? Ainsi Virgile, le Tasse et tant d'autres qu'on n'ose citer après eux, auraient trouvé le plan de leurs ouvrages dans quelque chose qui n'a pas de plan ! Après tout, cela n'est pas plus extraordinaire que la poétique qu'on a prétendu tirer des tragiques grecs.

Voici fort en abrégé les arguments présentés par Wolf et son école : les uns ne sont appréciables que par les érudits, ou plutôt par certains érudits qui, je crois, savent le grec mieux que Thucydide, et qui décident que telle partie de l'Iliade est, par le style, indigne du reste, et ne peut être que l'œuvre d'un rapsode obscur. Je m'incline humblement devant ces arrêts, et, faute de les pouvoir comprendre, je ne m'en occuperai pas. J'exposerai d'autres arguments à ma portée, c'est-à-dire à la portée de tous les lecteurs. — Il est impossible de ne pas reconnaître dans l'Iliade des contradictions nombreuses et choquantes. Tantôt c'est un héros tué dans les premiers chants, qui reparaît plein de santé dans les derniers; tantôt ce sont des événements qui occupent une place importante au commencement du récit, et dont on ne tient plus compte dans la suite. Par exemple, l'ambassade envoyée par Agamemnon à Achille pour lui offrir de lui rendre Briséis, racontée fort longuement dans le neuvième chant, est complétement oubliée dès le onzième, et plusieurs passages prouvent que l'auteur ou les auteurs des chants qui suivent n'ont pas connu cet épisode. Ces contradictions sont trop fortes et trop nombreuses pour qu'on puisse les expliquer par des distractions ou des interpolations légères. En outre, c'est en vain qu'on cherche un lien continu dans le poëme, et rien n'y justifie le dessein annoncé à son début. Qu'ont de commun avec la colère d'Achille les combats devant le rempart des Grecs, les prouesses de Diomède, la mort de Dolon, l'entrevue d'Hector et d'Andromaque, le duel de Pâris et de Ménélas, etc. ? Continuons à citer : au premier chant, Jupiter promet à Thétis de punir tous les Grecs de l'outrage qu'Achille a reçu d'Agamemnon. A cet effet, Jupiter convoque l'assemblée des dieux : c'est au second chant du poëme ; il décide qu'*Oneiros,* ou le Songe, sera détaché auprès d'Agamemnon pour le tromper et l'obliger à quelque sottise. Or, Agamemnon ne se laisse pas tromper, et le projet du *maître des dieux et des hommes* est une machine fort inutile, ou plutôt, disent les disciples de Wolf, l'œuvre d'un premier rapsode est demeurée interrompue, et ses confrères ne s'en sont point mis en peine. Plus loin, dans le quatrième chant, Jupiter, oubliant tout à fait Thétis et le serment qu'il a fait, ouvre dans l'Olympe une nouvelle délibération sur la question de savoir si la paix se fera entre les Grecs et les Troyens ou si la guerre doit continuer. Nouvelle preuve que le quatrième chant ne peut avoir été composé par l'auteur du premier...

Homère n'a pas plus manqué d'avocats que Wolf d'auxiliaires. La question a été et est encore chaudement controversée en Allemagne. Tous les érudits conviennent qu'il existe de nombreuses interpolations dans les poëmes homériques; mais des savants tels que Nitzsch, O. Müller, Welcker, soutiennent l'unité de composition. A leur sens, l'Iliade serait un poëme primitivement composé par un seul auteur, mais altéré par des suppressions, et surtout par des additions. Entre ces différentes opinions, M. Grote a pris un parti moyen qui me semble fort sage. Je regrette de ne pouvoir reproduire ici toute son argumentation, qui est à mon avis un modèle de clarté et de méthode. Lachmann ayant tranché la question, avec une assurance toute germanique, en établissant qu'une épopée ne pouvait être inventée au huitième ou au septième siècle avant notre ère, c'est à réfuter cette décision que M. Grote s'attache d'abord. Il commence par établir que l'épopée est au contraire une des formes les plus anciennes de la poésie, et qu'à l'époque d'Homère on faisait autre chose que des ballades. Ce fait, il le met hors de doute, en prouvant qu'aucune des objections élevées contre l'unité de composition de l'Iliade n'est applicable à l'Odyssée; que ce dernier poëme parfaitement suivi ne peut être, sauf toujours quelques interpolations, que l'ouvrage d'un seul auteur. L'examen de l'Odyssée avait été fort négligé jusqu'à présent, et la discussion a presque uniquement roulé sur l'Iliade. Or, entre le premier et le second de ces poëmes, il est impossible de supposer un intervalle de temps considérable, et, s'ils ne sont pas dus au même homme, il faut convenir qu'ils appartiennent à une même école poétique, qu'ils supposent les mêmes mœurs et un état de la société absolument semblable. Ainsi tombe la première assertion qui déciderait *à priori* l'impossibilité d'une Iliade.

Restent les graves contradictions que je viens d'indiquer. M. Grote les explique par la fusion de deux épopées originairement distinctes, puis réunies dans la suite. L'une avait eu pour sujet la colère d'Achille, l'autre le siége de Troie. Si l'on relit l'Iliade avec cette donnée-là, les contradictions et l'incohérence de certaines parties s'expliqueront fort naturellement. L'Iliade, dit M. Grote, peut se comparer à un édifice bâti d'abord sur un plan resserré, qui s'est agrandi par des additions successives. Le plan primitif ne comprenait qu'une Achilléide, et à ce plan se rapportent le premier chant, le huitième, puis douze autres de suite, depuis le onzième jusqu'au vingt-deuxième inclusivement. On peut y réunir encore les deux derniers chants, qui toutefois ressemblent un peu à des hors-d'œuvre ajoutés après coup. Voilà pour *l'Achilléide*. Les six chants, depuis le second jusqu'au huitième, puis le dixième, constituent les fragments d'une autre épopée, sur la guerre de Troie, d'une *Iliade* à proprement parler, et ces fragments auraient été fondus dans l'Achilléide par une édition postérieure, si l'on peut s'exprimer ainsi. Quant au neuvième chant, qui raconte la tentative infructueuse des Grecs pour ramener Achille aux combats, ce serait dans l'opinion de M. Grote une addition postérieure, fabriquée peut-être pour relier les deux poëmes l'un à l'autre, invention d'autant plus malheureuse, qu'elle ne sert, comme on l'a vu, qu'à manifester plus évidemment leur manque de liaison. Tout le monde peut apprécier maintenant l'hypothèse de M. Grote. Elle me semble la plus ingénieuse comme la plus satisfaisante qui ait été encore proposée.

Les différentes questions dont je viens de rendre compte occupent la plus grande partie des deux premiers volumes ; aux derniers chapitres du second volume seulement commence l'histoire de la Grèce proprement dite, histoire encore fort obscure et empreinte des couleurs poétiques de la légende ; on voit déjà percer cependant à travers bien des nuages un fonds de réalité qu'il appartient à la critique de mettre en évidence.—Cette seconde partie contient d'abord une description géographique de la Grèce et l'examen des différentes races qui se partagèrent autrefois son territoire. Vient ensuite l'exposé de la grande révolution qui changea la position des peuples et qui donna lieu à l'établissement de nouvelles institutions sur toute la surface du pays. Le Péloponèse, occupé, au temps d'Homère, par la race achéenne, est envahi par les Doriens et les Étoliens, qui se fixent à demeure dans la plupart de ses provinces.

Selon les auteurs qui rapportent cette expédition, les Doriens partent de l'Histiéotide, petite contrée entre le Pinde et l'Olympe, qui d'ailleurs ne paraît pas avoir été leur patrie primitive. De là ils passent en Étolie et s'avancent jusqu'au golfe de Crissa. Après s'être alliés avec des tribus étoliennes, ils traversent le golfe à Naupacte, abandonnent l'Élide à leurs alliés, et remontent la vallée de l'Alphée jusqu'au point où la source de ce fleuve est voisine de celle de l'Eurotas. Alors, s'engageant dans cette dernière vallée, ils descendent sur le territoire de Sparte, puis se répandent dans la Messénie et Argolide.

Telle est cette immigration célèbre, nommée par les anciens le retour des Héraclides, car ils supposent que les rois ou les chefs légitimes du Péloponèse furent ramenés par les Doriens, leurs auxiliaires. La marche des conquérants que je viens d'indiquer a été admise, avec quelques restrictions, par O. Müller dans son livre des *Doriens*. M. Grote, avec beaucoup de vraisemblance, combat ce que cette opinion a de trop absolu. D'abord il fait remarquer que l'invasion des Héraclides, telle que la racontent la plupart des écrivains grecs, porte dans ses détails ce caractère légendaire qui ne tient compte ni des difficultés, ni du temps, et qui, pour expliquer un fait accompli, donne aux événements une connexité et une rapidité qu'ils n'ont pu avoir en effet. Il paraît sans doute probable que les Doriens pénétrèrent par l'Elide et l'Arcadie dans la vallée de l'Eurotas, car c'est la route naturelle de toute expédition militaire contre la Laconie, mais il est bien difficile de croire que les conquérants d'Argos et de Corinthe aient suivi le même chemin. Dans l'opinion de M. Grote, la relation vulgaire de l'immigration dorienne serait due à l'influence politique exercée par les Lacédémoniens dans le Péloponèse. Il est naturel en effet que l'orgueil national de ce peuple ait fait de la conquête de son territoire le but principal de l'expédition des Héraclides. L'explication est ingénieuse et plausible; l'auteur la confirme en montrant que la prépondérance de Sparte ne fut pas immédiate, et qu'avant de donner l'essor à ses conquêtes, elle demeura quelque temps dans une position d'infériorité par rapport à l'Argolide. En rattachant l'occupation d'Argos à la conquête précédente de Sparte, les Spartiates auraient prétendu constater l'ancienne et primitive suprématie de leur patrie.

M. Grote suppose que les conquérants d'Argos et de Corinthe sont venus par mer, et, à son avis, leur invasion est absolument distincte de l'occupation de la Messénie et de la Laconie. Les Doriens établis dans le nord-est du Péloponèse lui paraissent être arrivés par les golfes Argolique et Saronique, et avoir envahi le pays, non point par le sud ou l'ouest, comme le principal corps des Héraclides. Pour éclaircir cette question, l'examen d'une bonne carte et la connaissance du pays fournissent des renseignements beaucoup plus sûrs que les vagues traditions de l'antiquité. Il faut encore remarquer que deux anciennes villes, ou plutôt deux forteresses élevées évidemment pour tenir en bride Argos et Corinthe, le *Temenion* et le *Soligeios*, ne peuvent avoir été bâties que par des agresseurs venant de la mer et débarqués sur la côte orientale du Péloponèse. De l'existence de ces forteresses et de la tradition constante qui les attribue aux premiers conquérants doriens, on peut conclure que la conquête du Péloponèse n'a point été rapide, et qu'elle a eu lieu non par l'effort momentané d'une seule horde, mais par une suite d'attaques successives opérées sur plusieurs points. Il m'a paru que, dans la discussion de ces événements, la vraisemblance est toujours du côté de M. Grote.

Les dernières pages du second volume sont consacrées au récit des premières conquêtes des Spartiates dans la Messénie et dans l'Argolide, et à l'analyse des institutions extraordinaires attribuées à Lycurgue. O. Müller, partant de cette idée que la conquête de Sparte fut le but principal de l'immigration dorienne, a vu dans la constitution de Lycurgue l'expression la plus complète de ce qu'il appelle le *Dorismus,* c'est-à-dire des mœurs et du caractère dorien. Malgré tout le talent déployé par l'érudit allemand pour soutenir cette opinion, elle est réfutée de la manière la plus complète par M. Grote. En effet, à quelle époque les lois de Lycurgue ont-elles été établies? Sur ce point, l'histoire est muette, et les légendes n'offrent que les plus grandes incertitudes. Que si l'on cherche des renseignements dans l'étude même de ces institutions, il est impossible, en les examinant avec soin, de ne pas reconnaître qu'un travail lent et successif les a produites. Ici encore le procédé ordinaire de la légende a obscurci l'histoire, et le législateur Lycurgue lui-même a tout l'air d'une de ces personnifications héroïques qui résument sur une seule tête l'œuvre de plusieurs générations. Loin d'être l'expression de l'esprit dorien, les institutions de Sparte ne sont qu'une exception, aussi bien parmi la horde dorienne que parmi les autres Grecs. Le seul point de ressemblance qu'on puisse alléguer entre les Spartiates et le reste des Doriens, c'est la *syssitie* ou les repas en commun qu'on trouve établis en Crète aussi bien qu'à Lacédémone ; mais d'abord on ne peut dire si, en Crète, cet usage était particulier aux Doriens, ou bien s'il était répandu parmi les autres habitants de l'île. En outre, la *syssitie* crétoise n'avait de commun avec celle de Sparte que la forme et non l'esprit de l'institution.

M. Grote analyse avec beaucoup de soin la constitution de Lycurgue, et cependant il fait justice de plus d'une fausse opinion accréditée : telle est, par exemple, celle qui attribue à Lycurgue un partage égal du territoire et qui fait de la loi agraire le fondement de sa législation. Un préjugé semblable a existé au sujet des lois agraires chez les Romains. Vers le déclin de Sparte, il se fit contre le despotisme de l'oligarchie une réaction qui, cherchant des armes partout, feignit de trouver dans les vieilles Rhètres de Lycurgue une tendance démocratique qu'elles n'avaient jamais eues. Un même motif a fait attribuer à Licinius et aux Gracques le projet d'un partage intégral de tous les patrimoines, opération insensée et impossible à laquelle ils ne pensèrent jamais.

Le caractère principal de la constitution de Lycurgue paraît à M. Grote une organisation militaire fort remarquable, que les Spartiates possédèrent dès une époque très-reculée. Non-seulement ils s'exerçaient aux armes et à tous les exercices gymnastiques avec plus de soin que les autres Grecs, mais encore ils eurent de bonne heure des chefs permanents, une tactique régulière, des manœuvres d'ensemble. Sous ce rapport, Sparte peut être comparée à ces colonies de soldats établies dans différentes parties de l'empire russe. Ces habitudes de discipline régimentaire favorisèrent à Lacédémone la centralisation du pouvoir. La ville était un camp, et dans un camp il faut que l'autorité se concentre et que l'obéissance soit passive. A leur forte organisation militaire les Lacédémoniens durent leurs succès et la prépondérance qu'ils obtinrent de bonne heure dans le Péloponèse et dans toute la Grèce. Sur un champ de bataille, ils avaient la supériorité que des troupes régulières ont sur des milices urbaines. Ajoutez à cet avantage celui d'une position géographique qui les mettait presque à l'abri d'une invasion, et qui leur permettait de porter inopinément leurs forces contre leurs voisins.

Je viens d'analyser les deux volumes de M. Grote, et, ne pouvant le suivre dans la discussion approfondie des nombreuses questions qu'il examine, je me suis borné à présenter les plus importantes de ses conclusions. Il me reste à dire quelques mots sur l'ensemble de son travail. M. Grote appartient à l'école de Gibbon ; il en a la méthode, la prudence, le scepticisme, et je dirai encore l'ordre, qualité rare chez un Anglais, et que Gibbon dut peut être à l'étude de nos bons auteurs. Comme lui, M. Grote ne se borne pas à présenter les faits et les arguments avec exactitude et netteté, il sait les placer dans leur meilleur jour et les grouper heureusement, de manière à éviter à son lecteur le cruel travail de synthèse nécessaire avec nombre de savants écrivains anglais et allemands. Notre paresse française lui saura gré de cette heureuse qualité. Son style est simple et rapide. Je vois dans une *revue* anglaise qu'on lui reproche quelques néologismes et surtout l'emploi d'un assez grand nombre de mots forgés, intelligibles seulement aux érudits. Il faut dire pour sa justification que la plupart de ces mots, tirés du grec, sont à peu près inévitables dans une histoire de la Grèce, à moins de longues périphrases, probablement beaucoup plus choquantes pour des lecteurs délicats.

II

LA CONSTITUTION DE SOLON.

M. Grote poursuit avec une louable activité la tâche immense qu'il a entreprise. Les deux volumes dont j'ai à rendre compte aujourd'hui ont paru à la fin de l'année dernière (1847). On annonce la publication prochaine des tomes V et VI, et l'ouvrage ne sera pas encore terminé. Le nombre des volumes n'étonnera personne dans un temps où les romans prennent des dimensions réservées autrefois aux encyclopédies; mais il y a volumes et volumes. Ceux de M. Grote supposent tant de recherches, tant de longues et doctes méditations, qu'il est facile de voir dans l'*Histoire de la Grèce* le travail de toute une vie studieuse.

Autant l'âge héroïque de la Grèce est riche en récits merveilleux, autant le premier âge de son histoire est dépourvu de documents précis. Nous connaissons Achille et Ulysse comme s'ils avaient vécu parmi nous; à peine savons-nous quelque chose des hommes qui vécurent pendant les premières olympiades. Cette époque si obscure et si difficile à connaître est cependant une époque de prodigieuse activité et d'efforts gigantesques. Dans toutes ces petites cités helléniques si jeunes encore, la plupart en proie à une anarchie continuelle, se manifeste à la fois un mouvement d'entreprise et d'aventure qui atteste l'énergie d'une race vraiment privilégiée. Doriens, Ioniens, Éoliens, lancent de tous côtés leurs agiles vaisseaux et couvrent de florissantes colonies les rivages de la Méditerranée. On se demande comment une population médiocre a pu produire tant d'essaims, par quels moyens ces hardis navigateurs ont semé des villes puissantes sur des rivages déserts, ou, ce qui nous semble encore plus difficile, à nous autres conquérants de l'Algérie, au milieu de peuples féroces et belliqueux?

Quand on se rappelle les travaux de Cortez pour s'établir au Mexique en face d'une civilisation si inférieure à la sienne, la colonisation grecque paraît encore plus admirable. Cortez avait quelques canons, des arquebuses et des chevaux; les navigateurs grecs n'apportaient avec eux que des armes de bronze, car je ne pense pas qu'un seul de ces héros possédât un glaive qui valût le briquet de nos grenadiers. Les Thraces, les Gaulois, les peuples de l'Asie-Mineure, les Ibères, les Italiotes, ne le cédaient pas en bravoure à ces aventuriers qui venaient bâtir des villes sur leurs terres. Comment donc les laissaient-ils si facilement se fortifier au milieu d'eux, accaparer les champs les plus fertiles, choisir les meilleurs ports? Le succès des colonies grecques ne peut être attribué uniquement au courage, à l'esprit de conduite, à la discipline caractéristique chez les premiers émigrants. Les Grecs portaient partout avec eux une civilisation bienfaisante. Leur patriotisme ardent n'était pas exclusif comme celui des

Romains. Leur religion ne blessait pas les susceptibilités des barbares ; ils avaient un Olympe assez vaste pour y loger tous les dieux qu'ils découvraient dans leurs voyages, ou plutôt, dans tous les dieux étrangers, ils reconnaissaient les divinités de leur pays, et croyaient qu'elles leur montraient le chemin de nouvelles conquêtes. Il y a dans l'esprit grec quelque chose d'expansif qui agit sur tout ce qu'il approche. C'est la séduction d'une nature supérieure à laquelle on ne peut échapper. Conquérant, le Grec a quelque chose de l'apôtre ; vaincu, il convertit encore son heureux adversaire, et bientôt en fait un disciple et un admirateur. La nature élevée du génie hellénique est surtout remarquable lorsque l'on compare les colonies grecques avec celles des Phéniciens, leurs aînés dans la science de la navigation et du commerce. Chez les uns et les autres, même audace, même ardeur, même activité ; mais la soif du gain est le seul mobile des travaux qu'entreprend le Phénicien. Le Grec n'est point indifférent au profit, mais l'amour de la renommée l'emporte chez lui sur l'appât de l'or. Partout où le Phénicien s'établit, il s'isole : le Grec appelle tous les étrangers à jouir du fruit de ses travaux. Une tradition, dont je ne veux point discuter l'authenticité, rapporte que les marins carthaginois qui s'aventuraient au delà des colonnes d'Hercule avaient un secret pour se guider dans les parages brumeux où ils allaient chercher l'étain, si estimé autrefois. Ce secret, c'était, dit-on, la boussole. Un vaisseau romain s'avisa de naviguer à la suite d'un bâtiment carthaginois partant pour les îles Cassitérides. Après de vains efforts pour le gagner de vitesse, le Carthaginois alla bravement donner de propos délibéré contre un écueil, se perdant pour perdre un rival. Si les Grecs eussent connu la boussole, comme quelques savants prétendent que les Phéniciens la connaissaient, ils l'auraient aussitôt portée dans le monde entier.

Pendant cette première période de l'histoire de la Grèce, il semble que la colonisation fût l'idée dominante et la préoccupation de tous les esprits. Un Argien rêve qu'Hercule lui commande de bâtir une ville en Italie, et il va fonder Crotone. Un Corinthien encourt la malédiction d'un mourant; espèce d'excommunication fort redoutée autrefois; il s'enfuit en Sicile et fonde Syracuse. Des esclaves locriens se sauvent de chez leurs maîtres, emmenant quelques femmes de bonne maison; ils abordent en Italie et bâtissent une nouvelle Locres. Quelquefois deux frères, héritiers d'un petit despote, trouvent leur patrimoine trop chétif pour être partagé, ils le tirent au sort, et le perdant monte sur un vaisseau et va fonder au loin une petite tyrannie. Le cas le plus ordinaire, c'est une sédition qui trouble la tranquillité dans une ville hellénique. Aussitôt on décide que la minorité émigrera. Elle part sans se faire prier, sans s'être battue pendant quatre jours, sans être accompagnée de gendarmes. Il faut remarquer à l'honneur des Grecs que leurs dissensions civiles sont rarement sanglantes, et M. Grote a observé avec beaucoup de justesse que la plupart de leurs institutions avaient pour but de résoudre par la discussion les questions politiques, qui, ailleurs, se décidaient par la violence. Nous reviendrons tout à l'heure sur ce sujet, mais ne quittons pas celui de la colonisation sans remarquer combien, chez les anciens, et particulièrement chez les Grecs, on s'est préoccupé de chercher un remède à l'accroissement excessif de la population. De bonne heure la religion, les lois, les mœurs facilitèrent l'émigration; souvent elles la prescrivirent impérieusement. Cette prévoyance, dont nos sociétés modernes sont malheureusement assez dépourvues, était peut-être commandée aux Grecs par un danger beaucoup plus évident pour eux que pour d'autres peuples. Habitants d'une terre aride, divisés en une foule de petites républiques rivales, ils avaient sans cesse à craindre que la terre ne pût nourrir le laboureur, ou qu'en se livrant d'une manière désordonnée à l'industrie, leurs citoyens ne perdissent rapidement leur énergie et leur vertu guerrière, garanties capitales de leur indépendance. En un mot, assurer à une population médiocre toutes les conditions de bien-être paraît avoir été le but de tous les législateurs grecs. Avaient-ils tort?

Le premier motif de ce grand mouvement de colonisation, que M. Grote suit dans tous ses détails, fut donc, suivant toute apparence, le besoin de se débarrasser d'une population qui croissait d'une manière alarmante. Nulle entrave n'était imposée aux émigrants. En quittant leur patrie, ils en acquéraient une autre; ils devenaient indépendants, et pouvaient se donner telles lois que bon leur semblait. Seulement ils devaient absolument renoncer à toute idée de retour, même après une tentative malheureuse pour s'établir. Lorsque les Théréens qui étaient partis pour fonder Cyrène, effrayés d'un voyage beaucoup plus dangereux alors que ne serait aujourd'hui un voyage autour du monde, revinrent dans leur île natale, on les contraignit aussitôt de se rembarquer. Entre les colonies et la métropole, il n'y avait que des liens moraux. Dans les fêtes publiques, on réservait une place honorable aux citoyens de la mère-patrie. On lui demandait parfois des arbitres pour résoudre des procès ou des débats politiques, et d'ordinaire, lorsque la colonie voulait en fonder une à son tour, elle cherchait dans sa métropole un chef pour l'émigration, ou un *Œkiste*, puisqu'il faut se servir de ce terme grec qui manque à notre langue. Dans la suite, la colonisation prit un autre caractère. Ce fut l'ambition des métropoles qui la dirigea. Dès lors les émigrants ne s'éloignèrent plus qu'avec la permission des magistrats, et, en s'établissant dans une terre nouvelle, ils demeurèrent soumis aux lois et au protectorat, souvent assez lourd, de leur première patrie. Les colonies furent réduites à une espèce de vasselage, exploitées plutôt que gouvernées par les métropoles. Il est assez curieux de remarquer que ces prétentions de suzeraineté correspondent avec l'influence croissante des institutions démocratiques dans les villes de la Grèce continentale. Là, à mesure que la condition de citoyen devenait plus élevée, on s'en montrait plus jaloux, et, comme pour rehausser le prix de la liberté, on aimait à s'entourer d'esclaves.

M. Grote, malgré l'obscurité ou la pénurie des renseignements historiques, est parvenu à nous donner une idée des changements remarquables qui s'opérèrent dans les gouvernements helléniques peu après la révolution qui avait abattu les vieilles monarchies patriarcales dont Homère nous a laissé une si vive peinture. Au régime oligarchique établi partout par les conquérants doriens et ioniens, succède une période de despotisme. Tantôt un chef entreprenant confisque à son profit le pouvoir divisé entre quelques familles, tantôt c'est une réaction du peuple vaincu contre les conquérants. C'est ainsi qu'à Sicyone on voit un chef achéen, Clisthènes, renverser l'oligarchie dorienne et l'asservir à son tour. Qu'on se représente, si l'on peut, la situation des deux ou trois cents familles composant la population d'une ville, en contact journalier avec son petit tyran, soupçonneux, cupide, exposé à chaque instant à un assassinat. En fait d'exactions, de cruautés, d'avanies de toute espèce, quelques-uns de ces despotes réalisaient tout ce qui est possible. Ce Clisthènes, que je viens de nommer, ne se contentait pas d'opprimer ses anciens maîtres, les Doriens, il voulait les flétrir tous. Au lieu des noms glorieux de leurs tribus, qui rappelaient ceux de leurs anciens héros, Clisthènes leur imposa des noms de son choix. Savez-vous lesquels? Les *sangliers*, les *porcs*, les *ânes*. Cependant plusieurs de ces despostes furent des hommes de génie. Un d'eux, Périandre, tyran de Corinthe, mérita d'être compté parmi les sept sages.

Ce régime despotique ne pouvait durer, et rarement la tyrannie se transmettait de père en fils. Une réaction eut bientôt lieu, et la destruction de la tyrannie entraîna presque partout celle de l'oligarchie, déjà décimée et ruinée par les despotes, contrainte d'ailleurs, pour se sauver, de faire de grands sacrifices au peuple qu'elle appelait à la liberté. Cependant l'établissement des gouvernements démocratiques ne s'opéra point en Grèce par des secousses brusques et violentes, mais plutôt par des transitions lentes et graduées. M. Grote a exposé de la manière la plus complète et la plus intéressante le mouvement progressif des institutions politiques dans Athènes. Il fait assister successivement le lecteur à la constitution de Solon, à l'usurpation de Pisistrate, enfin à la réforme décisive de Clisthènes, moins célèbre que Solon, mais à qui revient à bon droit l'honneur d'avoir fondé un gouvernement populaire qui dura trois siècles. Nous ne sommes plus au temps, Dieu merci, où, certain lundi, un législateur écrivait ces lignes célèbres à un bibliothécaire : « Mon cher ami, envoyez-moi les lois de Minos ; j'ai une constitution à faire pour jeudi. » Cependant l'esprit humain est si peu inventif, et nous avons fait tant d'emprunts aux Grecs, que c'est rendre service peut-être à nos représentants que de leur indiquer un livre où sont analysés avec une scrupuleuse exactitude et une rare clarté les systèmes politiques de plusieurs républiques, qui ont *fonctionné*, comme on dit aujourd'hui, avec plus de gloire qu'aucun état moderne n'en oserait se promettre. Je recommande le troisième et le quatrième volume de M. Grote aux méditations de tous nos hommes d'État.

Solon appartient à l'époque historique, mais il touche de près à celle des héros et des dieux. Arrière-petit-fils de Codrus, voire de Neptune, poëte, savant, guerrier, il réunissait toutes les qualités homériques d'un pasteur de peuples : aussi ses amis lui conseillaient-ils de se faire tyran, c'est-à-dire d'enrôler une centaine de coupe-jarrets thraces et de se saisir de l'Acropole ; mais Solon ambitionnait une gloire plus haute et plus pure. Il voulut laisser après lui une réputation sans tache et une œuvre durable, problème qu'aucun despote n'a pu résoudre encore. Avant lui, tout le pouvoir politique résidait dans un petit nombre de familles nobles, qu'on appelait les *Eupatrides*, c'est-à-dire ceux qui ont de bons ancêtres. Le gouvernement de ces Eupatrides était fort pesant pour la masse du peuple, comme il semble. Ils vendaient la justice, accaparaient toutes les terres, prêtaient à usure, et se faisaient battre par les étrangers. Mégare, petite ville dorienne à trois lieues d'Athènes, lui disputait l'île de Salamine; qu'on se figure la guerre entre Saint-Cloud et Saint-Germain pour la possession de Nanterre. Battus à plusieurs reprises, les Athéniens avaient rendu un décret qui défendait, sous peine de mort, de faire aucune motion pour reprendre Salamine. Les Athéniens n'aimaient pas les questions graves et sérieuses. Quelques années plus tard, ils mirent à l'amende un poëte pour les avoir fait pleurer aux malheurs de l'Ionie, qu'ils ne voulaient pas secourir. De tout temps, on a vu des assemblées qui n'aimaient pas qu'on leur montrât une plaie saignante.

Solon contrefit l'insensé. Il composa un beau poëme guerrier et le déclama en public. « J'ai honte d'être Athénien, disait-il, on me montre au doigt et l'on dit : Voilà un fuyard de Salamine. » Tyrtée, avec ses chansons, avait conduit les Spartiates à la victoire ; les vers de Solon n'eurent pas moins de succès. On lui donna cinq cents hommes, avec lesquels il conquit la patrie d'Ajax. Sa popularité devint immense ; tous les partis lui tendirent les bras et lui déférèrent de pleins pouvoirs pour réformer la république.

La première mesure qu'il décréta fut la *Sisachthie*. Je transcris, d'après M. Grote, ce mot terrible, qu'il emploie hardiment comme si tout le monde pouvait le comprendre et le prononcer. *Sisachthie* veut dire dégrèvement. Il s'agissait de soulager l'effroyable misère de la plèbe athénienne. L'ancienne loi permettait d'emprunter sur son corps et celui de ses enfants, et, faute de payer sa dette, on devenait l'esclave de son créancier. Solon abolit l'esclavage pour dettes, et du même coup changea la valeur de la monnaie, de telle sorte que celui qui avait emprunté 100 drachmes se libérait en en payant 75. On voit que la *Sisachthie* ressemble fort à une banqueroute. Suivant M. Grote, ce fut une transaction nécessaire entre une tyrannie aux abois et une insurrection imminente. Solon, le premier, donna l'exemple du sacrifice en renonçant à de nombreuses créances. Il faut considérer, d'ailleurs, qu'une loi qui autorise le prêteur à faire un esclave de son débiteur insolvable tend à créer une espèce de prêt infâme. On avance de l'argent dans la prévision que l'emprunteur ne pourra le rendre, et l'on calcule que sa personne vaut plus que l'argent prêté. C'était, au fond, la *traite* que Solon abolissait, et, en détruisant un trafic odieux, il achetait la paix publique. Cette mesure, qui d'abord lui attira l'inimitié de tous les riches, trouva dans la suite une approbation générale, lorsqu'on vit qu'elle résolvait pour toujours une question qui, sans cesse, menaçait d'allumer la guerre civile. Chose étrange, jamais on n'eut besoin, dans la suite, de renouveler la *Sisachthie* de Solon. La question des dettes ne reparaît plus dans l'histoire politique d'Athènes, et si le souvenir des tables de Solon se perpétua, ce ne fut que pour ajouter une sainteté nouvelle à l'inviolabilité des contrats. « Le respect des engagements, dit M. Grote, s'enracina avec la démocratie, et le peuple athénien s'habitua à identifier le maintien de la propriété sous toutes ses formes avec celui de ses lois et de ses institutions. » Les juges, en montant sur leur tribunal, prêtaient le serment de défendre le gouvernement démocratique et de repousser toute proposition relative à l'abrogation des dettes, au partage des terres, à la dépréciation des monnaies. Il est beau pour un peuple d'avoir usé si sagement d'un remède dangereux, et de faire dater son respect pour les lois du jour où il a été contraint de les enfreindre.

Solon enleva le pouvoir à l'aristocratie de naissance des Eupatrides pour le transporter à une aristocratie fondée sur la fortune, idée, je pense, toute nouvelle à cette époque. Le peuple athénien fut divisé en quatre classes, suivant la valeur des propriétés. La première seule pouvait prétendre aux fonctions politiques les plus élevées, c'est-à-dire aux neuf places d'archontes ; quelques magistratures moins importantes étaient réservées à la seconde et à la troisième classe ; mais, comme toutes les charges publiques se donnaient à l'élection et que tout le peuple y prenait part, la quatrième classe, celle des prolétaires, naturellement la plus nombreuse, dominait dans les assemblées politiques. Jadis, en déposant leurs charges, les archontes devaient rendre compte de leur conduite au tribunal de l'aréopage, composé lui-même d'archontes retirés. Solon substitua l'assemblée du peuple à l'aréopage : ce fut donc au peuple que les magistrats eurent à demander désormais un appui pour leur candidature et un bill d'indemnité pour leur gestion.

L'*agora,* ou l'assemblée du peuple athénien, fut pareillement appelée à statuer sur toutes les affaires politiques de quelque importance ; mais, devant une réunion si nombreuse, un examen effectif eût été difficile. Solon y pourvut par l'établissement d'un sénat de quatre cents membres choisis parmi les citoyens les plus riches et chargés de l'étude préparatoire des affaires. Le peuple était consulté lorsqu'il s'agissait de prendre une décision ; alors l'affaire lui était soumise (nous dirions aujourd'hui rapportée) par le sénat *probouleutique :* c'est le nom que lui donna Solon, nom difficile à traduire, mais qui indique à une oreille grecque les fonctions d'un examen préparatoire.

L'aréopage, la plus antique des institutions athéniennes, ne fut pas supprimé par la constitution nouvelle ; au contraire, ses attributions s'agrandirent. Recruté incessamment par les archontes sortant de charge, composé par conséquent d'hommes d'affaires, ce corps, tout en conservant ses anciennes fonctions judiciaires, fut chargé par Solon de veiller à l'exécution des lois, au maintien de la constitution ; enfin, il fut investi de pouvoirs très-étendus, tout à fait analogues à ceux des censeurs romains. C'était, à vrai dire, une espèce d'inquisition, nécessaire peut-être dans une république si médiocre par la population, et qui s'étendait sur la vie publique et privée de tous les citoyens.

Je résumerai en quelques mots le système de Solon, et, pour plus de clarté, en me servant des expressions de notre langue politique.

La souveraineté appartient à l'assemblée du peuple.

Le pouvoir exécutif est confié à neuf magistrats élus pour un an, assistés d'un conseil d'État électif, sous la surveillance d'un sénat à vie et inamovible.

Tous les citoyens prennent part aux élections, mais les plus imposés sont seuls éligibles.

La constitution de Solon fut promulguée vers 590 avant Jésus-Christ; celle de Servius Tullius à Rome date de 570 à peu près. On remarque, au premier abord, une certaine analogie entre les deux constitutions, et il n'est pas invraisemblable que celle d'Athènes n'ait été le prototype de celle de Rome. Un examen plus attentif fera voir combien l'élément démocratique est puissant dans la première, et combien il est paralysé dans la seconde. Dans Athènes, les votes du peuple se comptaient par tête ; à Rome, je parle des premiers temps de la république, les suffrages étaient recueillis par centuries, chaque centurie ayant un vote collectif. Or, le peuple était divisé par centuries, d'une manière arbitraire et sans égard au nombre de têtes, de telle sorte que les classes riches, qui n'avaient qu'un petit nombre de suffrages individuels, formaient en réalité la majorité des centuries. A Rome, la classe des prolétaires ne composait qu'une seule centurie sur cent quatre-vingt-treize, et n'avait pas la plus légère influence dans les élections; à Athènes, au contraire, la quatrième classe, étant de fait supérieure en nombre aux trois autres, dictait les décisions de toutes les affaires.

C'était, chez les anciens, une question fort débattue, de savoir si la constitution de Solon était démocratique ou aristocratique : on sent que la valeur de ces mots change singulièrement selon l'époque ou le pays où ils sont prononcés ; mais nous ne parlons que des Grecs, et M. Grote remarque que les Athéniens, parvenus au développement le plus complet de la démocratie, regardaient Solon comme le fondateur du gouvernement populaire. On affecta même de mettre sous la protection de sa grande renommée plusieurs institutions fort postérieures qui changèrent matériellement son système politique, sous prétexte d'en tirer toutes les conséquences. M. Grote s'est appliqué avec beaucoup de sagacité à défalquer de la constitution solonienne ce qui doit revenir à d'autres réformateurs moins illustres. Suivons-le dans ses intéressantes recherches.

Peu après que Solon se fut retiré des affaires, Pisistrate s'empara du pouvoir et devint tyran ou despote d'Athènes. Deux fois chassé, il revint deux fois et mourut tranquillement maître de l'Acropole, laissant la tyrannie à ses fils. Il faut lire dans Hérodote ou dans l'*Histoire de la Grèce* le récit de ces révolutions et de ces restaurations, qui se passent toujours en douceur, grâce à la mansuétude des mœurs athéniennes. La seconde fois que Pisistrate rentra dans Athènes, il s'avisa de cette ruse, que j'hésite d'autant moins à rappeler qu'elle ne peut servir aujourd'hui à aucune réaction. Monté sur un char magnifique, il entra bravement dans Athènes, par la route la plus fréquentée, accompagné d'une fort belle fille habillée en Minerve, et précédé de gens qui criaient : « C'est Minerve qui nous le ramène. » Tous les dévots firent chorus, et l'on s'empressa de rendre le pouvoir au favori de la patronne d'Athènes. Hérodote, qui tranche rarement de l'esprit fort, se permet en cette occasion de rire de la crédulité des Athéniens, et M. Grote le reprend avec raison de cette velléité de scepticisme, qui ne lui sied guère. En effet, le même Hérodote est assez disposé à croire que Thésée se battit pour ses concitoyens à Marathon, et il n'y a rien d'extrordinaire qu'une belle courtisane, encore inconnue au public, passât pour Minerve auprès des dévots, lorsque, nombre d'années après, les femmes nerveuses s'évanouissaient au théâtre en voyant entrer en scène des comparses habillés en Furies.

Pisistrate fut un homme d'esprit. Il n'abolit pas brutalement la constitution de Solon, il se contenta de l'éluder; satisfait d'avoir l'autorité réelle, il en conserva l'ombre aux assemblées populaires. Despote prudent, personne ne sut mieux que lui jusqu'où pouvait aller la patience des Athéniens. Ses fils ne gardèrent pas la même mesure; ils furent chassés, et, réfugiés auprès du roi de Perse, le poussèrent à envahir la Grèce.

Les Pisistratides bannis d'Athènes, on voulut rendre toute sa force à la constitution de Solon. Clisthènes, petit-fils de ce despote de Sycione dont j'ai déjà parlé, devenu archonte, fut chargé de réformer les abus que la tyrannie avait introduits. En prétendant interpréter et développer les institutions soloniennes, il fonda en réalité le gouvernement démocratique. Solon avait donné le droit de suffrage à tous les Athéniens; mais, pour être citoyen, il ne suffisait pas d'être né dans l'Attique, il fallait encore appartenir à une tribu. Il y en avait quatre qui reconnaissaient chacune pour héros éponyme un des quatre fils d'Ion; ainsi, tous les Athéniens pouvaient se croire de la même famille. En dehors des quatre tribus, on était étranger. Clisthènes abolit les quatre tribus anciennes et en créa dix nouvelles, sans aucun égard pour les généalogies. Ainsi une nouvelle et nombreuse classe de citoyens fut appelée à jouir des droits réservés jusqu'alors à une caste privilégiée. Les Pisistratides menaçaient de rentrer dans l'Attique le fer et la flamme à la main; il fallait se préparer à la guerre. Clisthènes voulut que chacune des tribus élût tous les ans un général ou stratége. Ces nouveaux fonctionnaires ne tardèrent pas à usurper une partie de l'autorité des archontes, qui perdirent la plupart de leurs attributions politiques. Enfin l'aréopage, suspect au peuple comme composé en majorité des archontes nommés sous Pisistrate, fut dépouillé de presque toute son autorité judiciaire, remise aux mains de grands jurys élus par le peuple. Quant au sénat, augmenté de cent membres, il vit également son autorité s'affaiblir en même temps que croissait celle des stratéges, intéressés à n'avoir point d'intermédiaires entre eux et le peuple. Bientôt, en effet, il n'y eut plus à Athènes que deux pouvoirs, celui de l'assemblée et celui des stratéges, ses élus. Dans la suite, les progrès de la démocratie amenèrent pour dernier résultat le tirage au sort des charges publiques entre tous les citoyens; mais les fonctions de stratéges demeurèrent toujours électives. Il est vrai qu'alors c'était les seules pour lesquelles le mérite fût nécessaire.

Une des institutions les plus remarquables qui signala la réforme de Clisthènes, fut l'invention de l'*ostracisme*. M. Grote défend assez bien ce moyen de gouvernement, et prouve qu'il rendit de grands services à la démocratie naissante. Clisthènes, par ses réformes, dit M. Grote, s'était assuré l'assentiment de la masse des citoyens; mais, après les exemples donnés par Pisistrate et ses successeurs, comment espérer que toutes les ambitions s'arrêteraient devant une institution nouvelle que l'on n'avait pas encore appris à respecter? Le problème à résoudre était d'écarter ces ambitions avant qu'elles tentassent d'enfreindre les lois, de prévenir les attentats au lieu de les réprimer par la force et en versant un sang précieux. Pour acquérir une influence dangereuse dans un État démocratique, un homme est obligé de se mettre quelque temps en évidence devant le public, de manière à laisser juger son caractère et ses projets. Or, partant de ce principe posé par Solon, que, dans les séditions, aucun citoyen ne devait demeurer neutre, Clisthènes en appelait par avance au jugement populaire, et le sommait de se prononcer sur l'homme à qui l'on attribuait des projets alarmants pour la tranquillité publique. Le sénat en délibérait et convoquait l'assemblée. Si six mille citoyens, c'est-à-dire le quart de la population libre d'Athènes, trouvaient la république menacée par un personnage quelconque, ce personnage était banni pour dix ans. Cet exil, d'ailleurs, n'entraînait ni déshonneur ni confiscation de biens; c'était un sacrifice demandé par la patrie, une marque de respect donnée à la susceptibilité démocratique. Il faut observer en outre que l'ostracisme n'était jamais proposé contre un seul citoyen particulièrement désigné. Le peuple était invité à bannir l'homme qui lui semblait dangereux ou suspect. Chaque Athénien avait à examiner dans sa conscience quel était cet homme, en sorte qu'une faction ne pouvait réclamer l'ostracisme contre le chef de ses adversaires sans exposer son propre chef à subir le même sort. L'ostracisme exerçait son influence modératrice non-seulement dans les occasions où il était employé, mais encore par la terreur salutaire qu'il devait inspirer à tous les hommes d'État. Il arrêtait l'ambition turbulente et ne privait pas le pays de candidats habiles et dévoués. Appliqué dix fois seulement dans un siècle, l'ostracisme, au prix du malheur de dix particuliers, préserva la démocratie naissante de toute violence. La mesure cessa d'être requise lorsqu'elle devint inutile, c'est-à-dire lorsque l'éducation politique de plusieurs générations eut fait passer dans les mœurs le mécanisme de la constitution et qu'elle n'eut plus à craindre aucune tentative pour le détruire. M. Grote compare avec beaucoup de justesse l'ostracisme aux lois d'exception portées dans nos gouvernements modernes contre certains prétendants. Ce n'est pas leur personne que l'on frappe, c'est la guerre civile dont on préserve le pays; dans une république encore mal affermie, ces prétendants, ou plutôt la guerre civile, voilà le danger de tous les instants. Ne faut-il pas une arme toujours prête à le repousser du pays? Ce qu'il y a de plus admirable, à mon avis, c'est la sagesse du peuple athénien à ne pas abuser d'une loi qui mettait le sort de tous les grands citoyens à la merci d'une minorité. Chez nous, si l'ostracisme existait, la haine des supériorités, qu'on pare du nom d'amour de l'égalité, aurait bientôt chassé du pays tous les hommes d'État. Dans Athènes, il n'y eut d'injustice criante qu'à l'égard d'Aristide, encore fut-il bientôt rappelé.

Tandis qu'Athènes est tourmentée par la fièvre du progrès, Sparte conserve immuables ses institutions bizarres, et, calme au dedans, commence à étendre son influence sur ses voisins. M. Grote a noté, mais sans les expliquer, sans doute parce que l'histoire ne lui fournit aucune solution de ce problème, les premiers symptômes de cette domination que Lacédémone ne tarda guère à exercer sur toute la Grèce. Dans un premier article, j'ai remarqué les avantages singuliers que Sparte tirait de sa position géographique. Protégée par la nature contre une invasion, elle pouvait rapidement porter ses forces contre ses voisins. Les lois de Lycurgue en avaient fait comme une grande caserne, et, dès le sixième siècle avant notre ère, les Lacédémoniens passaient pour invincibles. Leur réputation de moralité politique n'était pas moins bien établie alors que leur supériorité militaire. Quand les Athéniens disputaient à Mégare la possession de Salamine, d'un commun accord on choisit pour arbitres cinq Spartiates, et les Spartiates, quoique Doriens, prononcèrent en faveur des Ioniens contre une cité dorienne. Ce fut encore à Sparte que les Athéniens demandèrent du secours contre les Pisistratides, et, bien qu'elle n'y eût aucun intérêt, elle envoya aussitôt ses troupes, qui chassèrent les tyrans.

Cette suprématie incontestée de Lacédémone, quelle qu'en fût la cause, suffit à prouver l'existence très-ancienne d'une unité grecque, phénomène singulier, si l'on se rappelle la division extraordinaire des tribus helléniques, leurs intérêts si différents, toutes les causes d'isolement qui semblaient s'opposer à ce qu'elles formassent jamais un corps homogène. La Grèce, en effet, présente le spectacle très-étrange pour les modernes d'une unité nationale complétement distincte de l'unité politique. L'*hellénisme,* si je puis m'exprimer ainsi, c'est-à-dire l'unité nationale, exista toujours, et l'on ne vit qu'une fois, à la veille d'une formidable invasion, les républiques grecques se confédérer contre l'ennemi commun. Le lien assez puissant pour maintenir cette unité nationale existait moins dans une langue commune, intelligible pour tous les Grecs, malgré la différence des dialectes, que dans une conformité remarquable de l'esprit et du caractère. Sans doute, on peut opposer la subtilité de l'Athénien à la lourdeur du Béotien, l'austérité du Spartiate à la mollesse de l'Ionien; cependant, partout où se parle la langue grecque, on trouve le même amour du beau et du grand, la même aptitude pour le progrès, la même conscience d'une espèce de mission civilisatrice. La religion, bien que ses formes fussent si variées, que presque chaque famille avait son culte particulier et domestique, la religion, en conviant toutes les tribus grecques à des cérémonies et des jeux solennels où l'étranger ne pouvait prendre part, contribuait encore à les rapprocher, à établir entre elles des relations d'intérêts communs, de jouissances et de passions communes. Ces couronnes, distribuées à Olympie, et que venaient disputer les habitants de Crotone et de Cyrène, ramenaient incessamment les Grecs les plus éloignés au berceau de leur race, et les accoutumaient à voir dans la Grèce continentale le centre de la civilisation. Enfin, la poésie et les arts, si profondément populaires dans le monde hellénique, créés par lui et pour lui, associaient cette race d'élite aux mêmes émotions et lui redisaient continuellement sa supériorité sur le reste des hommes. Cet orgueil si bien fondé fit une nation de toutes les cités helléniques et leur donna la force nécessaire pour sauver le monde de la barbarie.

Le dernier volume de M. Grote nous fait assister au commencement de cette lutte immortelle. Après avoir exposé les accroissements rapides de la puissance des Perses, leurs conquêtes en Asie, l'asservissement des villes ioniennes, il raconte, d'après Hérodote, les causes qui précipitèrent Darius et ses successeurs contre la Grèce continentale. Suivant M. Grote, si Darius l'eût attaquée d'abord, au lieu de tourner ses armes contre les Scythes, c'en était fait d'Athènes, et peut-être avec elle de la civilisation; mais la folle expédition des Perses au delà du Danube, et la révolte de l'Ionie, qui en fut la suite, donnèrent aux Grecs le temps de se préparer et de s'aguerrir. Athènes, esclave sous les Pisistratides, n'aurait pu résister aux barbares : elle n'eut pas plus tôt goûté de la liberté qu'elle devint invincible.

La plupart des historiens ont trouvé de belles phrases pour taxer les Athéniens de frivolité et d'ingratitude. M. Grote essaye de les justifier, et il y réussit au moins en ce qui concerne Miltiade, cité souvent comme une des plus nobles victimes de l'injustice de ses concitoyens. La vie de Miltiade, telle que la raconte M. Grote d'après de bonnes autorités, est fort différente du roman accrédité par Cornélius Népos. Miltiade commence par être un petit tyran patenté par Athènes et protégé par Darius. En cette qualité, il accompagne le grand roi jusqu'au bord du Danube, et, le fleuve passé, il le trahit en conseillant aux tyrans ioniens, ses camarades, de rompre le pont et de couper toute retraite aux Perses. Inquiet pour lui-même, au retour de Darius, Miltiade se hâte de quitter la Chersonnèse de Thrace, où il était tyran pour le compte des Athéniens, et a le bonheur d'être commandant en chef à Marathon. Là il fut admirable, non-seulement par ses bonnes dispositions pendant la bataille, mais par sa présence d'esprit à se porter aussitôt sur Phalère, où il confond les projets des traîtres qui allaient livrer Athènes à la flotte persane. Devenu l'idole de ses compatriotes, Miltiade perd la tête. Il demande des vaisseaux et des soldats pour une expédition secrète. Aussitôt on les lui accorde avec empressement et sans explication de sa part. Cette flotte, cette armée, il les emploie à une vengeance particulière. Il se fait battre en voulant prendre Paros, où était son ennemi, et, après s'être cassé la cuisse dans une intrigue nocturne assez peu digne d'un général, il revient mourir de sa blessure à Athènes, après avoir été condamné à *la plus faible* amende que les lois portaient contre ceux qui avaient mal géré la chose publique. Sans doute le sénat romain remerciant Varron après la bataille de Cannes a plus de grandeur que le peuple d'Athènes condamnant Miltiade ; mais il y a des vertus propres à tous les gouvernements : Rome était un État aristocratique, et la stricte justice est la vertu des démocraties.

Je n'ai analysé qu'une faible partie du nouveau travail de M. Grote. Il en a consacré la moitié au moins à une revue des peuples avec lesquels les Grecs se sont trouvés en contact. Cette revue, dont l'intérêt est incontestable, et qui d'ailleurs se fait remarquer par la profondeur et l'immensité des recherches, a peut-être l'inconvénient d'interrompre le lien assez faible qui réunit entre elles les différentes périodes de l'histoire de la Grèce. Au reste, il n'appartient qu'aux poëtes, comme Hérodote, d'introduire une unité factice dans une grande composition historique. Nous vivons dans un temps prosaïque qui n'admet guère ces brillantes licences des anciens. Ce qu'on exige de l'histoire aujourd'hui, c'est la sûreté de la critique et l'impartialité des jugements. A ce point de vue, l'ouvrage de M. Grote a droit à des éloges sans réserve.

III

LA GUERRE MÉDIQUE. — LA GUERRE DU PÉLOPONNÈSE.

1849.

Nous voici arrivés à l'époque la plus brillante des annales de la Grèce. Les volumes dont nous avons à rendre compte sont remplis par l'invasion médique, le développement de la puissance maritime d'Athènes, l'administration de Périclès, enfin le commencement de la lutte terrible excitée parmi tous les peuples helléniques par la rivalité d'Athènes et de Lacédémone, guerre impie qui, en épuisant les forces d'une nation généreuse, allait la livrer bientôt sans défense aux rois de Macédoine. Dans les volumes précédents, l'auteur avait à coordonner, souvent à interpréter des documents rares et mutilés, débris informes et toujours suspects : aujourd'hui, des témoignages plus nombreux et assurément beaucoup plus respectables servent de base à son travail ; mais de là aussi une difficulté nouvelle. L'autorité d'Hérodote et de Thucydide est si imposante, qu'en présence de ces grands noms l'historien moderne a peine à conserver la liberté de ses appréciations. Toutefois M. Grote n'est point de ceux qui se laissent éblouir par la renommée même la plus légitime. Plein de respect pour ces maîtres immortels, pénétré de toute la vénération qu'il leur doit en sa qualité d'érudit et d'historien, M. Grote n'oublie pas cependant ses devoirs de juge et sait que tout témoin est sujet à faillir. M. Grote m'a tout l'air de ne croire que ce qu'on lui prouve.

Soumise à cette critique sévère, l'histoire prend une gravité qui ne sera sans doute pas du goût de tout le monde. Aujourd'hui surtout, que la méthode contraire a de brillantes autorités en sa faveur, on reprochera peut-être à M. Grote de rejeter impitoyablement les aimables fictions qu'une école moderne recherche et se complaît à commenter. — Le docteur Bœttiger, dans une dissertation latine, avait déjà prouvé *par vives raisons,* comme le docteur Pancrace, que l'histoire d'Hérodote a tous les caractères du poëme épique. Le brave homme, c'est du Grec que je parle, n'y entendait point finesse, car il attachait une étiquette sur son sac, en donnant le nom d'une muse à chacun des livres de sa composition. Le ciel nous préserve de faire le procès d'Hérodote à cette occasion ! nous ne le rendons même pas responsable de ses modernes imitateurs. Seulement nous tiendrons, avec M. Grote, que le temps n'est plus où la poésie et l'histoire peuvent s'unir et se confondre. A chacun son métier. Laissons à Hérodote ses neuf muses, et ne nous étonnons pas si M. Grote nous enlève quelques-unes de nos jeunes illusions.

Ces réflexions s'offrent d'elles-mêmes quand on lit dans l'auteur anglais le récit de la mort de Léonidas et de ses compagnons. Hérodote nous montre Léonidas célébrant ses propres funérailles avant de quitter Sparte, et allant de sang-froid se battre contre trois millions d'hommes avec ses trois cents compagnons, uniquement pour apprendre au grand roi à quelles gens il allait avoir affaire. Hérodote dit expressément que Léonidas ne connaissait pas le défilé des Thermopyles, et que ce fut seulement après s'y être établi qu'il crut un instant à la possibilité de fermer l'entrée de la Grèce aux barbares. Ce dévouement solennel, ces jeux funèbres, tout cela est homérique, c'est-à-dire sublime. Malheureusement la réflexion vient, et l'on se rappelle que la diète des Amphictyons siégeait aux lieux mêmes où mourut Léonidas, et qu'en sa qualité de roi de Sparte, Léonidas ne pouvait pas ignorer la position des Thermopyles, s'il ne les avait pas visitées lui-même, que de plus, en sa qualité de petit-fils d'Hercule, il avait nécessairement ouï parler d'un lieu célèbre dans les légendes héroïques de sa divine famille ; enfin on voit, par le témoignage même d'Hérodote, que les Grecs confédérés appréciaient toute l'importance des Thermopyles, puisqu'ils y avaient dirigé un corps considérable, et que leur flotte, en venant stationner à la pointe nord de l'île d'Œubée, avait en vue d'empêcher les Perses de tourner cette position par un débarquement opéré sur la côte de la Locride, en arrière du défilé.

J'ai eu le bonheur, il y a quelques années, de passer trois jours aux Thermopyles, et j'ai grimpé, non sans émotion, tout prosaïque que je sois, le petit tertre où expirèrent les derniers des trois cents. Là, au lieu du lion de pierre élevé jadis à leur mémoire par les Spartiates, on voit aujourd'hui un corps de garde de *chorophylaques* ou gendarmes portant des casques en cuir bouilli. Bien que le défilé soit devenu une plaine très-large par suite des atterrissements du Sperchius, bien que cette plaine soit plantée de betteraves dont un de nos compatriotes fait du sucre, il ne faut pas un grand effort d'imagination pour se représenter les Thermopyles telles qu'elles étaient cinq siècles avant notre ère. A leur gauche, les Grecs avaient un mur de rochers infranchissables; à leur droite, une côte vaseuse, inaccessible aux embarcations; enfin, entre eux et l'ennemi s'élevait un mur pélasgique, c'est-à-dire construit en blocs de pierre longs de deux ou trois mètres et épais à proportion. Ajoutez à cela les meilleures armes alors en usage et la connaissance approfondie de l'école de bataillon. Au contraire, les Perses, avec leurs bonnets de feutre et leurs boucliers d'osier, ne savaient que courir pêle-mêle en avant, comme des moutons qui se pressent à la porte d'un abattoir. On m'a montré à Athènes des pointes de flèches persanes trouvées aux

Thermopyles, à Marathon, à Platée ; elles sont en *silex*. Pauvres sauvages, n'ayez jamais rien à démêler avec les Européens ! S'il y a lieu de s'étonner de quelque chose, c'est que ce passage extraordinaire ait été forcé. Léonidas eut le tort d'occuper de sa personne un poste imprenable et de s'amuser à tuer des Persans, tandis qu'il abandonnait à un lâche la garde d'un autre défilé moins difficile, qui vient déboucher à deux lieues en arrière des Thermopyles. Il mourut en heros ; mais qu'on se représente, si l'on peut, son retour à Sparte, annonçant qu'il laissait aux mains du barbare les clefs de la Grèce ?

Voilà dans sa nudité le fait raconté par Hérodote en poëte et en poëte grec, c'est-à-dire qui recherche le beau et le met en relief avec autant de soin que quelques poëtes aujourd'hui recherchent le laid et se complaisent à la peinture des turpitudes humaines. La fiction, dira-t-on, vaut mieux que la vérité. Peut-être ; mais c'est en abusant des Thermopyles, et de la prétendue facilité qu'ont trois cents hommes libres à résister à trois millions d'esclaves, que les orateurs de l'Italie sont parvenus à laisser les Piémontais se battre tout seuls contre les Autrichiens.

Ce n'est pas chose nouvelle que de reprendre Hérodote, et le bonhomme a été si maltraité autrefois, qu'en faveur de la justice tardive qu'on lui rend aujourd'hui, il pardonnera sans doute à M. Grote quelque réserve à se servir des admirables matériaux qu'il nous a laissés. Contredire Thucydide est une hardiesse bien plus grande, et l'idée seule a de quoi faire trembler tous les érudits. J'ai cité tout à l'heure une erreur, volontaire ou non, d'Hérodote ; en voici une de Thucydide beaucoup plus grave, et qui n'a point échappé au sévère contrôle de M. Grote. Sa critique est-elle juste ? On peut le croire : pour convaincre Thucydide, M. Grote n'emploiera d'autres preuves que celles que lui fournira Thucydide lui-même.

Il s'agit du jugement célèbre qu'il porte contre Cléon. C'est à Cléon, pour le dire en passant, que nous devons « l'histoire de la guerre du Peloponnèse, » car il fit bannir Thucydide, qui, voyant se fermer pour lui la carrière politique, écrivit l'histoire de son temps. La postérité, loin d'en savoir gré à Cléon, a toujours fait de son nom un synonyme de la bassesse acharnée contre le talent. Et, comme si ce n'était pas assez de la plume de fer de l'historien, Aristophane, avec ses railleries acérées, est venu donner le coup de grâce au malencontreux corroyeur. *La Guerre du Peloponnèse* et *les Chevaliers*, n'en est-ce point assez pour enterrer un homme dans la fange? Aussi tout helléniste tient Cléon pour un tribun factieux et pour un concussionnaire. Suivant M. Grote, Cléon *n'est point encore jugé*, et cette opinion si nouvelle mérite qu'on l'examine de près. Rappelons-nous que M. Grote n'est point un partisan à outrance de la démocratie, et qu'il fuit le paradoxe. Ce n'est pas parce que Cléon fut un corroyeur, ce n'est pas parce qu'il fut l'idole de la lie du peuple que M. Grote prend sa défense, le seul sentiment de la justice l'anime, et c'est pour avoir lu avec attention les pièces du procès qu'il en demande la révision.

Oublions d'abord, nous dit-il, les facéties plus ou moins venimeuses d'Aristophane, qui n'est pas plus une autorité en matière d'histoire ancienne que les spirituels auteurs du *Punch* ou du *Charivari* n'en sont une pour l'histoire de notre temps. Un rapprochement curieux donne la valeur du témoignage d'Aristophane. La représentation des *Nuées* précéda d'un an celle des *Chevaliers;* on en peut conclure que vers ce temps-là, pour frapper ainsi à tort et à travers Socrate et Cléon, Aristophane n'était pas toujours honnêtement inspiré.

Quant à Thucydide, M. Grote nous prouve que le grand historien, homme de guerre fort médiocre, laissa prendre à sa barbe, et par une impardonnable négligence, une place très-importante, qu'il devait et qu'il aurait pu facilement défendre. Il pensait à autre chose ce jour-là : peut-être écrivait-il l'oraison funèbre des Athéniens morts à Samos, tandis que Brasidas surprenait Amphipolis. Thucydide fut jugé selon les lois de son pays. Cléon exagéra peut-être son manque de vigilance ; quant aux conséquences de sa faute, elles étaient déplorables, et les juges ne furent pas plus sévères alors que ne serait aujourd'hui un conseil de guerre dans un cas semblable. Éloigné des affaires par un parti politique, Thucydide a jugé ce parti, et surtout son chef, avec une rigueur où se trahit un sentiment d'inimitié personnelle. Lui-même en fournit des preuves par la manière dont il apprécie les actes de ses adversaires. Choisissons l'exemple le plus notable, la prise de Sphactérie par Cléon.

La guerre du Péloponnèse durait depuis plusieurs années avec des chances diverses, sans que la fortune se déclarât ouvertement pour Athènes ou pour Lacédémone. Dans le Pnyx, on était divisé sur la politique à suivre. Les uns, on les appelait les oligarques, inclinaient à la paix ; les autres, c'étaient les démocrates, voulaient continuer la guerre avec un redoublement d'activité. Les premiers, habitués à reconnaître l'ancienne suprématie de Sparte, étaient prêts à s'y soumettre encore, croyant qu'on pouvait faire bon marché d'une insignifiante question d'amour-propre lorsqu'il s'agissait d'acheter par cette concession le retour de la prospérité matérielle. Les autres, au contraire, s'indignaient d'accepter une position secondaire, et revendiquaient pour leur patrie le droit de ne traiter avec Sparte que d'égale à égale. Cléon fit prévaloir la politique belliqueuse, et, en dirigeant lui-même les opérations militaires, il porta à la rivale d'Athènes le coup le plus terrible qu'elle eût encore reçu. Toute la flotte lacédémonienne fut capturée à Sphactérie, et un corps de troupes, où l'on comptait cent vingt Spartiates, bloqué dans cette île, mit bas les armes devant Cléon. Jusqu'alors on avait réputé les Spartiates invincibles sur terre. Ils vivaient sur leur vieille réputation des Thermopyles, et l'on croyait qu'on pouvait peut-être les tuer, jamais les prendre. Cette renommée tomba avec Sphactérie. Lacédémone fut humiliée, et demanda la paix. Pour quelque temps, la supériorité d'Athènes fut établie dans toute la Grèce.

C'est pourtant cette expédition de Sphactérie que Thucydide s'est efforcé de rabaisser comme la plus facile des entreprises, bien plus, comme une faute politique énorme. Ceux qui voulaient la paix achetée par des concessions sont, à ses yeux, les seuls gens habiles, et, à l'appui de son opinion, Thucydide rattache à l'affaire de Sphactérie les désastres qui accablèrent Athènes quelques années plus tard. Cette manière d'argumenter est aussi facile que de faire des prédictions après les événements; mais il oublie que ces désastres furent les conséquences de fautes déplorables qu'on ne peut imputer à Cléon. Athènes, enivrée de ses succès, méprisa ses ennemis, les irrita, les humilia sans les écraser; puis, comme tous les présomptueux, elle finit par expier cruellement sa folle témérité. Tout cela ne prouve rien contre Cléon. Peut-être après la prise de Sphactérie eut-il le tort de ne pas conseiller une paix glorieuse, mais il ne s'ensuit pas qu'il ne l'eût pas préparée par la vigueur de ses dispositions.

Aux yeux de M. Grote, Cléon est le représentant d'une classe de citoyens nouvelle encore en Grèce au temps de Thucydide, et formée par les institutions populaires de Clisthènes et de Périclès. La constitution athénienne avait ouvert à tous les citoyens la carrière des emplois politiques, mais longtemps elle ne put détruire les vieilles habitudes et le respect enraciné pour les familles illustres. Un fait analogue s'est reproduit à Rome. Lorsque les plébéiens eurent obtenu, après de longs efforts, le droit de prétendre au consulat, ils ne nommèrent d'abord que des patriciens. De même à Athènes, les familles illustres et les grands propriétaires territoriaux furent longtemps, malgré la constitution la plus démocratique, en possession de fournir seuls à la république ses généraux et ses hommes d'État. Périclès, en remettant la discussion de toutes les affaires à l'assemblée du peuple, avait créé le pouvoir des orateurs. Il était lui-même le plus éloquent des Grecs, et il offrit pendant près de quarante années le spectacle admirable d'un talent merveilleux, faisant toujours prévaloir la raison et le bon sens. Après lui, l'éloquence continua à régner dans les assemblées ; mais bien souvent, dans les démocraties, c'est la passion et la violence du langage qu'on appelle de ce nom. Sans doute, Cléon n'eut pas plus l'éloquence de Périclès que son incorruptible probité, mais il continua pourtant sa politique, et l'on ne peut alléguer contre lui aucune violence, aucune mesure contraire aux lois de son pays. On cherche en vain dans ses actes de quoi justifier l'indignation et la haine qui s'attachent à sa mémoire. Vraisemblablement, Cléon demeura au-dessous de sa tâche, car ce n'est pas impunément qu'on succède à Périclès ; mais on peut croire, avec M. Grote, que le grand grief de ses contemporains fut qu'homme nouveau, pour parler comme les Romains, il aspira le premier aux honneurs, et qu'il constata le premier l'égalité des droits de tous les citoyens.

Bien des gens aujourd'hui sauront un gré infini à Cléon d'avoir été corroyeur, et se le représenteront comme un ouvrier démocrate tannant le cuir le matin et pérorant le soir dans les clubs. Il n'en est rien, et ce point vaut la peine qu'on s'y arrête ; je laisserai M. Grote un instant pour rechercher quelles gens étaient les démocrates d'Athènes, quatre cents ans avant Jésus-Christ. — Cléon sans doute était corroyeur, c'est-à-dire qu'il possédait, exploitait des esclaves, lesquels préparaient les cuirs, mais il n'était pas plus artisan que plusieurs de nos candidats parisiens aux élections de 1848 n'étaient ouvriers, bien qu'ils en usurpassent le titre. Un homme libre ne travaillait guère de ses mains à Athènes ; et comment cela lui aurait-il été possible ? Tout citoyen d'Athènes était à la fois juré, soldat et marin. Tantôt il lui fallait siéger dans sa dicastérie, et passer souvent plusieurs journées à juger des procès, moyennant trois oboles par séance; tantôt on le plaçait devant une rame et on l'envoyait en station pour plusieurs mois dans l'Archipel; ou bien, couvert des armes qu'il lui fallait acheter de ses deniers, il partait pour la Thrace ou la côte d'Asie, payé, il est vrai, un peu plus cher qu'un juge, lorsqu'il possédait un cheval ou bien les armes d'uniforme dans l'infanterie de ligne. S'il eût été artisan, que seraient devenues cependant ses pratiques? qui aurait pris soin de sa boutique et des instruments de son métier? L'homme libre, le citoyen se battait, votait dans l'*agora,* jugeait au tribunal, mais il aurait cru s'avilir en faisant œuvre de ses dix doigt. Pour travailler, on avait des esclaves, et tel qui n'aurait pas eu le moyen d'avoir un bœuf dans son étable, était le maître de plusieurs bipèdes sans plumes ayant une âme immortelle. Ces esclaves faisaient les affaires domestiques et exerçaient la plupart des métiers, concurremment avec un certain nombre d'étrangers qui, protégés par les lois d'Athènes, faisaient fleurir l'industrie dans la ville, à la condition de ne jamais se mêler de politique. On sait que s'immiscer des affaires de la république, pour un étranger domicilié, pour un *métœque,* c'était un cas pendable.

On est tenté de se demander si cette abominable institution de l'esclavage n'était pas intimement liée avec l'existence des démocraties antiques, et si elle n'était pas au fond la base de l'égalité politique entre tous les citoyens. Dans l'antiquité, nul homme libre ne devait son existence à un autre homme libre. C'était de la république seule qu'il recevait un salaire, et, son esclave étant *sa chose,* il pouvait se dire à bon droit qu'il n'avait besoin de personne. La différence de fortune marquait cependant des distinctions inévitables entre les citoyens ; mais comment ne pas reconnaître pour son égal celui qui délibère avec vous dans le même tribunal, qui serre son bouclier contre le vôtre dans la même phalange ou sur le même vaisseau ? Ajoutez que, débarrassé par ses esclaves des préoccupations de la vie matérielle, le citoyen d'une ville grecque demeurait tout entier à la vie politique. Il avait le temps d'apprendre les lois de sa patrie, d'en étudier les institutions et de se les rendre aussi familières que le peuvent faire chez nous les hommes qu'on appelle par excellence les *représentants du peuple.* Enfin, ce qui est particulièrement essentiel dans une démocratie, la communauté de pensées nobles et généreuses, l'amour de la gloire et le respect de soi-même, tous ces sentiments étaient entretenus et fortifiés sans cesse parmi ces citoyens qui, riches ou pauvres, laissaient à des esclaves tous les travaux manuels et bas.

Car il faut bien le dire, il y a des professions inférieures les unes relativement aux autres, et, quelque partisan de l'égalité que l'on soit, il est impossible de les avoir toutes en même estime. Interrogez ces ouvriers qui travaillent ensemble à bâtir un édifice. Voyez la fierté de celui qui vous dit qu'il est maçon et l'air humilié ou colère de cet autre, obligé de convenir qu'il est *garçon.* Le premier se croit le bras droit de l'architecte, le second sait qu'il n'est que le bras droit du maçon, pour lequel il prépare les pierres et le plâtre. Que sera-ce si l'on compare des professions encore moins rapprochées, si l'on oppose, par exemple, aux *travailleurs de la pensée* les travailleurs de l'aiguille ou du hoyau? Les premiers, qui ont des idées philosophiques, aujourd'hui surtout, ne se croiront peut-être pas plus utiles que les autres à la chose publique et fraterniseront volontiers avec les artisans; mais ces derniers se défendront-ils toujours d'un sentiment de jalousie et ne réclameront-ils pas quelquefois l'égalité de droits d'une façon qui ne sera ni modérée ni fraternelle? Dans nos sociétés modernes, la position de l'ouvrier vivant du salaire que lui donne un de ses concitoyens tient de celle de l'homme libre et de celle de l'esclave. Dans les sociétés antiques, les deux positions étaient nettement tranchées, et, à vrai dire, tout homme libre était un être privilégié, un aristocrate.

Ces tristes réflexions m'ont entraîné un peu loin du livre de M. Grote. J'y reviens pour signaler un de ses chapitres les plus remarquables, celui où il raconte et explique l'étonnante prospérité d'Athènes, si voisine de sa ruine, complète en apparence, à la suite de l'invasion persane. Rien de plus extraordinaire et de plus intéressant, en effet, que d'étudier un si prodigieux changement de fortune. Les mêmes hommes qui avaient vu deux fois l'Acropole au pouvoir du barbare, leurs temples détruits, leurs maisons livrées aux flammes, ces mêmes hommes, pour qui le sol de la patrie n'avait été longtemps que le tillac de leurs galères, se retrouvaient causant à l'ombre des portiques de marbre du Parthénon, au tintement de l'or mesuré par boisseaux dans le trésor de Minerve; devant eux s'élevaient les statues d'or et d'ivoire, ouvrages de Phidias, ou, s'ils portaient la vue plus au loin, elle s'arrêtait sur une mer couverte de vaisseaux apportant au Pirée les productions de tout le monde connu. Bien plus, ces vieux marins que les Perses avaient réduits quelque temps à la vie des pirates, maintenant commodément assis dans un vaste théâtre, s'attendrissaient aux malheurs de ce Grand Roi qu'ils avaient si vigoureusement châtié huit ans auparavant (1). Devenus juges compétents de la poésie la plus sublime, ils pleuraient aux lamentations de Darius et d'Atossa chantées par un des leurs, par un soldat de Salamine et de Platée.

La génération d'Eschyle vit les plus grands malheurs et la plus grande gloire d'Athènes. Cette gloire, cette prospérité furent dues à la révélation de sa puissance maritime. Xercès obligea les Athéniens à devenir matelots, et ils régnèrent sur la mer après la bataille de Salamine. Ardents à la poursuite du barbare, ils fondèrent une ligue où entrèrent toutes les villes grecques qui avaient des vaisseaux, c'est-à-dire toutes les villes commerçantes. Bientôt leurs alliés, moins belliqueux, se rachetèrent du service militaire en payant des trirèmes athéniennes. Dès ce moment, ils cessèrent d'être alliés, ils devinrent tributaires; mais cela se fit sans violence et par une transition presque insensible. Les contributions que payaient les alliés devaient autrefois être employées à faire la guerre

---

(1) Le Parthénon fut achevé en 432 avant Jésus-Christ. La tragédie des *Perses* fut représentée en 472. La bataille de Salamine est de 480.

aux Perses et à les éloigner des mers de la Grèce ; mais les Perses avaient demandé la paix, et aucun pavillon étranger ne se hasardait plus en vue des côtes de la Grèce, toujours bien gardées par les vaisseaux athéniens. Athènes cependant continuait de percevoir les contributions de guerre : elle les employait à bâtir ses temples, à fortifier ses ports. M. Grote me paraît un peu indulgent pour cette interprétation des traités. « La domination d'Athènes, dit-il, était douce, intelligente, et ses alliés, riches et tranquilles sous sa protection redoutable, n'avaient point de plaintes réelles à former. » Cela n'est pas douteux ; mais de quelque manière que l'on envisage la question, il est impossible de ne pas voir dans ce protectorat qui s'impose graduellement tous les caractères d'une usurpation.

En général, on surprend chez M. Grote une certaine partialité pour Athènes, et aussi je ne sais quelle aversion qui se trahit comme à son insu, contre sa rivale, Lacédémone. Il y a peut-être dans ce sentiment une réaction involontaire contre l'esprit antidémocratique qui a dicté la plupart des histoires de la Grèce écrites en Angleterre. M. Grote a protesté avec raison contre cette tendance. D'un autre côté, à examiner de près les institutions et le caractère des deux républiques rivales, comment se défendre de cette séduction exercée par un peuple si spirituel, si communicatif, et qui a tant fait pour l'humanité ? A cette démocratie d'Athènes, qui sait respecter la liberté de l'individu, qui toujours répand autour d'elle les bienfaits de ses arts et de sa civilisation perfectionnée, que l'on oppose le gouvernement oligarchique de Sparte, méfiant, cruel, souvent absurde, ennemi de tout progrès, jaloux de ses voisins et s'isolant par système. Ici un peuple enthousiaste pour les grandes choses, entraîné quelquefois à des fautes par une généreuse ambition, plus souvent par pur amour de la gloire ; là une nation, disons mieux, une caste brutale, dominatrice, ignorante et ne connaissant d'autre droit que la force, voulant tout rapetisser au niveau de son ignorance, et n'ayant pour toute vertu qu'un patriotisme étroit ou plutôt un orgueil exclusif. Athènes nous apparaît comme une école ouverte où toutes les qualités, tous les instincts se développent et se perfectionnent pour le bonheur de l'humanité ; — Sparte, comme une caserne où l'on ne prend qu'un esprit de corps arrogant, où l'on façonne les hommes, pour ainsi dire, dans le même moule, jusqu'à les faire penser et agir par l'inspiration de cinq inquisiteurs. Qui pourrait hésiter entre ces deux gouvernements, qui pourrait refuser ses sympathies à celui d'Athènes ?

En lisant les deux derniers volumes de l'histoire de la Grèce, je me suis rappelé un aphorisme célèbre de Montesquieu, et me suis demandé si, en Grèce, le principe de la démocratie a été en effet la *vertu*. — L'homme qui a préparé la grandeur d'Athènes en lui ouvrant la mer, celui qui a repoussé l'invasion persane, Thémistocle, était, pour appeler les choses par leur nom, un traître et un voleur. A Salamine, il obligea les Grecs à jouer le tout pour le tout ; mais lui, il avait pris ses mesures pour être le premier citoyen de la Grèce, si la Grèce était victorieuse, ou le premier vassal de Xercès, si ses compatriotes succombaient dans la lutte. — Pausanias, le vainqueur de

Platée, s'il ne trahissait pas les Grecs dans cette bataille qu'il semble avoir gagnée malgré lui, Pausanias, peu après, se vendit aux barbares après avoir pillé et rançonné les Grecs. Démarate, roi banni de Sparte, devenu courtisan de Xercès, ne lui demandait pour conquérir la Grèce que quelques sacs d'or. Il se faisait fort de gagner les principaux citoyens de chaque ville, et il est probable que, si ses conseils eussent été suivis, les Grecs d'Europe eussent été asservis comme leurs frères de l'Asie-Mineure. En effet, la cupidité paraît avoir été le vice dominant dans toutes ces petites républiques, et partout l'homme en place se servait de son pouvoir pour faire des gains illicites. Ces hommes même qui, par leur éducation bizarre, par leur orgueil immodéré, semblent plus que les autres Grecs à l'abri de la corruption, — car quelles jouissances pouvait procurer l'argent à ceux qui mettaient toute leur vanité à se priver des douceurs du luxe? — les farouches Spartiates, une fois hors de leur séminaire, se livraient effrontément aux exactions les plus odieuses. Aristide, Périclès, célèbres l'un et l'autre par leur désintéressement, sont des exceptions au milieu de la corruption de leur patrie, et la renommée qu'ils durent à leur probité suffirait à montrer combien était général le vice dont ils furent exempts. Comment se fait-il que cette société si avide, que cette démocratie si facile à corrompre, subsista longtemps et périt peut-être plutôt par ses fautes que par ses vices? A mon avis, le grand principe de la démocratie grecque, c'est le respect de la loi, c'est-à-dire le respect de la majorité. C'était la première idée qu'un Grec recevait en naissant et qu'il suçait pour ainsi dire avec le lait.

Toutes les républiques de la Grèce se montrent à nous divisées en factions ennemies ; ces factions se combattent, en paroles s'entend, sur la place publique, et le parti vaincu se soumet paisiblement à la décision de la majorité. L'idée d'en appeler à la violence est presque inconnue, et cette discipline des partis, ce respect pour la chose jugée que nous admirons aujourd'hui dans le parlement anglais, paraît avoir été familière à tout citoyen grec. Le goût et le talent de l'éloquence étaient innés chez ce peuple privilégié. Persuader par la parole, telle était l'ambition de chacun, et, comme chacun espérait persuader un jour, il obéissait avec empressement au vœu d'un orateur aujourd'hui bien inspiré, assuré qu'on lui obéirait à lui-même une autre fois. Le récit de la retraite des dix mille est, je pense, un des exemples les plus remarquables de cette obéissance absolue que les Grecs montraient aux décisions de la majorité. Les dix mille, jetés au cœur de l'Asie sans chefs et sans organisation, se formaient en assemblée dans leur camp, discutaient leurs marches, leurs mouvements de retraite, et exécutaient à la lettre les mesures prises à la pluralité des voix. Or, quels étaient ces soldats ? Des aventuriers, rebut de républiques en guerre les unes contre les autres, des gens perdus de dettes et de crimes, et faisant métier de vendre leur bravoure au plus offrant. Si un pareil ramas d'hommes se disciplinait si facilement, on peut juger de ce qu'étaient des citoyens pères de famille, attachés au sol de la patrie et nourris dans le respect de leurs institutions. Concluons que, si on ne peut rendre les hommes plus vertueux, il est possible de les rendre plus disciplinés, plus attentifs à leurs intérêts. C'est le résultat que les législateurs grecs avaient obtenu, et, plus que jamais, nous devrions étudier leurs institutions aujourd'hui.

IV

LA LUTTE D'ATHÈNES ET DE SPARTE. — PROCÈS DE SOCRATE.

1850.

Les deux nouveaux volumes que M. Grote vient de publier sont presque entièrement remplis par la lutte acharnée que se livrent Athènes et Lacédémone pour l'empire de la Grèce, depuis l'année 421 jusqu'en 403 avant Jésus-Christ. Le récit commence à la rupture de la *paix de Nicias* et finit à l'abaissement politique d'Athène, ou plutôt au rétablissement de sa constitution démocratique, un moment renversée par les armes de Lysandre. Alcibiade, tour à tour l'idole et le fléau de sa patrie ; Nicias, partisan de la *paix à tout prix*, et général malgré lui dans la guerre la plus désastreuse ; Callicratidas, modèle de toutes les vertus helléniques ; Lysandre, personnification terrible du génie dominateur de Sparte, tels sont les principaux personnages dont M. Grote avait à raconter les actions et à peindre le caractère. Peu d'époques de l'histoire grecque excitent un aussi vif intérêt; mais, d'un autre côté, il n'en est pas qui soit plus difficile à traiter pour un écrivain de notre temps. En effet, il faut forcément redire ce qu'ont déjà raconté Thucydide et Xénophon, ce que nous avons tous péniblement traduit au collége, ce que nous avons relu plus tard, lorsque nos professeurs n'ont pas réussi à détruire radicalement en nous le goût de la littérature ancienne. Pour entrer dans la carrière illustrée par le prince des historiens grecs, on doit braver d'abord le reproche de témérité ou même de présomption. Traduire Thucydide dans une de nos langues modernes, c'est, disent les doctes et répètent les ignorants après eux, c'est une entreprise impossible. Se servir de son témoignage pour l'appliquer à un système historique nouveau, n'est-ce pas tenter de construire un édifice moderne avec des matériaux taillés, et merveilleusement taillés, pour un monument inimitable? C'est entre ces deux écueils que M. Grote avait à louvoyer, et il l'a fait avec une habileté singulière. Au mérite de traducteur il a joint celui de critique érudit et de commentateur ingénieux. Cette dernière tâche, toujours difficile et souvent ingrate, est trop négligée par bien des savants modernes qui croiraient indigne d'eux d'aplanir à leurs successeurs les obstacles qu'ils ont eux-mêmes péniblement surmontés.

Rien de plus utile cependant et de plus propre à répandre le goût et l'intelligence des études historiques. La plupart des auteurs anciens exigeraient un commentaire perpétuel, non pour expliquer la *grécité* ou la *latinité*, mais pour rendre intelligibles au lecteur moderne les mœurs, les passions, les idées des personnages qui ont vécu dans une société complétement différente de la nôtre. Si le besoin d'un tel commentaire n'est pas plus généralement senti, je pense qu'il ne faut pas l'attribuer à la supériorité de notre intelligence, mais plutôt à la facilité qu'on a aujourd'hui à se payer de mots et à n'examiner les choses que superficiellement. Je me hâte d'ajouter, de peur d'être accusé d'injustice et de mauvaise humeur contre mon siècle, qu'il est assez naturel qu'on n'apporte pas dans l'étude de l'histoire ancienne l'esprit de critique ou même de curiosité que l'histoire contemporaine rencontre d'ordinaire. En effet, pourquoi contrôler péniblement le récit d'événements dont les résultats n'affectent pas visiblement nos intérêts matériels? Les historiens de l'antiquité, surtout les Grecs, à part la vénération ou l'horreur que notre éducation de collége nous a inspirée, exercent sur nous par leur art merveilleux la même séduction que leurs poëtes. Aux uns et aux autres on fait sans scrupule de larges concessions, et, de même qu'on ne s'avise pas de reprocher à Eschyle de donner à son Prométhée un rôle qui s'écarte en maint endroit du mythe accrédité, on ne s'embarrassera guère qu'Hérodote ou Thucydide prêtent à leurs grandes figures historiques des actions dont la vraisemblance est souvent contestable.

C'est avec cette indifférence que les gens du monde, et peut-être même que bien des érudits lisent l'histoire ancienne. Pour ceux qui tiennent, comme M. Grote, à démêler la vérité des événements et les causes qui les ont produits, que de contradictions, que d'incertitudes, leur apparaissent dans les meilleurs historiens ! Outre le doute que font naître des témoignages évidemment suspects de passion ou de partialité, notre ignorance d'une foule de lois, de coutumes, d'habitudes, notre embarras pour nous reporter à des idées ou à des préjugés de vingt siècles en çà rendent excessivement difficile l'appréciation des événements les mieux constatés. Dans cette étude critique, l'érudition et la science politique, trop rarement compagnes de nos jours, doivent s'entr'aider et se soutenir à chaque pas. Nous avons remarqué déjà les connaissances toutes spéciales qui distinguent M. Grote à ces deux titres, et la lecture de ses derniers volumes n'a fait que nous confirmer dans notre jugement.

L'histoire ancienne écrite par des modernes porte toujours quelque indice des préoccupations du temps où elle a été composée. Au moyen âge, on faisait d'Alexandre une espèce de chevalier errant. Courier, qui se moquait tant des seigneurs de Larcher *qui faisaient cuire du mouton,* Courier, en dépit de son style archaïque, laisse deviner plus d'une fois, dans les fragments de son *Hérodote,* le publiciste populaire de la restauration. M. Grote, spectateur de la lute qui partage l'Europe entre la démocratie et l'aristocratie, montre franchement ses opinions sur les questions du moment, tout en nous racontant les révolutions de la Grèce antique. Je suis loin de lui en faire un crime. Si le but de l'histoire est d'instruire les hommes, ne doit-elle pas varier ses leçons selon les époques, selon les besoins de chaque génération ? A chacune son enseignement spécial. Il fut un temps où les rois seuls trouvaient dans l'histoire des leçons utiles ; le moment est venu pour les peuples d'y apprendre leurs devoirs. Pour nous, qui vivons sous un gouvernement fondé sur le suffrage universel, l'étude de l'histoire grecque offre un intérêt particulier, et l'exemple de la petite république d'Athènes peut être profitable pour la grande république de France.

La plupart des historiens de l'antiquité, et après eux tous les modernes, n'ont remarqué que les défauts du gouvernement populaire d'Athènes, et les ont repris avec plus ou moins d'aigreur. Thucydide et Xénophon étaient des exilés ; le dernier fut pensionnaire de Sparte. A ce titre, leur témoignage doit être suspect de partialité ; cependant il a toujours été accepté de confiance, et les modernes ont même exagéré, en les répétant, leurs critiques contre la démocratie. M. Grote s'est fait son apologiste, et, à notre sentiment, il a été souvent heureux dans ses efforts pour la justifier des nombreux méfaits qu'on lui impute. A vrai dire et si l'on examine les choses de près, ce n'est pas la constitution athénienne dont M. Grote fait l'éloge et qu'il propose pour modèle : c'est bien plutôt le caractère athénien dont il fait ressortir les admirables qualités, et dont, en dépit de tous les préjugés, il nous force d'admirer la constance et la grandeur.

En effet, que faut-il louer dans l'histoire d'Athènes ? Est-ce un gouvernement où d'importantes magistratures se tirent au sort, où les questions les plus graves s'agitent et se décident sur la place publique par une multitude excitée et par des orateurs instruits *par principes* à soulever les passions populaires, où le pouvoir sans durée peut passer des mains du plus vertueux citoyen dans celles d'un scélérat éloquent? Non, certes ; mais ce qu'il y a de vraiment admirable, c'est de voir le peuple athénien conserver d'année en année la direction des affaires au plus grand homme de son temps, c'est son respect pour la loi qu'aucune passion ne peut lui faire oublier, c'est sa constance dans les revers, et par-dessus tout son bon sens et l'intelligence de ses véritables intérêts. M. Rollin et bien d'autres nous ont habitués à considérer les Athéniens comme le peuple le plus léger de la terre, frivole, cruel, insouciant, ne pensant qu'à ses plaisirs. Pourtant ce peuple si léger et si frivole nommait tous les ans Périclès stratége (c'est comme *président*) ; il riait de bon cœur aux comédies qui tournaient ce grand homme en ridicule, mais, au sortir du théâtre, il retrouvait le respect pour le pouvoir. Ce peuple décrétait l'expédition de Sicile, parce qu'il avait de l'ambition ; mais il choisissait pour général Nicias, le chef du parti aristocratique, parce qu'il le tenait pour honnête homme et bon capitaine. Les bourgeois d'Athènes voyaient tous les ans les Péloponnésiens ravager l'Attique, couper leurs oliviers, brûler leurs fermes, arracher leurs vignes, et pas un ne demandait la paix, parce que Périclès leur avait dit qu'en abandonnant à l'ennemi une partie de leur territoire, ils pouvaient, au moyen de leur flotte, conserver et étendre leur empire. Lorsque, dans la funeste expédition de Sicile, Athènes eut perdu la fleur de ses hoplites et de ses marins, quelques mois lui suffirent pour armer de nouveaux vaisseaux, rassembler de nouveaux soldats et gagner de grandes batailles. Observons encore que cette constance, cet héroïsme, car il faut appeler les choses par leur nom, est partagé par tout un peuple; qu'il n'est pas provoqué par la peur qu'inspirent quelques tyrans. C'est le résultat de délibérations prises avec calme, après une discussion approfondie, dans laquelle toute opinion a pu librement se produire, et même être écoutée par une multitude, non de sept cent cinquante hommes, mais de quinze mille. Nous sommes fiers, et non sans raison, des quatorze années de notre première république et de notre énergie à repousser l'invasion de l'Europe; mais Athènes combattit Lacédémone et le Grand Roi, alliés contre elle, sans égorger les suspects dans les prisons sous prétexte de réchauffer le patriotisme, sans opposer à la terreur de l'invasion étrangère la terreur des supplices décrétés par des bandits ou des insensés contre les plus généreux citoyens.

Il y a certaines pages dans l'histoire d'un peuple que tout le monde a lues et qui laissent une impression ineffaçable, d'après laquelle on forme presque toujours un jugement sur ce peuple, jugement d'autant plus injuste, qu'il dépend en général de l'art qu'a mis l'historien à présenter au lecteur une scène d'horreur ou de pitié. Plus qu'aucune autre nation, nous sommes intéressés à protester contre cette manière de procéder, car qui nous jugerait d'après la Saint-Barthélemy ou le 2 septembre nous jugerait assurément fort mal. M. Grote s'est attaché, dans plusieurs chapitres de ses deux derniers volumes, à justifier les Athéniens de quelques accusations banales trop longtemps exploitées à leur préjudice. M. Grote excelle, à notre avis, dans la discussion des témoignages historiques, et il faut toujours admirer son imperturbable opiniâtreté à pénétrer jusqu'au fond des choses, à écarter tous les sophismes, pour ne former son opinion que lorsque le bon sens a été pleinement satisfait. Nous renvoyons surtout le lecteur à l'examen de deux faits célèbres que l'on cite toujours en preuve de la légèreté et de la cruauté athéniennes. Nous voulons parler de la condamnation des généraux vainqueurs aux Arginuses et de celle de Socrate. Sans affaiblir la pitié que doivent inspirer ces illustres victimes, l'auteur présente ces grands procès sous un jour nouveau, et, s'il en déplore le résultat avec tous les gens de bien, il atténue, du moins en partie, le sentiment d'horreur qui poursuit encore leurs juges.

Le premier de ces procès célèbres a toujours été fort mal présenté par les historiens modernes, qui n'ont vu dans l'affaire qu'un exemple de superstition déplorable. Les amiraux d'Athènes vainqueurs dans le combat des Arginuses ne purent, dit-on, par suite d'une tempête, recueillir les morts abandonnés aux flots et leur rendre les derniers devoirs. Le peuple, entiché de ses idées sur les ombres errantes et privées de sépulture, punit du dernier supplice six de ses généraux coupables d'avoir négligé les morts pour sauver les vivants. M. Grote, en rectifiant les faits, a complétement changé la couleur de l'affaire. Il prouve par des témoignages irrécusables qu'il ne s'agissait pas de morts seulement, mais bien des équipages vivants de vingt-cinq trirèmes athéniennes désemparées dans le combat, et que, par une incroyable négligence, les amiraux athéniens laissèrent périr sans secours, tandis que la tempête n'était pas assez forte pour empêcher les débris de la flotte péloponnésienne d'effectuer tranquillement leur retraite. M. Grote demande quel serait le jugement que prononcerait aujourd'hui une cour martiale contre un capitaine de vaisseau qui resterait à l'ancre tandis que coulerait bas devant lui un navire rempli de ses camarades. Selon toute apparence, si le cas était possible aujourd'hui dans une marine européenne, le coupable payerait de sa tête son indigne lâcheté.

Le procès de Socrate occupe en entier le dernier chapitre du huitième volume. Après avoir instruit l'affaire avec une minutieuse exactitude, l'auteur arrive aux conclusions suivantes : « Que Socrate était le plus honnête homme du monde, mais qu'il était pourtant coupable sur tous les chefs d'accusation, et qu'il fallait une tolérance extraordinaire de la part des Athéniens pour qu'un procès ne lui eût pas été intenté trente ans plus tôt. » M. Grote a expliqué de la manière la plus lucide le caractère original et inimitable de l'enseignement de Socrate. Bien différent des autres sophistes ou philosophes (de son temps les deux mots étaient synonymes), Socrate n'avait point de doctrine qu'il imposât à ses disciples ; mais il les obligeait à penser, et à penser juste. Comme l'acier qui fait jaillir le feu du caillou, Socrate développait l'intelligence de ses interlocuteurs, et, pour me servir des expressions de M. Grote, « son but et sa méthode n'étaient pas de faire des prosélytes et d'imposer des convictions par autorité, mais bien de former des *chercheurs* sérieux, des esprits analytiques et capables de conclure pour eux-mêmes. »

Par la conversation la plus spirituelle, par la dialectique la plus pressante, Socrate réduisait à l'absurde tout mauvais raisonneur. Dans une de nos sociétés modernes, il eût été tué en duel ou serait mort sous le bâton. Dans Athènes, il s'était fait beaucoup d'ennemis, et, selon Xénophon, il y avait quantité de gens qui, après avoir causé une fois avec lui, s'enfuyaient ensuite du plus loin qu'ils l'apercevaient. Nulle part, on n'aime un homme qui nous prouve que nous sommes des ignorants ou des niais. Cependant la cause la plus grave de la haine qu'inspirait Socrate à un grand nombre de ses concitoyens paraît avoir été ses relations avec des hommes qui avaient fait beaucoup de mal à leur pays, Alcibiade et Critias. L'un et l'autre furent ses disciples, et, bien qu'il n'approuvât nullement leur conduite, il leur conserva toujours, comme il semble, un attachement singulier. En outre, il ne déguisait pas son mépris pour la constitution athénienne. « Vous tirez vos magistrats au sort, disait-il ; au moment de vous embarquer, aimeriez-vous prendre pour pilote l'homme que le hasard aurait désigné ? » En matière de religion, il était décidément hétérodoxe, et, sans parler de son *génie familier*, il laissait trop voir son opinion sur les mythes *de l'État,* amas informe de superstitions, dont on n'avait pas même encore essayé de faire ressortir quelques préceptes de morale. La religion chez les anciens, disons mieux, la superstition, changeait à chaque ville, presque à chaque bourgade ; mais malheureusement elle était intimement liée avec la politique et la nationalité. Un hérétique à Athènes était donc quelque chose comme un transfuge, comme un ennemi de la république. Socrate, jugé d'après toutes les formes de procédure reçues, fut convaincu par un jury nombreux sur tous les chefs, ou plutôt il se glorifia d'être coupable. Il aurait pu, selon toute apparence, se soustraire à la mort, et peut-être même à une condamnation, s'il avait voulu se défendre autrement. M. Grote suppose, non sans raison, qu'arrivé au terme de sa carrière, il aurait préféré une mort sublime, et qui laissait un grand enseignement, à l'obligation de rompre ses habitudes.

Les lois athéniennes étant données, Socrate a dû être condamné, cela est incontestable; mais nous demanderons à M. Grote si ce résultat est à la gloire de ce régime pour lequel il montre parfois un peu trop de partialité.

En terminant, nous remarquerons que l'appréciation du jugement de Socrate et l'explication des causes qui l'ont provoqué ont été exposées, il y a cent quatorze ans, par Fréret, qui arrive à peu près aux mêmes conclusions que M. Grote (1). M. Cousin, dans l'argument qui précède l'Apologie de Socrate, au premier volume de son éloquente traduction de Platon, prouve également en quelques mots que le jugement était conforme aux lois existantes (2). Cependant, M. Grote n'a cité ni Fréret ni M. Cousin. Je suis bien loin de croire qu'il ait eu le moins du monde la pensée de déguiser un plagiat; je crains plutôt que M. Grote n'ait lu ni Fréret ni M. Cousin; il s'est donné cependant la peine de réfuter un M. Forchammer,

---

(1) *Histoire de l'Académie des Inscriptions*, t. XLVII, p. 209.
(2) Voyez encore, sur le même sujet, les *Fragments philosophiques* de M. Cousin, t. I, p. 115, quatrième édition, 1850, t. II.

professeur allemand, qui trouve que Socrate était un grand coquin. On croit trop en Angleterre à la spécialité des Allemands pour l'érudition et la philosophie. La mode est aux systèmes allemands. M. Grote est un trop bon esprit pour admettre l'imagination en matière d'histoire et de linguistique; il me permettra de lui rappeler qu'il existe en France des érudits et des philosophes sérieux.

V

LA RETRAITE DES DIX MILLE.

1852.

Il y a près d'un an qu'ont paru les volumes IX et X de l'*Histoire de la Grèce*, par M. Grote, et ce ne sont pas les moins intéressants de ce remarquable travail. Sans chercher à excuser le retard que j'ai mis à les signaler aux lecteurs de la *Revue*, je vais indiquer les traits principaux de la période comprise dans cette dernière publication.

La plus grande partie du tome IX est consacrée au récit d'un des épisodes les plus curieux de l'histoire grecque. Je veux parler de la fameuse *retraite des dix mille*, événement romanesque s'il en fut, qui d'abord ne parut qu'un trait d'héroïsme militaire, un pendant de l'expédition des Argonautes, mais qui, dans le fait, en révélant la faiblesse de la monarchie persane, prépara la conquête de l'Asie par Alexandre. Malgré les glorieux souvenirs de Salamine et de Platée, le *Grand Roi* était demeuré dans toutes les imaginations comme un fantôme menaçant pour l'Europe: dix mille témoins proclamèrent un jour que ce colosse, si terrible de loin, n'était qu'un vain épouvantail. Le fer à la main, ils venaient de traverser les plus belles provinces d'Artaxerce, et c'est à peine s'ils y avaient rencontré des soldats assez hardis pour leur disputer le passage. Dès ce moment, l'empire des Perses fut condamné à devenir la proie des Hellènes, aussitôt qu'ils auraient pu réunir leurs forces sous un chef habile et entreprenant.

Outre le merveilleux de l'événement, l'expédition des dix mille offre encore un intérêt particulier par la relation qu'en a laissée un de leurs capitaines, écrivain original, dont le caractère semble appartenir plutôt à notre époque qu'à l'antiquité. Xénophon est le premier auteur grec qui se montre dégagé des préjugés d'un patriotisme étroit, et qui juge les hommes et les choses avec l'impartialité d'un cosmopolite. En le lisant, ce n'est que par le dialecte dont il fait usage qu'on devine sa patrie; mais les bons soldats de tous les pays et de tous les temps le reconnaîtront pour leur camarade. Chez lui, l'honneur militaire passe avant l'amour du pays. Il est vrai que l'armée à laquelle il appartenait fut la première *armée permanente* sortie de la Grèce. L'attachement au drapeau, l'esprit de corps s'y étaient développés parmi des dangers de toute espèce, et sans doute en même temps, mais à l'insu des soldats eux-mêmes, il s'y mêla un sentiment d'orgueil hellénique, un patriotisme, non plus de ville, mais de nation, qui devait dans la suite réunir tous les Grecs contre les barbares, de même qu'au moyen âge le christianisme arma les peuples de l'Europe contre les musulmans. L'éducation des camps laisse des traces ineffaçables ; nulle autre n'établit plus rapidement entre les hommes une communauté d'idées et de mœurs. Chez nous, la conscription a consacré irrévocablement l'unité de la France, et chacun de nos régiments est une école où le conscrit échange les habitudes et jusqu'au dialecte de sa province pour les sentiments et la langue du soldat français.

Xénophon s'est formé à pareille école. Il est Grec plutôt qu'Athénien, et, plus que tout, homme de guerre. L'anarchie et le désordre, ces fléaux des armées, lui sont insupportables. Tel est le motif de son aversion pour le gouvernement d'Athènes, où l'on ne sait ce que c'est que respect et subordination. Cependant, ainsi que le remarque M. Grote avec beaucoup de justesse, Xénophon est éloquent, délié, habile à manier les hommes, il possède à un haut degré toutes les qualités brillantes particulières aux Athéniens ; mais il semble qu'il ait honte d'en faire usage. Militaire, il méprise des institutions qui permettent à un discoureur habile de commander à des hommes de cœur et d'expérience. S'il admire Sparte, c'est que Sparte est un pays de discipline, où chacun exécute sans raisonner ce que les chefs décident. Tout jeune encore, il avait trouvé la domination lacédémonienne reconnue en Grèce, et il s'étonne naïvement que plus tard on ait changé un ordre de choses établi. En Asie, les aventuriers, ses compagnons d'armes, veulent le prendre pour leur général : il refuse, parce qu'il n'est pas Spartiate, et qu'il y a des Spartiates dans l'armée. Les Xénophons de notre temps, ce sont les officiers qui ne veulent point passer colonels parce qu'ils ont des camarades avant eux sur le tableau d'avancement. Plein d'humanité et de sentiments généreux, comme les hommes qui ont souvent exposé leur vie, Xénophon donne son cheval à un soldat éclopé, mais il ne se fait pas faute de rosser les traînards et les *fricoteurs*, et souvent il laisse voir sa partialité pour le bâton comme moyen de discipline. C'est à son respect pour tout ce qui est autorité qu'il faut attribuer, je crois, ses croyances superstitieuses, son attention aux songes et ses scrupules en matière de présages. Il est aussi ponctuel à s'acquitter de ses sacrifices et autres menus suffrages païens qu'à bien aligner ses hoplites et ses peltastes; mais d'un autre côté il est toujours homme de grand sens, et de plus très-fin ; comme un vieux routier de guerre il connaît toutes les ruses et toutes les friponneries des devins qu'il consulte ; aussi dans l'occasion il les surveille de près, incapable de tricher lui-même, comme faisait Agésilas, qui s'écrivait des oracles dans le creux de la main pour en tirer une contre-épreuve sur le foie des victimes. Xénophon n'était pas un esprit fort comme le roi de Sparte ; jamais pourtant la superstition ne lui fit faire une sottise, seulement il avait grand soin d'être toujours en règle avec ses dieux. Pressé par un capitaine de ses amis de prendre du service dans l'armée de Cyrus, sa résolution bien arrêtée, il consulta son maître Socrate, qui le renvoya à l'oracle Delphes; conseil un peu étrange de la part d'un si grand philosophe. Xénophon s'en alla fort docilement consulter la Pythie ; mais, au lieu de lui demander s'il devait aller en Asie ou rester en Grèce, il lui adressa cette question : « A quel dieu dois-je sacrifier pour réussir dans l'entreprise où je m'engage ? » — La Pythie répondit : « A Jupiter roi, » et là-dessus Xénophon partit pour l'Asie en sûreté de conscience. Cromwell, très-pieux aussi, disait à ses mousquetaires : « Ayez confiance en Dieu et visez aux rubans de souliers. » Cela revient au mot de la Fontaine : « Aide-toi, le ciel t'aidera ! » Xénophon commence ainsi son traité du *commandement de la cavalerie* : « Avant tout, il faut sacrifier, et prier les dieux que tu puisses penser, parler, agir dans ton commandement de manière à leur plaire, ayant pour but le bien et la gloire de l'État et de tes amis. » Courier, dont j'emprunte la traduction, paraît croire que l'orthodoxie païenne du disciple de Socrate n'est qu'une sage prudence inspirée par le sort de son maître, qu'il n'avait nulle envie de partager. Il se peut en effet que Xénophon tînt à ne se pas brouiller avec les fanatiques de son temps ; toutefois il faut se rappeler que la plus grande partie de sa vie se passa loin d'Athènes, soit dans les camps, soit sur une terre hospitalière où les Anytus n'étaient guère à craindre. Je crois plutôt qu'en philosophe pratique, Xénophon prenait les choses et les hommes pour ce qu'ils étaient. Il ne voulait rien réformer, respectait tout ce qui était ancien, persuadé qu'en tout lieu et en tout temps on peut vivre en honnête homme et bien mener ses affaires.

Il s'en fallait, je pense, que l'armée grecque d'Asie fût

composée de tels philosophes. M. Grote nous la représente comme formée de deux éléments très-louables, de *soldats-citoyens* possesseurs de petites fortunes qu'ils espéraient améliorer dans les bonnes occasions que la guerre peut offrir, et d'exilés politiques contraints de s'expatrier à cause de leurs opinions antilaconiennes. Ici, je crains que M. Grotte ne se laisse entraîner un peu à son admiration pour tout ce qui est grec, et qu'il ne voie les choses trop en beau. Remarquons d'abord que, d'après le témoignage même de Xénophon, la majorité des dix mille avait été recrutée dans le Péloponnèse, c'est-à-dire parmi les alliés ou les vassaux de Sparte. Du reste, il est bien difficile de croire que des soldats mercenaires aient jamais été l'élite d'une nation, et parce que les dix mille délibéraient et votaient dans leur camp, il ne faut pas les appeler des *soldats-citoyens*. Il est tout naturel qu'ils portassent en Asie les habitudes de leurs petites démocraties, et leurs chefs, qui n'avaient pas de quoi les payer, étaient bien obligés d'employer les moyens de persuasion, faute d'autres. D'ailleurs, c'étaient des hommes endurcis à la fatigue, aimant leur métier et les aventures; s'ils avaient quelque chose de commun avec ce que nous appelions *soldats-citoyens* ou gardes nationaux, c'est qu'ils raisonnaient beaucoup, et que leurs officiers avaient à discuter avec leurs soldats avant d'en être obéis. Il en est de même dans toute armée irrégulière, ou dont les chefs ne sont pas investis de leur autorité par un pouvoir universellement reconnu. De temps en temps ces *soldats-citoyens* jetaient des pierres à leurs généraux, pillaient leurs hôtes ou les tuaient; leur épée était toujours à l'enchère : voilà bien des rapports avec les *routiers* du moyen âge. Je suis prêt à reconnaître que peu d'armées ont donné tant de preuves de courage, de persévérance, de bon sens ; mais qu'en faut-il conclure ? Que les individus qui la composaient avaient avec les vices de leur métier les qualités éminentes de la race hellénique ; enfants de la Grèce, ils étaient des hommes supérieurs à tous ceux à qui ils eurent affaire.

On peut objecter que le nombre des *hoplites,* c'est-à-dire des soldats pesamment armés, était, relativement à l'infanterie légère, beaucoup plus considérable parmi les compagnons de Xénophon que dans toute autre armée grecque du même temps. Les hoplites se recrutant d'ordinaire parmi les citoyens aisés en état de s'acheter une armure complète, M. Grote en a inféré que les dix mille appartenaient en majeure partie à la bourgeoisie de la Grèce. Par contre, on pourrait remarquer que, dans toute l'armée, il n'y avait qu'une quarantaine de *cavaliers*, tous, ainsi que Xénophon, officiers d'état-major ou volontaires. Chez les Grecs, de même que chez les Romains, les cavaliers étaient choisis parmi l'élite des citoyens, et dans Athènes le service de la cavalerie passait pour le plus honorable. Mais pourquoi appliquer à une armée de mercenaires des conclusions qui ne seraient justes qu'à l'égard d'une armée nationale ? Il me semble évident que les capitaines qui avaient levé des troupes pour le jeune Cyrus étaient assez bien pourvus d'argent pour donner à leurs recrues l'équipement de soldats d'élite, et si l'on ne voit pas de cavalerie attachée à cette armée, c'est que Cyrus, se croyant assez fort de ce côté, avait demandé à ses émissaires précisément l'arme qui lui manquait en Asie, et qui devait lui assurer une supériorité décisive sur le champ de bataille.

Ce ne sera pas sans surprise, je pense, que nos militaires liront que cette division grecque si estimée et si redoutable traînait à sa suite un nombre considérable de non-combattants. M. Grote remarque que, dans les marches, la plupart des hoplites faisaient porter leur bouclier par un esclave; presque tous avaient leurs *hétaires*, c'est-à-dire leurs « femmes de campagne, » pour parler comme M. le duc de Lorraine. Pour des Grecs de ce temps, cela semble un grand luxe. Il paraît que beaucoup de ces dames étaient de condition libre, et probablement menaient leurs esclaves avec elles. Une multitude de chariots et de bêtes de somme portaient le bagage; enfin un grand troupeau suivait l'armée pour la nourrir dans ses traites. On le voit, cette troupe ne ressemblait guère aux légionnaires romains, qui portaient sur leurs épaules armes et vivres, et que Marius appelait ses mulets. Notons encore un détail curieux sur l'organisation d'une armée à cette époque : celle-là n'avait pas un seul interprète, pas un chirurgien en titre ; ce ne fut qu'après une affaire assez chaude qu'on s'avisa de répartir entre les différentes bandes les hommes qui prétendaient avoir quelques connaissances médicales.

Cyrus, frère puîné d'Artaxerce, roi de Perse, gouvernait pour lui une grande partie de l'Asie-Mineure. C'était un prince habile, actif, ambitieux, plein de qualités brillantes, généreux surtout. Depuis longtemps il méditait de s'emparer du trône, et, connaissant le courage des

Grecs ainsi que les moyens de se les attacher, il avait pris à sa solde un corps nombreux d'auxiliaires de cette nation. Il eût été dangereux de les recruter ouvertement pour faire la guerre au Grand Roi ; Sparte, alors en paix avec Artaxerce, n'eût pas souffert ces enrôlements. D'ailleurs peu de soldats se fussent trouvés assez résolus pour aller combattre si loin de leur patrie un prince dont on vantait partout la puissance. Cyrus s'y prit avec adresse. Les recrues qu'on lui envoyait de Grèce devaient, disait-il, l'aider à soumettre un petit peuple rebelle à l'autorité du Grand Roi, et il ne s'agissait que d'une campagne d'assez courte durée. Sous ce prétexte, il avait réuni un corps d'environ quinze mille hommes (les *dix mille* étaient tout autant) dont il donna le commandement à un Spartiate nommé Cléarque, le seul des capitaines grecs qui fût alors dans sa confidence. Bien que chef désigné de la division auxiliaire, Cléarque n'avait qu'une autorité assez médiocre, chaque capitaine ayant sa troupe particulière d'aventuriers levée par lui, qu'il regardait comme sa propriété et dans laquelle il n'eût pas souffert qu'on intervînt. Les Grecs, bien traités par Cyrus, charmés de ses manières affables, s'éloignèrent de la côte sans défiance, et ce fut assez loin des limites de son gouvernement qu'ils commencèrent à soupçonner ses projets et à faire leurs réflexions ; mais ils étaient déjà bien avancés, et, après tout, il leur était assez indifférent de combattre contre Artaxerce ou contre les Pisidiens. Cyrus doubla leur solde, leur paya un mois d'avance, et, gagnés par un si noble procédé, ils jurèrent de le suivre jusqu'au bout du monde.

M. Grote a décrit et expliqué avec sa sagacité ordinaire tous les mouvements de l'armée de Cyrus depuis son départ de Sardes jusqu'à son arrivée dans la Babylonie. Mettant à profit les observations des voyageurs modernes aussi bien que les commentaires des érudits de toutes les époques, il a jeté une vive lumière sur le récit de Xénophon, qui n'a pu toujours indiquer d'une manière fort intelligible la marche de ses compagnons dans un pays dont il ignorait la langue. Si l'on se rappelle que l'armée grecque n'avait qu'un interprète, que son état-major ne possédait pas une carte, et que Cyrus, jusqu'au dernier moment, fit un mystère de ses projets, on s'étonnera que l'auteur grec ait pu donner tant de détails précis sur cette expédition. Un des faits les plus extraordinaires, expliqué, ce me semble, de la façon la plus plausible par M. Grote, c'est la facilité avec laquelle l'armée d'invasion arriva jusqu'à quelques marches de Babylone sans coup férir et presque sans voir d'ennemis. Les défilés de la Cilicie et de la Syrie, occupés par des troupes nombreuses, sont abandonnés sans combat; plus loin, un immense retranchement de quinze lieues de long se présente devant l'armée de Cyrus, mais elle ne trouve pas un soldat pour le lui disputer. A Cunaxa, l'ennemi paraît enfin. Tout se prépare pour la bataille; mais ce n'est point une bataille que cette journée où périt Cyrus. Tout se réduit à une escarmouche entre les gardes des deux prétendants à l'empire, ou plutôt à un duel entre les deux frères, avec plusieurs centaines de milliers de témoins. Cyrus succombe, et tout est fini. Quant aux Grecs, leur coopération se borne à chanter leur *péan* et à baisser leurs piques. L'ennemi s'enfuit, et s'enfuit si vite, qu'ils ne peuvent ni frapper un coup ni faire un prisonnier. — Quelle guerre est-ce là ? demanderont les militaires. — La guerre civile en pays despotique, répondra M. Grote. L'empire des Perses était divisé en un certain nombre de provinces gouvernées par des satrapes, chefs féodaux presque indépendants, mais trop lâches ou trop odieux à leurs vassaux pour se mettre en rébellion ouverte contre un souverain nominal qui conservait encore quelque prestige pour ses peuples. Au moment où la guerre éclata entre les deux frères, chacun de ces seigneurs féodaux n'eut qu'une seule pensée, une seule politique : ce fut de se maintenir dans sa satrapie, quel que fût l'événement. Ils se gardèrent bien de prendre parti pour l'un ou l'autre des deux frères. Tant que Cyrus marche en avant, ils fuient devant lui, sûrs, s'il réussit, de se faire un mérite de ne pas lui avoir résisté, attentifs en même temps à ne pas se brouiller avec Artaxerce tant qu'il lui restera quelques ressources. Ce système de duplicité dure toute la campagne, et, depuis le satrape jusqu'au dernier soldat, il semble que tout le monde le pratique. Les seules gens qui se battent, ce sont les *compagnons de table* des deux frères (ainsi les rois de Perse nommaient leurs gardes du corps), parce qu'ils savent que la table de l'un ne peut exister en même temps que celle de l'autre. Je ne répondrais pas même que Cléarque n'eût appris assez des manières persanes dans sa marche pour ne pas imiter la politique prudente des satrapes, et de quelque vitesse que les Égyptiens, en ligne devant lui à Cunaxa, firent preuve pour s'enfuir, je serais tenté de croire que les Grecs ne mirent pas une très-grande ardeur à les suivre. Dans ce déplorable gouvernement de la Perse, il était à peu près indifférent à tout le monde que l'idole reconnue s'appelât Cyrus ou bien Artaxerce, et si plus tard Alexandre eut des batailles à livrer, c'est qu'il voulait non-seulement le trône de Darius pour lui-même, mais encore les satrapies des grands vassaux pour ses Macédoniens.

Les Grecs apprirent le soir que la bataille qu'ils croyaient gagnée était perdue : accident assez commun à la guerre, dit-on, où chacun s'imagine que le sort d'une journée se décide dans le poste qu'il occupe. Cependant ils ne pensèrent pour lors qu'à leur souper, qu'ils firent cuire avec les flèches des Perses et les boucliers de bois des Égyptiens; puis ils réfléchirent au parti qu'il leur fallait prendre. D'abord ils offrirent à un frère de Cyrus, nommé Ariée, de le faire roi; mais déjà, avant de souper, Ariée avait fait sa paix particulière avec Artaxerce. Il fallut bien parlementer avec les gens du Grand Roi; les dix mille étaient tout disposés à se mettre à son service, mais on n'accepta pas leurs offres, et il fut réglé qu'ils s'en retourneraient, non plus en conquérants, comme ils étaient venus, mais en payant de leur argent les rations qu'on leur délivrerait. Cet arrangement déplaisait fort à la plupart des soldats, qui s'étaient flattés de faire leur fortune en Asie et qui maintenant ne trouvaient plus à qui louer leur épée. Force leur fut pourtant de se résigner, et l'on se mit en marche pour regagner l'Asie-Mineure. Avant d'entrer en Mésopotamie, les Grecs avaient traversé un grand désert, et le retour par le même chemin les effrayait fort; on leur promit de les conduire par une autre route, et de fait on les fit passer sur la rive gauche du Tigre. A vrai dire, ce mouvement était un peu suspect, et il est probable que les satrapes qui accompagnaient les Grecs, et Ariée lui-même, leur ancien compagnon d'armes, n'avaient pas de très-bonnes intentions à leur égard. — Toutefois il faut remarquer que les Perses ne firent aucune tentative pour que l'armée grecque se divisât en détachements, ce qui leur eût permis de l'accabler en détail. Au contraire, elle marcha toujours concentrée et en ordre de bataille. C'était de la part de Tissapherne, le principal des lieutenants d'Artaxerce, une lourde faute que les capitaines grecs prirent pour une preuve de bonne foi. Gagnés par ses promesses, ils se rendirent sans défiance à une entrevue, où on les assassina. Tissapherne pouvait profiter du premier moment de stupeur où les Grecs durent être plongés pour les attaquer et les mettre en pièces; mais il jugeait d'eux par ses compatriotes : Cyrus mort, tous les Perses s'étaient soumis à Artaxerce, et le satrape ne doutait pas que les soldats étragers, privés de leurs généraux, ne demandassent quartier. Il les laissa respirer une nuit, et le matin il trouva leur phalange en bon ordre, commandée par d'autres capitaines, et chaque homme résolu à se faire tuer avant de rendre ses armes. Xénophon et les officiers énergiques qui restaient dans le camp des Grecs leur avaient dit : — « Les Perses ont assassiné nos chefs ; c'est une preuve qu'ils ont peur de nous et qu'ils se sentent incapables de nous tenir tête sur un champ de bataille. Nous sommes, il est vrai, en pays ennemi, mais dix mille Grecs armés passent partout. Un grand fleuve s'oppose à notre marche. Remontons vers sa source jusqu'à ce qu'il soit guéable. En attendant, nous vivrons de ce que nous prendrons à l'ennemi. » Au premier mot de cette harangue, un soldat éternua : c'était un augure favorable chez les anciens, et Xénophon, en s'écriant : « Que Jupiter te bénisse ! » se hâta de faire remarquer l'heureux présage à ses compagnons. Cet éternument ne fut pas peut-être sans influence pour faire adopter un projet si audacieux. M. Grote, en louant la présence d'esprit de Xénophon, qui tire parti du moindre accident pour frapper son auditoire, exprime l'opinion que le projet de cette héroïque retraite ne pouvait être conçu que par un Athénien. « Il fallait, dit-il, un Athénien habitué à la vie de la place publique, instruit dès son enfance dans l'art de persuader et de gouverner, pour ranimer le moral d'une masse éperdue, telle que fut un instant cette armée sans généraux. » Selon M. Grote, une autre troupe manquant de l'habitude grecque de la vie politique, incapable de délibérer d'une façon *parlementaire*, qu'on me passe ce mot, se trouvant dans la même position, aurait probablement succombé au découragement.

J'avoue que je ne puis partager l'opinion de M. Grote, quelque habileté qu'il ait mise à la soutenir. Sans doute le caractère et la fermeté de Xénophon eurent beaucoup d'influence sur le sort de ses camarades : sa bonne mine, ses belles armes, son éloquence naturelle, sa faconde athénienne, sa connaissance du cœur humain, le servirent utilement ; mais, à mon avis, ce qui sauva les Grecs, ce ne fut pas leur éducation politique, mais bien leur éducation militaire. Ils firent leur admirable retraite parce qu'ils étaient des soldats, non plus des citoyens. J'ajouterai que les mésaventures partielles qui leur arrivèrent chemin faisant furent causées par ces habitudes politiques que M. Grote admire, et qui au fond ressemblent fort à de l'indiscipline. C'est surtout dans une retraite que les vrais soldats montrent toute leur supériorité. Habitués à compter les uns sur les autres, confiants dans l'expérience de leurs chefs, ils ne connaissent ni les paniques auxquelles sont sujettes les troupes de nouvelle levée, ni les inquiétudes continuelles qui les harassent plus que les fatigues de la guerre. Résolus, insouciants, habiles à découvrir des vivres, sachant se reposer lorsque le danger a cessé, les vieux soldats l'emportent par leur expérience encore plus que par leur courage. M. Grote, qui a si bien raconté la funeste expédition de Sicile, aurait pu se rappeler qu'alors les harangueurs ne manquaient point dans l'armée athénienne. Elle avait parmi ses chefs des gens de cœur et de bons capitaines, mais les soldats étaient jeunes : c'étaient des citoyens armés, faciles à décourager, s'alarmant de tout, raisonnant sur tout, écoutant leur imagination plutôt que la voix de leurs officiers. Certes, ce ne fut pas avec une armée de citoyens que Suwarof fit sa belle retraite dans les montagnes de la Suisse avec les Français à ses trousses ; ses soldats ne délibéraient point : ils savaient souffrir et obéir.

C'est précisément l'organisation très-vicieuse de l'armée grecque qui rend sa retraite si extraordinaire et qui fait la gloire de ses généraux. Élus par les soldats, ils n'avaient qu'une autorité assez précaire, bien différente de celle qu'auraient eue des chefs nommés par un gouvernement régulier sur une armée nationale. Aussi de temps en temps leurs soldats voulaient les lapider ou bien les juger. Il est vrai que ces velléités d'indiscipline ne leur vinrent jamais que dans de bons quartiers et hors de la présence de l'ennemi. En résumé, les dix mille me paraissent avoir été de vieux soldats fort intelligents, médiocrement disciplinés, excellents sur le champ de bataille, mais détestables en garnison.

Sans guides, harcelés par la cavalerie persane, ils se mettent en route se dirigeant vers le nord, et toujours emmenant leurs femmes de campagne et leurs bagages. Après plusieurs pénibles journées de marche et de combats continuels, ils apprennent qu'ils se trouvent à la frontière d'une province montagneuse, enclavée dans les domaines du grand roi, mais rebelle à son gouvernement : c'est le pays des Carduques. Ils s'y jettent, et là les Perses cessent de les poursuivre ; mais les montagnards leur disputent le passage. Les Grecs les battent, et par la rapidité de leur marche surprennent les défilés où les Carduques auraient pu les accabler. Délivrés d'ennemis courageux, mais inexpérimentés, les Grecs ont bientôt à lutter contre des obstacles bien plus redoutables : le froid, la neige, les attendent dans les âpres montagnes de l'Arménie. Là encore l'énergie des chefs, la constance des soldats, sauvent l'armée d'une destruction complète. Désormais la plus rude partie de sa tâche est terminée. Sauf quelques escarmouches peu sérieuses, elle s'avance toujours vers le nord sans être inquiétée, et enfin tout à coup, au sommet d'un col élevé, l'avant-garde aperçoit le Pont-Euxin. Toute l'armée pousse un long cri de joie. La mer, pour ce peuple de matelots, c'était déjà la patrie.

Mais ils ne sont pas au bout de leurs fatigues. Longtemps unis par le danger commun, ils commencent à se diviser dès qu'ils ont atteint le rivage. Quelques-uns des chefs, et probablement Xénophon était du nombre, se sentaient séduits par la gloire de fonder une colonie au milieu des barbares, une rivale des riches villes grecques du Bosphore, appelée sans doute à de plus hautes destinées, car quelle colonie avait jamais été fondée avec dix mille hoplites pour citoyens? Cette gloire et cet avenir touchaient peu la masse des soldats. Les uns brûlaient du désir de revoir la terre natale; d'autres, ne voulant pas rentrer chez eux les mains vides, proposaient de se louer à quelque roi ou satrape pour une solde avantageuse; un grand nombre trouvait plus simple de se jeter sur quelque ville grecque du Bosphore et de la piller. D'un autre côté, les *harmostes* ou gouverneurs spartiates, instruits qu'un gros corps de troupes avait atteint le rivage du Pont-Euxin, s'alarmaient de ses dispositions justement suspectes et cherchaient les moyens de s'en débarrasser. Battus dans quelques expéditions témérairement entreprises et par détachements isolés, exclus de la plupart des villes grecques effrayées de leurs violences, les dix mille sentirent bientôt que leur union était toute leur force, et se résignèrent de nouveau d'assez bonne grâce à obéir à leurs chefs, qui, par leurs protestations de respect pour l'empire de Lacédémone, parvinrent à rassurer les harmostes et obtenir des vaisseaux pour les transporter en Europe. On les reçut assez mal à Bysance, où leur méchante réputation les avait précédés; ils furent contraints pour vivre de se louer à un roi de Thrace fort pauvre, mais avec lequel il y avait parfois de bonnes razzias à faire chez ses voisins. Enfin le gros de cette armée, diminuée par des désertions individuelles et par l'abandon de plusieurs petits corps qui profitaient d'occasions favorables pour retourner en Grèce, repassa une seconde fois en Asie et se mit au service de Lacédémone, en ce moment brouillée avec le Grand Roi, l'ancien ennemi des dix mille. Cette fin de leur expédition ne confirme-t-elle pas ce que j'avançais en commençant, à savoir que cette armée différait de toutes celles que la Grèce avait produites, précisément parce que l'esprit militaire y dominait le sentiment national? La longue durée de la guerre du Péloponnèse avait créé des soldats dans un pays où l'on n'avait vu encore que des citoyens armés. La guerre était devenue une profession avouée, et bien des hommes, ainsi que Xénophon, la regardaient comme la plus noble de toutes. La fortune de quelques-uns des condottieri de Cyrus montra les avantages de cette carrière nouvelle. Depuis lors, l'Asie fut remplie d'aventuriers grecs, et c'est à ce pays que tous les hommes d'audace et d'ambition allèrent demander la gloire et la fortune.

A la fin de son huitième volume, M. Grote avait laissé Sparte parvenue à l'apogée de sa puissance, Athènes humiliée, et Lysandre donnant à toutes les petites républiques de la Grèce des gouvernements de son choix. Les deux volumes suivants, outre l'épisode des dix mille, contiennent le récit de la révolution nouvelle qui dépouilla Sparte du prestige qui l'entourait. Son triomphe n'avait point été le résultat de sa force matérielle, encore moins de la supériorité de sa politique. Elle avait dû ses succès aux fautes de ses adversaires, au génie et au bonheur d'un grand capitaine, enfin à l'organisation militaire de ses troupes, alors mieux exercées que celles de toutes les autres cités helléniques. Lycurgue avait voulu que ses Spartiates, sans cesse surveillés les uns par les autres, ne connussent d'autres jouissances que les satisfactions de l'orgueil. Inattaquables dans leur vallée du Taïgète, ils n'en devaient sortir que pour frapper de grands coups, sans laisser à l'ennemi le temps de connaître ses vainqueurs. Il leur avait défendu d'étendre leurs limites, et le renom d'invincibles était le seul avantage qu'ils devaient chercher dans les batailles. La dernière guerre, en assujettissant toute la Grèce, épuisa les forces de Sparte. Cette nation ne réparait point ses pertes, et ses familles, décimées par le fer, ne se recrutaient pas par des adoptions étrangères. A mesure que la fleur de ses guerriers était moissonnée, son aristocratie sentait croître son importance et grandir ses priviléges. Bientôt ce ne fut plus un peuple, mais une caste. En même temps les victoires de Lysandre firent connaître aux Lacédémoniens une civilisation raffinée à laquelle jusqu'alors ils étaient demeurés étrangers. Éloignés de leur gymnase, débarrassés de la tutelle farouche de leurs vieillards, les Spartiates, envoyés dans les villes grecques ou asiatiques comme harmostes ou représentants de leur sénat dominateur, se familiarisèrent vite avec le luxe et ses jouissances. Ils s'y livrèrent avec l'emportement effréné de barbares délivrés d'une longue contrainte. Leur esprit exclusif, leur intolérance soupçonneuse, leur dureté militaire, leur mépris pour le reste des hommes, les rendaient partout odieux. Ils y joignirent, après la guerre du Péloponnèse, les violences les plus coupables et la cupidité la plus effrontée. Des soldats élevés au milieu de serfs toujours tremblants, voyaient partout des hilotes, et se croyaient tout permis. La domination de Sparte fit regretter celle d'Athènes. Selon la remarque fort juste de M. Grote, les gouverneurs athéniens étaient retenus d'abord par la douceur de leur éducation nationale, puis ils savaient que tout acte arbitraire pouvait être dénoncé au peuple d'Athènes, juge souvent impartial, toujours sévère pour quiconque occupait un poste élevé. Abattre un homme puissant était un plaisir pour la démocratie athénienne; elle épiait sans cesse ses actions; elle avait des orateurs toujours prêts à tonner contre l'apparence même d'une faute. A Sparte, il en était tout autrement. Là, tout se faisait avec mystère. L'esprit de caste dictait les jugements, et il était avéré qu'un Spartiate ne pouvait être condamné par ses pairs; les éphores eussent sacrifié tout un peuple avant de sévir contre un enfant de leurs vieilles familles.

A côté de ces vieilles familles auxquelles tous les honneurs, tous les priviléges étaient réservés, il y avait à Sparte une classe de citoyens pauvres, incapables d'exercer la moindre influence dans l'État, et cependant soumis, comme les autres, à la discipline de Lycurgue, admis à partager les périls de la guerre, mais tenus à toujours dans une honteuse infériorité. C'étaient les plébéiens. Au-dessous d'eux, il y avait encore deux classes, les *périæques* ou les domiciliés, et les hilotes ou les serfs. Les plébéiens, plus rapprochés des familles gouvernantes, témoins jaloux de tous les avantages dont elles jouissaient, n'avaient pas contre l'aristocratie de Sparte une haine moindre que celle des autres Grecs. Au milieu de la paix profonde qui suivit les victoires de Lysandre, un plébéien nommé Cinadon forma le projet de détruire le gouvernement de sa patrie en soulevant les périæques et les hilotes. La conspiration fut découverte au moment où elle allait éclater. Les éphores punirent avec leur secret ordinaire un petit nombre de coupables ; mais, dans cette occasion, ils purent voir les sentiments du peuple qu'ils gouvernaient. « Plébéiens, domiciliés, hilotes, au rapport de Xénophon, étaient tous prêts à suivre Cinadon ; tous détestaient les Spartiates *et voulaient les manger crus.* »

Tandis qu'au dedans comme au dehors s'amassait une tempête formidable contre l'empire de Sparte, le relâchement des mœurs de la caste privilégiée lui faisait perdre parmi les Grecs l'estime mêlée d'aversion qui faisait la plus grande partie de sa force. Des conquêtes lointaines avaient éparpillé ses guerriers sur le continent européen et même en Asie. Les éphores, peut-être pour se débarrasser d'une jeunesse inquiète et dangereuse, commençaient la guerre contre le grand-roi. Ils soulevaient les villes grecques de l'Asie-Mineure, et leur offraient, non point la liberté, mais un protectorat presque aussi onéreux que la domination persane. Le moment de la plus grande puissance apparente de Sparte était celui de sa faiblesse réelle. Une insigne perfidie détermina une explosion qui devait délivrer la Grèce.

Phœbidas, capitaine lacédémonien, traversait la Béotie avec un petit corps de troupes. Il trouva les Thébains agités par des factions et disposés à la guerre civile. D'abord il se posa en arbitre, entra dans Thèbes; puis, avec l'aide de quelques mauvais citoyens, toujours prêts à recourir à l'étranger dans leurs discordes intestines, il s'empara par surprise de la citadelle et s'y fortifia. Le scandale et l'indignation furent énormes dans toute la Grèce, et ce qui y mit le comble, c'est que les éphores, tout en désavouant Phœbidas pour la forme, maintinrent et renforcèrent même la garnison lacédémonienne dans la citadelle de Thèbes. « L'action était blâmable, disaient les Spartiates, mais *utile.* » Ce mot répondait à tout, et levait tous les scrupules, si de tels hommes en eurent jamais.

Une si odieuse infraction du droit des gens eut la récompense qu'elle méritait. Thèbes jusqu'alors avait été sans influence politique; on s'était accoutumé à la regarder comme un pays déshérité du génie hellénique, qui ne produisait que des athlètes ou des poëtes, et qui ne pouvait donner à la Grèce ni un capitaine ni un homme d'État. Thèbes fut réhabilitée le jour où elle osa lever l'étendard de la révolte contre l'oppression lacédémonienne. Deux hommes éminents se révélèrent tout à coup, qui donnèrent à l'insurrection une force irrésistible. Pélopidas et surtout Épaminondas transformèrent la tactique. Avant eux, les batailles n'avaient été que des chocs où les plus braves, les plus adroits, les mieux exercés, remportaient la victoire; ils firent des Thébains les soldats les plus manœuvriers de la Grèce. A la bataille de Leuctres, Épaminondas trompa les Lacédémoniens sur le point de son attaque, et tomba en masse sur une partie de leur ligne qu'il enfonça. Cette journée fit perdre à Sparte le vieux préjugé qui la faisait regarder comme invincible, et la moitié de ses alliés se tourna aussitôt contre elle. Dans une autre campagne, Épaminondas, surprenant les passages de la Laconie, faillit emporter Sparte, et fit trembler cette ville orgueilleuse, qui se vantait que ses femmes n'avaient jamais vu la fumée d'un camp ennemi. De dominateurs insolents, les Spartiates furent réduits à exciter la compassion d'une partie de la Grèce. Athènes craignit que si son ancienne rivale succombait dans la lutte, Thèbes, autrefois si méprisée, ne succédât à son empire et n'en usât pas avec plus de modération. On vit à Mantinée une armée athénienne combattre pour ceux qui naguère avaient asservi sa patrie. Là Épaminondas, renouvelant sa manœuvre de Leuctres, battit encore les Lacédémoniens; mais à cette époque les généraux marchaient au premier rang et s'exposaient comme les moindres soldats. Au milieu de la mêlée, il fut frappé d'un coup mortel. Aussitôt le combat cessa, et les Thébains, s'arrêtant interdits, laissèrent l'ennemi se rallier en arrière. L'année précédente, Pélopidas s'était fait tuer dans une escarmouche où l'avait entraîné son bouillant courage. Privée de ses deux chefs, Thèbes retomba dans l'obscurité; Athènes seule produisait plusieurs générations successives de grands hommes. Lorsqu'on rapporta Épaminondas dans sa tente, il demanda où étaient Daïphantus et Iollidas, deux de ses lieutenants. Ils venaient d'être tués. « Faites la paix, » dit-il à ses Thébains en expirant, car il voyait qu'ils n'auraient plus de chefs.

La Grèce n'en avait pas davantage. Les batailles de Leuctres et de Mantinée avaient brisé la domination spartiate, mais sans y substituer un autre pouvoir. Chaque république, après la guerre, demeura indépendante, mais épuisée. Il n'y en avait plus une qui pût prétendre à devenir la tête du corps hellénique ; et cependant le royaume de Macédoine, naguère considéré comme un pays barbare, grandissait et allait accabler de sa masse tous ces petits États divisés par leurs rivalités nationales, trop faibles pour résister à l'ennemi commun, trop jaloux les uns des autres pour se donner un chef qui rassemblât et dirigeât leurs forces dispersées.

Athènes et Sparte, qui obtinrent pendant quelque temps l'empire de la Grèce, en usèrent l'une et l'autre assez mal, et le perdirent promptement par leur faute. Peut-être était-ce une conséquence fatale des institutions helléniques qu'aucune cité ne pût prendre de l'ascendant sur les autres sans en abuser. En effet, comment les citoyens de la ville dominatrice pouvaient-ils oublier leurs mœurs, leurs habitudes, leurs préjugés, pour l'utilité ou le bien-être général? Leur point de vue était trop étroit, leur attachement à leur patrie ressemblait trop à une affection de famille pour qu'ils consentissent à partager équitablement les avantages de leur position. D'un autre côté, la domination d'une cité sur les autres était d'autant plus intolérable qu'elle n'était ni fondée sur un droit ou sur une tradition antique, ni appuyée par une force matérielle assez prépondérante pour décourager les tentatives d'opposition. Tous les Grecs se regardaient comme enfants d'une même race, descendants des mêmes héros, objets de la prédilection de dieux également vénérés. Entre les principales villes, il n'y avait que de légères différences de population. Leurs soldats ne se distinguaient qu'à peine par le plus ou moins de soin apporté à l'armement et aux exercices militaires. Une circonstance fortuite, un capitaine habile ou heureux pouvaient toujours élever une cité médiocre au rang des plus puissantes. C'est ce qui arriva pour Thèbes lorsque Épaminondas dirigea son armée. De là pour chaque ville l'espoir persistant d'un retour de fortune et un attachement exclusif à sa petite nationalité.

Après une bataille, les citoyens de la ville victorieuse traitaient comme des vassaux ceux de la ville vaincue. Tour à tour les Athéniens et les Lacédémoniens formèrent une espèce d'aristocratie parmi les Grecs, aristocratie pauvre et partant avide, qui demeura toujours indifférente aux intérêts des populations sujettes. Les barbares du Nord firent peser quelque temps un joug de fer sur l'Europe occidentale, soumise par leurs armes ; cependant ils adoptèrent la patrie des vaincus, et bientôt combattirent pour son indépendance et pour sa gloire. Il n'en fut point ainsi dans la Grèce. Le Lacédémonien harmoste dans une ville alliée, l'amiral athénien chargé de lever les tributs sur les îles sujettes, les pressuraient peut-être moins cruellement que le Franc ne rançonnait les serfs qu'il avait conquis dans un coin de l'empire romain, mais ils restaient étrangers parmi le peuple subjugué, et le fruit de leurs rapines passait à Sparte ou bien à Athènes.

Les institutions de Rome ont, au premier abord, une analogie remarquable avec celles des petits États helléniques, et on peut s'étonner que des vices semblables n'aient pas amené les mêmes catastrophes. Doit-on attribuer les succès durables de Rome au bon sens propre à la race italique, ou bien à un heureux hasard? C'est une question dont la solution est au-dessus de mes forces. Je remarque seulement que les premiers progrès de Rome furent beaucoup moins rapides que ceux d'Athènes ou de Sparte, et ce fut un bonheur pour la première. Ses conquêtes lentes et graduées n'en furent que plus certaines, et chacune lui servit de moyen et pour ainsi dire d'échelon pour en entreprendre de plus importantes. Dans tous les temps, sa politique fut de s'approprier les institutions qu'elle avait appréciées chez ses voisins, de fortifier son aristocratie par toutes les supériorités, d'accroître sa population en s'assimilant l'élite des petites nations qui l'entouraient. Elle attira dans ses murs la richesse et les talents de toute l'Italie, et ce ne fut qu'après avoir bien constaté l'accroissement de ses forces matérielles qu'elle étendit au loin ses conquêtes. Elle s'en assura la possession tranquille en y transplantant sans cesse l'excédant de sa population et en garnisonnant de ses colonies les provinces subjuguées par ses armes. Cette prudente politique fut inconnue à la Grèce. Loin de songer à augmenter sa population, chaque cité hellénique se montrait si jalouse de ses priviléges, qu'elle excluait de son sein les étrangers qui auraient pu lui être le plus utiles. Les antiques institutions de la Grèce semblent témoigner même de la crainte d'un accroissement de citoyens. Les colonies grecques ne conservaient que des liens très-faibles avec leur métropole. Loin d'être des postes avancés pour des conquêtes futures, elles étaient plutôt un exil pour l'excédant de population de la cité mère. Aucune ville grecque, à l'exception de Sparte, n'eut un sénat comparable à celui de Rome, où les traditions gouvernementales, comme on dirait aujourd'hui, se transmettaient de génération en génération. Le hasard de la naissance ou bien un choix arbitraire composait le sénat de Lacédémone ; aussi les préjugés, l'entêtement, le mépris du progrès, furent toujours les vices caractéristiques de cette assemblée. Le sénat de Rome se recrutait parmi ses adversaires mêmes. Le tribun démocrate, devenu sénateur, prenait dans la curie l'esprit de corps et le respect des institutions qu'il avait d'abord combattues. Le patricien, averti sans cesse par ses nouveaux collègues des dipositions de l'esprit public, s'appliquait à conjurer les révolutions par des concessions opportunes. Le sénat, enfin, continuellement rajeuni, absorbait tous les partis en lui-même et les dominait par la puissance de ses vieilles traditions. Je ne crois pas qu'aucune compagnie ait réuni dans son sein et plus heureusement combiné deux éléments nécessaires à la grandeur d'un État, l'esprit de conservation et l'esprit de progrès.

Le fractionnement de la Grèce en petites républiques et son incurable répugnance à la centralisation dans le gouvernement diminuèrent sensiblement ses forces comme nation, mais favorisèrent au plus haut degré le développement des talents individuels. Aucun peuple, en effet, n'a eu la gloire de produire tant d'hommes éminents en tous genres. Au moyen âge, les républiques italiennes offrirent un spectacle semblable. Comme la Grèce, elles furent une proie facile pour les peuples qu'elles appelaient barbares, et qui savaient se former en masses compactes. Est-ce une loi de nature que la puissance d'une nation soit incompatible avec la supériorité d'intelligence des individus ?

L'HOTEL DE CLUNY.

L'HOTEL DE CLUNY.

Pierre de Chaslus, abbé de Cluny, acquit pour son ordre, vers 1340, les ruines romaines connues sous le nom de *palais des Thermes,* situées à Paris, entre la rue Saint-Jacques et la rue de la Harpe. En ce lieu, un siècle plus tard, un autre abbé de Cluny, Jean de Bourbon, fils naturel de Jean Ier, duc de Bourbon, jeta les fondements de l'hôtel qui existe aujourd'hui. Probablement ces travaux avancèrent la ruine de plusieurs parties du palais antique, qui, à cette époque, présentait un ensemble de constructions très-considérable. Il avait été bâti, à ce qu'on croit, par Constance Chlore, et habité successivement par Julien, par Valentinien et par Valens, pendant le séjour de ces empereurs dans le nord de la Gaule. Quelques-uns de nos rois de la première et de la seconde race y tinrent leur cour. A voir les salles immenses qui subsistent encore aujourd'hui, et les substructions d'appareil romain dont on trouve des traces dans tout le quartier, on se représente les proportions vraiment colossales du palais antique.

La mort de Jean de Bourbon, en 1485, interrompit la construction de l'hôtel commencé ; mais, cinq ans après, elle fut reprise par son successeur, l'abbé Jacques d'Amboise (frère du cardinal), depuis évêque de Clermont, qui la termina. Selon Pierre de Saint-Julien (*Mélanges hist.*), il employa « 50,000 *angelots* d'or à la réparation du collége de Cluny et à l'édification et bastiment de fond en cime de la superbe et magnifique maison de Cluny, audit lieu jadis appelé le *palais des Thermes.* »

Superbe et magnifique, en effet, devait être le logis des riches abbés que leurs affaires mèneraient à la cour. Ils n'étaient pas gens à s'établir dans une hôtellerie, encore moins dans un couvent. Leur *maison,* comme ils disaient modestement, logea une reine en 1515, Marie d'Angleterre, veuve de Louis XII et sœur de Henri VIII. « Là, dit Barrillon, secrétaire du cardinal Duprat, la royne fut honorablement entretenue, et ledit sieur (François Ier) la visitoit souvent et faisoit toutes gracieusetés qu'il est possible de faire. » En 1536, Jacques V, roi d'Écosse, le jour de son entrée dans Paris, vint descendre à l'hôtel de Cluny, où il fut reçu par François Ier, qui allait lui donner en mariage sa fille Magdeleine.

Après les rois, les princes de la maison de Lorraine et les nonces du pape logèrent dans la maison de Cluny. Je ne puis dire si les abbés la louaient, ou s'ils la prêtaient, mais je penche pour le dernier, car ils étaient d'assez grands seigneurs pour exercer l'hospitalité même envers des souverains. Toutefois, à la fin du dix-huitième siècle, la dureté des temps les obligea de tirer parti de leur immeuble. Il semble qu'ils eussent quelque honte à le faire, si l'on en juge par les termes embarrassés d'un acte du 25 juillet 1789, où il est dit « que les abbés de Cluny ne font pas à Paris un séjour assez long pour *surveiller les réparations de leur maison ;* c'est pourquoi ils sont déterminés à la céder à titre de bail emphytéotique, moyennant une redevance annuelle de 4,500 livres. »

La révolution ne leur permit pas de toucher longtemps leurs loyers. Aliéné en qualité de bien national, l'hôtel de Cluny passa successivement entre les mains de plusieurs propriétaires. Des industriels s'y établirent, qui s'occupèrent peu de réparations, ou, s'ils en firent, elles eurent pour résultat d'altérer le caractère de l'édifice.

Personne de ceux que la curiosité amenait à l'hôtel de Cluny n'avait songé à faire la moindre tentative pour arracher aux vandales un monument si remarquable par son architecture et ses souvenirs, lorsqu'en 1833, M. A. du Sommerard, conseiller à la Cour des Comptes, vint s'y établir et y porta sa riche collection. Aujourd'hui, que les financiers et les belles dames payent au poids de l'or des curiosités plus ou moins antiques, on a peine à s'expliquer comment un magistrat, ne possédant qu'une fortune modeste, avait pu réunir tant de meubles et tant de raretés du moyen âge et de la renaissance. C'est qu'il avait apprécié, avant « le vil troupeau des imitateurs, » le mérite de ces objets ; c'est qu'il avait étudié le moyen âge à une époque où personne n'y prenait garde. Admirateur du beau sous toutes ses formes, il s'était aperçu de bonne heure qu'en fabricant des gobelets ou des écrins, Benvenuto Cellini s'est montré aussi habile artiste que lorsqu'il modelait son Persée. M. du Sommerard avait parcouru l'Italie et la France, s'appliquant à recueillir tous les meubles et ustensiles anciens sur lesquels il remarquait une ornementation élégante et caractéristique. Il s'était d'abord attaché aux productions de la renaissance ; mais il n'était pas de ces amateurs maniaques qui adoptent une époque et qui achètent indistinctement tout ce qui s'y rapporte, bon ou mauvais, le tout pour *se compléter,* comme ils disent dans leur jargon. M. du Sommerard avait trop de goût pour tomber dans ce travers. A une époque où l'art du moyen âge était tout à la fois inconnu et méprisé, il recherchait avec empressement les émaux, les ivoires, toute cette foule de meubles admirablement travaillés, échappés aux destructions malheureusement si fréquentes dans notre pays. Pour les classer et en distinguer les caractères, il fallait de longues études, un goût sûr, une critique exercée. Alors, tout était à faire dans cette branche de l'archéologie. Plus que personne, M. du Sommerard a contribué à ses développements et à ses progrès. Il se plaisait à montrer sa collection aux artistes et à leur faire remarquer le parti qu'ils pouvaient tirer d'une étude dont il leur épargnait toutes les difficultés. Les gens du monde qui lui rendaient visite croyaient n'avoir examiné que le cabinet d'un antiquaire homme d'esprit. Sans s'en douter, ils avaient pris une leçon d'archéologie et, qui plus est, le goût de la science.

En s'établissant à l'hôtel de Cluny, où il n'occupait qu'un appartement, M. du Sommerard se constitua le conservateur bénévole du dernier édifice civil du moyen âge qui subsistât après tant de transformations du vieux Paris. Il y attira la foule et le fit connaître et respecter. A sa mort, en 1842, la destruction de l'hôtel de Cluny eût été un scandale public. On craignit que la collection de M. du Sommerard, souvent convoitée par de riches étrangers, ne se dispersât et ne fût perdue pour le pays. Sur le vœu exprimé par la Commission des monuments historiques, le gouvernement présenta un projet de loi pour l'acquisition de l'hôtel et de la collection, qui allait devenir ainsi le musée de nos antiquités nationales. Si j'ai bonne mémoire, la loi passa presque sans discussion, et aussitôt la ville de Paris s'empressa d'offrir à l'Etat, en pur don, le palais des Thermes, contigu à l'hôtel, et devenu propriété municipale depuis 1819. Ainsi, par un heureux concours de circonstances, ces deux édifices si curieux furent définitivement conservés pour les arts, et reçurent la destination la plus convenable : le palais romain offrit un asile aux débris épars de la Lutèce antique ; l'hôtel du quinzième siècle s'ouvrit pour les productions des arts et de l'industrie du moyen âge. Le nouvel établissement, constitué par la loi du 24 juillet 1843, fut placé sous la surveillance de la Commission des monuments historiques, et confié à la direction de M. E. du Sommerard, antiquaire distingué, formé par les leçons de son père, et qui, en s'acquittant de ses fonctions, croit remplir un devoir de famille.

La collection de M. du Sommerard était entassée dans un appartement assez étroit. Bien que fort augmentée par des acquisitions récentes, elle est à l'aise aujourd'hui dans de vastes salles où elle a pu recevoir un classement méthodique qui n'exclut pas une disposition pittoresque. Tandis que l'antiquaire, penché sur une vitrine, étudie un émail ou un plat de Faenza, un peintre observe les effets de la lumière qui se joue sur des bois sculptés ou se réfléchit sur des armures. Parmi les nombreux visiteurs du musée on remarque toujours de jeunes ouvriers au regard intelligent, sachant manier la règle et le crayon, qui prennent des notes et des mesures devant quelque vieux meuble. Ils ont raison. Il y a peu d'industries qui n'aient quelque chose à apprendre et à prendre au musée de Cluny. Messieurs les économistes positifs, qui déclament contre les dépenses faites pour nos musées et nos écoles des beaux-arts, auraient pu reconnaître, à la grande exposition de Londres, combien nos fabriques sont redevables à ces établissements.

Le rez-de-chaussée de l'hôtel de Cluny est affecté aux meubles de grande dimension, aux statues, aux tentures de tout genre. Dans une salle romaine, ouverte récemment, on remarque tout d'abord une suite magnifique de tapisseries représentant l'histoire du roi David. C'est un ouvrage français du quinzième siècle, exécuté sur les cartons d'un habile maître. Transporté à Gênes, où il décorait le palais Spinola, il est revenu en France, et le gouvernement en a fait l'acquisition. On trouverait difficilement une tenture plus riche, mieux conservée, plus curieuse pour les renseignements qu'elle fournit sur les costumes, les ameublements, la vie intime du moyen âge. Des armoires vitrées, disposées dans les encoignures de la même salle, renferment de précieux échantillons d'une foule d'étoffes dont la fabrication est aujourd'hui inconnue, peut-être oubliée ; par exemple, ces beaux *draps d'or veloutés*, que tout le monde a remarqués dans les tableaux de Titien ou de Paul Véronèse. M. E. du Sommerard en a découvert des pièces entières qui, peut-être, ont servi à peindre les Noces de Cana. Il n'appartient qu'aux dames de parler des guipures, des dentelles, des étoffes *d'or frisé* étalées dans ces armoires. Elles peuvent encore comparer avec leurs brodequins des patins de leurs arrière-grand'mères, que Brantôme trouvait « si mignons que rien plus, » ou s'inspirer pour les bals costumés des cols bardés de fer et des *fraises à la confusion* qu'on portait à la cour de France au seizième et au dix-septième siècle. En ce moment, la foule s'arrête autour d'un coffre plein de haillons dorés : il renferme le costume très-complet d'un évêque du treizième siècle, découvert en 1853, à Bayonne, dans un trou de muraille, par M. Boeswilwald, architecte du gouvernement. La tunique brochée d'or et d'un beau dessin, est bordée de lettres arabes qu'un docte de mes amis a dechiffrées. Il y a lu ces mots : *Il n'y a de Dieu que Dieu, et Mahomet est son prophète !*... Gardons-nous de suspecter l'orthodoxie du prélat, et croyons seulement qu'il tirait ses étoffes de Grenade.

Un escalier fort bien sculpté, portant les armes et les chiffres de Henri IV et de Catherine de Médicis, établit une communication devenue nécessaire entre les salles du rez-de-chaussée et celles du premier étage. Cet escalier, construit pour l'ancienne Chambre des Comptes, avait été relégué, depuis sa démolition, dans les magasins de la ville. Le préfet de la Seine en a fait don au musée de Cluny, pour lequel on pourrait croire qu'il a été charpenté.

Il faudrait un volume pour énumérer seulement les principaux objets exposés dans les salles du premier étage, meubles, armes, peintures, poteries, faïences, émaux, verreries, ivoires sculptés. Toutes les séries qui, dans la collection de M. du Sommerard, comptaient déjà un grand nombre de pièces remarquables, se sont fort augmentées par suite d'acquisitions récentes. Le fonds destiné aux achats d'objets d'art n'est pas considérable, mais en de certaines occasions l'administration a pourvu à son insuffisance par des allocations spéciales. C'est ainsi que le musée de Cluny s'est enrichi des belles tapisseries de l'histoire de David dont je parlais tout à l'heure, des émaux gigantesques qui proviennent du château de Madrid, et de quantité d'autres pièces d'une grande importance. Il a eu sa part, et toujours fort bonne, dans toutes les ventes illustres, depuis quelques années. Une suite d'émaux magnifiques de Pierre Rémond, des Courtois, de Pénicaud, a été achetée à la vente Didier-Petit. Les jolies figurines des rois de France en bois sculpté, conservées autrefois dans le trésor de Saint-Denis, les cuirs peints et gaufrés qui décoraient l'hôtel du *Gros Horloge* à Rouen, quantité de belles pièces de faïence italienne et française, ont fait partie des cabinets de MM. Baron, d'Henneville, de Bruges-Labarthe, etc. Une collection tout entière de verres de Venise et d'Allemagne a été achetée à la vente de Huyvetter à Gand. Citons enfin, parmi les acquisitions récentes et les plus heureuses, les grandes cheminées sculptées de Troyes et de Châlons, de beaux retables des quatorzième et quinzième siècles, et surtout les magnifiques ivoires de la Chartreuse de Dijon, connus sous le nom d'*oratoire des duchesses de Bourgogne*.

Bien que le musée de Cluny ne soit pas aussi riche que beaucoup d'amateurs, il a sur eux plusieurs avantages. En premier lieu, il est immortel; il achète et ne vend pas. En second lieu, il est patient, parce qu'il est immortel, et par conséquent insensible aux caprices de la mode, si puissante pour les collectionneurs. Lorsque la mode est aux émaux et qu'ils atteignent dans les ventes des prix extravagants, l'administration, qui a pour mission de chercher le beau et l'utile, et qui peut toujours attendre et choisir, laisse les émaux pour acquérir des ivoires ou des bois sculptés. Patience! bientôt les ivoires seront en hausse, et elle retrouvera les émaux accessibles à ses ressources. Le musée de Cluny ne compte que dix ans d'existence, et déjà son catalogue s'est augmenté de plus de neuf cents articles, presque tous d'un intérêt considérable.

Je ne dois pas oublier les dons et les legs faits en sa faveur, qui forment une partie notable de la collection. Et d'abord, il faut citer les dons très-nombreux et très-bien placés de la ville de Paris. L'hôtel de Cluny, avec le palais des Thermes, est son musée municipal. C'est à bon droit qu'on l'a choisi pour y recueillir une foule de fragments antiques ou du moyen âge, jadis dispersés et mal conservés dans vingt dépôts différents. La vaste salle des Thermes abrite sous ses voûtes la frise de l'arc de triomphe de Maxime avec des chapiteaux romans de Saint-Martial, de Sainte-Geneviève et de Montmartre, — des sarcophages mérovingiens, à côté de ces curieux autels découverts dans le chœur de Notre-Dame, en 1711, élevés sous le règne de Tibère aux dieux protecteurs des bateliers parisiens. Chaque jour, les grands travaux qui transforment Paris amènent dans le même lieu des débris intéressants de notre antique cité ; ils formeront un jour la collection la plus précieuse pour son histoire monumentale.

A l'exemple du corps municipal, plusieurs particuliers ont voulu contribuer à enrichir une collection qui rencontre toutes les sympathies. Un jeune voyageur, héritier d'un nom célèbre dans l'édilité de Paris, M. Édouard Delessert, a envoyé au musée de Cluny un monument curieux découvert par lui dans l'île de Chypre. C'est la tombe d'un de nos chevaliers, Brocard de Charpigny, taillée et sculptée dans un tronçon de colonne antique. M. Séguin, marbrier de l'Empereur, a fait don de plusieurs monuments du même genre, entre autres du tombeau de Simon de Gillans, abbé de Cluny en 1349, bien étonné sans doute de se retrouver, après tant de voyages, dans la maison de son ordre. M. Mallay, architecte attaché à la commission des monuments historiques, a fait cadeau au musée d'un christ en bois, du douzième siècle, haut de six pieds et d'un travail très-remarquable. On doit à un autre architecte, M. Joly-Leterme, auteur de la restauration de l'église de Saint-Savin, le plus ancien dessin français qui soit connu. C'est un os de cerf, couvert de figures d'animaux gravées, et trouvé par lui dans une grotte,

parmi un amas d'armes et d'ustensiles en silex d'une époque très-probablement fort antérieure à l'invasion romaine. L'espace me manque pour donner ici la liste des dons et celle des donateurs, qui serait interminable. Je me bornerai à dire quelques mots des legs non moins importants faits en faveur du musée de Cluny. M. le comte H. de Sussy, amateur et antiquaire distingué, a laissé, par son testament, à ce musée, des armes précieuses, des tapisseries et un admirable bureau incrusté d'étain et d'écaille qui porte le blason des Créqui. L'année dernière, madame veuve Labadie, dame dignitaire de l'institution impériale de la Légion d'honneur, léguait un tableau en émail du plus grand prix. Il est aux armes du roi René et signé *Nardon Pénicaud de Limoges,* 1503....
« J'en passe et des meilleurs. » Les exemples que je viens de citer suffiront sans doute à montrer avec quelle faveur a été accueillie la création d'un musée d'antiquités nationales. Ses commencements peuvent faire augurer de son avenir.

L'hôtel de Cluny est un monument historique qui renferme des monuments historiques; aujourd'hui, c'est à Paris le seul édifice qui puisse donner une idée complète d'une habitation seigneuriale aux quinzième et seizième siècles. Il avait subi quelques atteintes cruelles de la main du temps, mais surtout de celle des hommes : ses derniers propriétaires avaient dénaturé comme à plaisir plusieurs de ses dispositions. Depuis que l'hôtel appartient à l'État, des réparations importantes y ont été exécutées sous l'habile direction de M. A. Lenoir ; malheureusement, il a fallu y procéder avec beaucoup de lenteur et non moins d'économie qu'en matière d'acquisitions. Pourtant, toutes les parties de l'édifice réparées l'ont été d'une manière complète. A mesure que la situation de quelque salle exigeait une restauration partielle, on restituait avec la plus scrupuleuse exactitude les dispositions anciennes. Lorsque les salles du premier étage ont été arrangées pour recevoir les émaux et les faïences, on en a refait toutes les fenêtres en leur rendant leurs moulures et leurs meneaux, brisés dans le siècle dernier. Tout récemment, lorsqu'on a dû reprendre le mur d'enceinte, on y a rétabli les créneaux et le chemin de ronde, qui lui donnent un aspect si original, et qui rappellent le peu de sécurité dont un habitant de Paris jouissait au moyen âge. Il reste encore quelques travaux importants pour achever la restauration : le portique qui donne dans la cour choque la vue par ses piliers rongés à leur base ; les balustrades et les beaux chambranles des lucarnes sculptées qui couronnent l'édifice sont fort délabrés, et il serait fâcheux d'attendre, pour les réparer, que le temps ait fait disparaître leur élégante ornementation ; du côté du jardin, le pilier qui supporte l'abside de la chapelle, d'une disposition originale et couvert de charmantes sculptures, a été cruellement mutilé : il faudra le reprendre à sa base et lui rendre son ornementation. La chapelle, à l'intérieur, est la seule partie de l'édifice décorée avec recherche, et je dirai même avec coquetterie ; coquetterie bien légitime, d'ailleurs, dans une maison d'abbé : elle étonne encore aujourd'hui par la richesse extraordinaire de ses sculptures ; et pourtant que de mutilations elle a subies ! Ces niches vides entre les retombées des nervures furent autrefois remplies de statues. Voici ce qu'en disait Piganiol en 1765 : « Contre les murs sont placées par groupes, *en forme de mausolées* (*sic*), les figures de toute la famille de Jacques d'Amboise, entre autres du cardinal. La plupart sont à genoux avec les habillements de leur siècle, très-singuliers et bien sculptés. » La destinée de ces statues est encore plus singulière : brisées au commencement de ce siècle, elles ont été employées *comme moellons* pour boucher le joli petit escalier en vis qui mène de la chapelle au jardin. Comprenne qui pourra cette belle économie qui casse des statues pour en faire du moellon !

L'établissement du musée de Cluny a exercé une très-heureuse influence sur le quartier Saint-Jacques. L'administration municipale a voulu en déblayer les abords, et la rue des Mathurins, autrefois ruelle étroite et dangereuse, est entièrement transformée. Toutes les ignobles maisons qui ôtaient l'air et le jour à l'hôtel de Cluny ont disparu. La grande rue des Écoles vient déboucher devant le musée. On annonce que, prochainement, des travaux considérables auront lieu pour l'élargissement de la rue de la Harpe et de la rue du Foin. Espérons que, par suite des démolitions, on découvrira le périmètre complet du palais des Thermes, dont les substructions, visibles encore sur plusieurs points, semblent marquer les limites naturelles de l'hôtel de Cluny.

DE

LA LITTÉRATURE ESPAGNOLE.

DE

LA LITTÉRATURE ESPAGNOLE (¹).

1852.

L'étude de la littérature espagnole a ses difficultés matérielles, qui peuvent surprendre. Dans presque toutes les langues de l'Europe, les auteurs qui ont joui d'une grande réputation parmi leurs contemporains, ceux dont les ouvrages ont exercé une influence considérable sur le goût public, les auteurs *classiques*, en un mot, ont été souvent imprimés et réimprimés. Pour les connaître tous, il suffit d'avoir accès dans une bibliothèque de second ou de troisième ordre. En Espagne, il en est autrement. Là, beaucoup d'ouvrages du seizième et du dix-septième

---

(1) *History of Spanish Literature*, by George Ticknor, 3 vol. in-8°, New-York.

siècle, composés par les écrivains les plus illustres, sont devenus maintenant d'une telle rareté, que les érudits ont peine à les connaître. Disons mieux : pour les voir seulement, il faut visiter toutes les capitales de l'Europe. En effet, grâce à l'inquisition, aux guerres civiles et étrangères, aux bibliophiles voyageurs, les livres rares espagnols le sont peut-être plus en Espagne que partout ailleurs. Aujourd'hui la bibliothèque de don Quichotte ferait la fortune de son propriétaire, et les amateurs payeraient bien plus qu'au poids de l'or ces romans de chevalerie que le curé et le barbier livraient si impitoyablement *à madame la gouvernante*. Veut-on lire, par exemple, dans l'original, le seul de ces romans qui ait trouvé grâce devant ces juges rigoureux, Tirant le Blanc, que Cervantes appelle *un trésor de gaieté, une mine de divertissement inépuisable ?* il faut aller à Londres, où se trouve le seul exemplaire connu des bibliophiles, jadis découvert par lord Grenville, et légué par lui avec sa magnifique bibliothèque au Musée Britannique. Certains ouvrages de Cervantes lui-même ne sont pas moins rares. Une collection complète de ses drames est inconnue ; plusieurs de ses comédies n'ont jamais été imprimées. On en peut dire autant de Calderon et de Lope de Vega, et il est vraisemblable qu'un assez grand nombre d'ouvrages, manuscrits ou imprimés, cités avec éloge par des littérateurs du siècle dernier, ont disparu complétement aujourd'hui.

Une histoire de la littérature espagnole exige non-seulement de longues études, un jugement sain et une patience à toute épreuve, mais encore une certaine indépendance cosmopolite de goût qui, dans l'examen d'un ouvrage, ne s'étonne ni de la nouveauté ni même de l'étrangeté de la forme. Il faut se dépouiller, pour ainsi dire, de sa nationalité, renoncer à ses habitudes et se faire du pays qu'on veut étudier. On nous reproche à nous autres Français, et non sans raison, de ne juger les écrivains étrangers qu'avec nos idées françaises. Nous exigeons d'eux qu'ils se conforment à nos modes, voire à nos préjugés. Quinze jours après la prise de Rome, quelques-uns de nos soldats s'étonnaient, dit-on, que les Romains n'eussent pas encore appris le français. Nous sommes un peu tous comme ces soldats; ce n'est pas sans peine que nous acceptons un point de vue nouveau, et que nous parvenons à comprendre une société qui n'est pas la nôtre. Voyageur, érudit et bibliophile, Anglais par l'éducation, M. Ticknor avait plus de facilité que personne à s'accoutumer à la liberté d'allures des écrivains espagnols, et Shakspeare a dû le préparer à jouir de Lope de Vega. Enfin, en sa qualité de citoyen des États-Unis, il possède un avantage sur les critiques de la vieille Europe, c'est de pouvoir s'occuper de questions littéraires sans y mêler des souvenirs de rivalités nationales. Trente-cinq ans de paix n'ont pas encore effacé tous les préjugés de patriotisme *quand même,* et il y a encore bien des gens, que j'estime fort d'ailleurs, qui ne parlent pas de Shakspeare sans penser à la bataille de Waterloo.

Il est facile de voir que l'auteur de l'*Histoire de la Littérature espagnole* s'est livré à d'immenses recherches; il a fait une étude approfondie et consciencieuse de la langue castillane et des écrivains espagnols. Après s'être familiarisé avec leurs ouvrages, il a voulu connaître encore les jugements qu'en avaient portés avant lui les Anglais, les Allemands et les Français. Auteurs originaux, commentateurs, critiques, M. Ticknor a tout lu : je crains qu'il n'ait trop lu. A force de vouloir tout savoir, et dans la crainte de faire quelque oubli, il risque de fatiguer l'attention de son lecteur en lui présentant des sujets assez peu dignes d'occuper son attention. A mon avis, les auteurs médiocres, dans toutes les langues, se ressemblent beaucoup, et ce n'est pas chez eux qu'il faut étudier les traits caractéristiques d'une littérature. Ainsi je crois qu'on peut très-bien apprécier le dix-septième siècle en France sans avoir lu Campistron. M. Ticknor s'est piqué d'une grande exactitude, et l'on peut se plaindre parfois qu'il se montre plus curieux d'ajouter un nom nouveau à son interminable catalogue d'auteurs que de faire connaître à fond la manière des grands écrivains, véritables représentants du goût espagnol. Ainsi faisait don Juan, qui, pour mettre sur sa liste une paysanne de plus, oublie les grâces et les vertus de dona Elvire. C'est le défaut des érudits (non pas le vilain défaut de don Juan, bien entendu) de se passionner pour les recherches de détail. Parce qu'elles ont été longues et souvent pénibles, ils s'imaginent que le lecteur va les recommencer avec eux. Il faut quelquefois avoir le courage de garder pour soi la fatigue et ne présenter au public que les résultats obtenus. M. Ticknor, dans son ouvrage, a sans doute fait une part large et convenable aux grands génies qui ont illustré l'Espagne ; mais, en les entourant d'un trop long cortége de médiocrités, il les rapetisse et les efface, pour ainsi dire, si bien que l'on cherche dans son ouvrage Cervantes et Lope de Vega avec autant de peine qu'on en a aujourd'hui pour découvrir un bon tableau parmi les trois mille toiles exposées au Palais-Royal. Dans sa préface, l'auteur nous apprend, et on l'aurait deviné sans cet aveu volontaire, qu'il a fait un cours public sur la littérature espagnole, et que ses leçons refondues sont devenues un livre. On s'aperçoit malheureusement un peu trop de ce mode de composition, et ses chapitres, uniformes d'étendue, quelquefois assez mal liés les uns aux autres, rappellent souvent le professeur obligé de parler à son auditoire pendant une heure sur un sujet donné, qu'il se prête ou non à des développements.

Les origines de toutes les littératures présentent des problèmes fort difficiles, mais d'un intérêt extrême. Je regrette que M. Ticknor ait glissé si rapidement sur les commencements de la littérature espagnole. A son début, il considère les ouvrages composés depuis la fin du douzième siècle jusqu'aux premières années du seizième comme exempts de toute influence étrangère, comme des produits spontanés du génie et du caractère national. Cette proposition aurait eu besoin d'être solidement établie, et M. Ticknor me paraît l'avoir adoptée un peu légèrement. Il est même étrange qu'il ne se soit pas aperçu que la division chronologique qu'il posait était fort hasardée, car, dans l'examen détaillé des auteurs, il est obligé de lui donner de fréquents démentis. Ainsi, dans la *Chronique* ou le *Roman d'Outremer*, attribué au roi don Alphonse X, reconnaît fort judicieusement une tradition plus ou moins altérée de l'histoire de Guillaume de Tyr. Plus loin, analysant le charmant recueil d'historiettes intitulé *el Conde Lucanor*, le seul des ouvrages de l'Infant don Juan Manuel qui ait été imprimé, il ne peut s'empêcher d'y apercevoir une imitation de contes orientaux. Je pourrais accumuler les exemples.

Si l'on a lu l'histoire du midi de l'Europe, ou même si l'on jette les yeux sur une carte de la péninsule ibérique, on est disposé plutôt à croire *à priori* l'inverse de l'assertion avancée par M. Ticknor au sujet de l'origine spontanée de la littérature espagnole. Sans parler des rapports continuels des Espagnols avec les Arabes depuis le huitième siècle, on ne peut nier ceux qu'ils eurent en même temps avec la France méridionale, pays qui jouit longtemps d'une civilisation à quelques égards supérieure à celle du reste de l'Europe. Bien plus, de grandes provinces de l'Espagne ont parlé et parlent encore la langue romane, et la civilisation de la Provence a été commune à l'Aragon, à la Catalogne et au royaume de Valence. Or, comme il arrive toujours qu'entre deux peuples voisins, le plus policé exerce une influence considérable sur celui qui l'est moins, il est à croire que la littérature provençale a dû avoir quelque part aux premiers développements de la littérature espagnole. M. Ticknor, cependant, ne s'est guère préoccupé de l'objection, et cela est d'autant plus singulier que, dans ses notes, il cite souvent MM. Raynouard et Fauriel, dont les ouvrages auraient dû au moins lui montrer toute l'importance de la question. Il traite la langue romane comme un patois insignifiant, et c'est à peine s'il consacre quelques pages aux auteurs catalans, si nombreux, et dont quelques-uns sont si justement estimés.

L'examen de la littérature catalane et valencienne ne figure dans son livre qu'en manière d'épisode, et ses meilleurs poëtes ou historiens y sont jugés fort sommairement. Il accorde, il est vrai, quelques louanges, en passant, à la chronique de Ramon Muntaner, le Xénophon de ces terribles Almogavares qui subjuguèrent la Sicile et la Morée; mais, à la froideur avec laquelle il en parle, on serait tenté de croire qu'il ne la connaît que par la pâle contrefaçon espagnole de don Francisco de Moncada. Il ne dit pas un mot de Miguel Carbonell et de ses *Chroniques d'Espanya*, ouvrage assurément d'une grande importance et qui renferme les mémoires du roi d'Aragon Pierre IV. Cette lacune est inexplicable, et certes les écrivains catalans avaient droit à plus d'égards.

On s'explique jusqu'à un certain point la négligence avec laquelle M. Ticknor a traité la littérature provençale par la très-singulière différence qui existe entre les premières productions littéraires des Espagnols et celles des Provençaux contemporains. Rien ne ressemble moins à la galanterie raffinée de ces derniers que les sentiments d'une sauvagerie héroïque exprimés dans les plus anciennes poésies castillanes. Tandis que les dames de Provence, juges dans les fameuses cours d'amour, rendaient leurs arrêts sur des questions aussi subtiles que celle-ci : *Utrum inter conjugatos amor possit habere locum* (1), la Chimène castillane, non point celle de Corneille ou même de Guillen de Castro, mais la Chimène des vieilles

---

(1) L'arrêt négatif rendu par la comtesse de Champagne est de 1174.

romances, se plaint que le Cid tue ses pigeons pour la braver, et la menace de lui couper sa robe, exactement comme la Princesse Palatine voulait le faire à je ne sais quelles aventurières allemandes qui avaient osé se montrer à la cour de Versailles :

> Que me cortarà mis faldas
> Por vergonzoso lugare.

Je cite le texte, espérant que les dames qui me liront ne le comprendront pas plus que la menace de la Princesse Palatine.

M. Fauriel, dans son *Histoire de la Poésie provençale*, a remarqué qu'elle a cultivé tous les genres, et que ses poëmes héroïques, beaucoup moins connus aujourd'hui, mais aussi célèbres autrefois que les chants amoureux des troubadours, ont été de bonne heure imités par les Castillans. Il en allègue des preuves irrécusables ; mais, ce fait établi, on peut demander pourquoi le goût espagnol n'a choisi qu'un seul genre dans la variété que lui offraient les Provençaux. J'avoue que l'explication qu'en donne M. Fauriel ne me satisfait pas entièrement. Il attribue aux habitudes belliqueuses des Castillans, en lutte incessante contre les Maures, leur goût exclusif pour la poésie héroïque et guerrière. M. Ticknor, qui ne reconnaît pas l'influence provençale, répète l'explication de M. Fauriel sans la commenter, et paraît croire qu'un peuple de soldats ne peut avoir qu'une poésie rude et sauvage. Sans doute, c'était une vie de hasards que celle des *Ricos omes* de Castille ; mais que faisaient dans le même temps les

Catalans et les Aragonais, aussi raffinés que les Provençaux? Quel roi plus batailleur que Jacques le Conquérant? Ce prince, qui accueillait les troubadours dans son royaume, qui était bon juge en matière de poésies galantes, et qui, si la tradition ne ment pas, était poëte lui-même, sut fort bien chasser les Maures des Baléares et du royaume de Valence. En Provence *les chants n'avaient pas cessé* au milieu de la sanglante invasion des croisés français. Après tout, la poésie tendre et mélancolique ne peut-elle fleurir que dans un temps de tranquillité? Je doute que l'auteur de l'Odyssée ait composé ses chants divins au milieu des délices de la paix, et, pour parler d'une époque mieux connue, où trouvera-t-on une poésie plus élevée et à certains égards plus raffinée que dans les tragédies d'Eschyle? Certes, sa vie ne se passa point dans les paisibles loisirs du cabinet. Soldat à Marathon, à Salamine, à Platée, il n'eut longtemps pour maison qu'une galère, pour lit que la terre nue. Je ne crois pas qu'il en ait été plus mal inspiré.

C'est donc à tort, je pense, qu'on attribuerait le caractère de la poésie castillane primitive uniquement à des habitudes guerrières. La guerre était alors et fut longtemps encore le fléau permanent de toute l'Europe. Si je ne me trompe, ce serait plutôt dans les lois et les institutions particulières aux Castillans qu'il faudrait chercher une cause à cette austérité qui contraste tant avec la molle délicatesse de leurs voisins. Au reste, je n'ai nullement la prétention de donner ici la solution d'un problème difficile, et je dois me borner à signaler une lacune regrettable dans un auteur dont les études toutes spéciales devaient faire espérer un examen approfondi de la question.

Je ne puis m'empêcher de trouver encore la même légèreté dans le jugement que porte M. Ticknor sur les chroniqueurs espagnols. « Ils sont sans rivaux, dit-il, pour la richesse, la variété, le pittoresque et les éléments poétiques. On ne peut leur comparer en aucune façon les chroniqueurs des autres langues de l'Europe, non pas même les Portugais, qui les suivent de plus près pour l'originalité et l'antiquité des matériaux, non pas même les chroniqueurs français, tels que Joinville et Froissart, qui à d'autres titres méritent une haute estime... La vieille loyauté espagnole, la vieille foi religieuse espagnole, nourries dans les longues épreuves d'une guerre nationale, s'y produisent constamment, etc. » Je ne sais s'il faut attacher beaucoup d'importance à ces phrases, qui semblent jetées un peu au hasard et qui ne dénotent pas une vue bien arrêtée du sujet; mais un jugement si tranchant aurait dû être motivé et méritait au moins quelque discussion. Permis à M. Ticknor de trouver que Froissart le cède au sec et prudent Ayala, ou au plat chroniqueur de don Alphonse XI, pour le *pittoresque* et les *éléments poétiques*. Peut-être considère-t-il en revanche Froissart comme un historien fort impartial et très-exact. Soit. Sur la peinture et la poésie, les goûts sont fort différents; il est inutile de les discuter; mais je voudrais savoir où M. Ticknor a vu la loyauté et la foi religieuse espagnoles dans les chroniqueurs du quatorzième siècle. Prend-il pour représentants de ces vertus les Infants et les grands seigneurs sans cesse en révolte contre le roi don Alphonse? ou bien don Pèdre et ses frères bâtards faisant assaut de crimes, de perfidies, de faux serments et d'assassinats ? ou bien les *Ricos omes* leurs vassaux, changeant de patrie, *se dénaturant*, comme disent les chroniqueurs, selon leurs intérêts, trahissant leurs suzerains, infidèles dans leurs alliances, tour à tour esclaves dociles ou tyrans impitoyables ? Que M. Ticknor relise Ayala, et probablement il trouvera qu'il n'a manqué aux hommes de ce temps que des lettres et du génie pour le disputer en scélératesse à César Borgia lui-même.

Dans une autre occasion, M. Ticknor revient sur cette ferveur religieuse et cette *loyauté*, c'est-à-dire le dévouement au souverain, qui dans son opinion forment les traits distinctifs du caractère espagnol. « On ne doit pas attribuer, dit-il, l'intolérance des Castillans et leur fanatisme à l'inquisition, pas plus que le despotisme du gouvernement aux manœuvres d'une cour corrompue. Au contraire, l'inquisition et le despotisme furent plutôt le résultat d'une exagération fatale de la ferveur religieuse et de l'amour pour la monarchie (1). » Voilà encore une de ces assertions qu'on devrait laisser aux gens qui croient que tous les Espagnols portent des résilles et des fraises. Celle-ci ne mérite guère l'examen. Historiquement, la *loyauté* ou le respect *quand même* du souverain n'a commencé en Espagne que vers la fin du règne de Charles V. Après la terrible répression de la révolte des *comuneros*, Charles V et Philippe II prirent la peine de faire l'éducation de leur peuple. — Quant à la ferveur religieuse, on ne la voit poin-

(1) Tome II, page 470.

dre qu'après l'établissement de l'inquisition sous Isabelle la Catholique. Jamais auparavant on ne trouve trace de l'intolérance des Espagnols. Pour ne pas remonter aux secours fournis par un roi d'Aragon à l'hérésie albigeoise, on voit longtemps après, dans le quatorzième siècle et même au commencement du quinzième, que les trois religions qui se partageaient la Péninsule subsistaient sans querelles. Les rois de Castille prenaient des Juifs pour leurs trésoriers et leurs médecins, des Maures pour leurs ingénieurs et leurs architectes. Personne ne refusait le *don* à un riche Israélite ni à un émir musulman. Je ne vois aucune trace de persécution, si ce n'est dans les prises de villes, où le vainqueur pillait de préférence le quartier juif, et il est permis de douter que le fanatisme y eût autant de part que la cupidité. Mais si l'inquisition ne fut pas l'expression outrée du catholicisme espagnol, comment supposer qu'un peuple si fier et si généreux se soit soumis à un joug qui répugnait à son caractère? L'explication de ce problème historique est, je crois, dans l'aversion profonde que les Espagnols portent depuis un temps immémorial aux étrangers. A leurs yeux, les Juifs et les Maures furent toujours des étrangers, bien qu'ils parlassent souvent la même langue que les chrétiens ; et leur religion était odieuse, surtout parce qu'elle était comme le signe de leur origine. Les Maures vaincus, les Espagnols s'aperçurent avec rage que, s'ils avaient triomphé de leurs adversaires, ces derniers conservaient néanmoins un ascendant extraordinaire par leurs richesses. Et remarquons qu'aux yeux du peuple, ces richesses n'étaient qu'un butin fait autrefois sur lui-même par ses ennemis, qui le conservaient malgré leur défaite. Les Maures s'enrichissaient par l'agriculture et l'industrie, les Juifs par le commerce; cependant les chrétiens se battaient entre eux et se ruinaient. Après l'épouvantable anarchie qui précéda le règne d'Isabelle, la plupart des gentilshommes castillans étaient réduits à la misère. Beaucoup d'entre eux avaient vendu leurs terres pour s'acheter des armes et un cheval, tandis que les Maures, assistant impassibles aux querelles des grands feudataires, thésaurisaient, et cela sans étaler le faste ordinaire aux nobles chrétiens. Il n'en fallait pas davantage pour qu'ils fussent exécrés. On leur reprochait l'usure, et probablement avec quelque raison; on les voyait heureux au milieu de la détresse générale; aux yeux du peuple, ils devinrent des ennemis publics. Remarquons qu'à toutes les époques, les Espagnols ont montré à l'égard des étrangers ou du mépris ou de la jalousie. Profondément convaincus de leur supériorité nationale, lorsqu'ils aperçoivent dans un étranger les indices d'un avantage quelconque, la jalousie devient de la haine, surtout si l'étranger se trouve en contact continuel avec eux. C'est ce qui avait lieu pour les Juifs et les Maures. Au moment où la haine nationale des chrétiens était d'autant plus exaltée que l'abaissement du royaume de Grenade rendait la guerre impossible, faute de résistance, des prêtres indignes surprirent la piété d'Isabelle, et la persécution commença. Ce fut une satisfaction donnée à la haine populaire. On lui fournissait un prétexte de sévir contre des ennemis qu'elle ne pouvait plus provoquer à une lutte impossible. Nous savons mieux que personne en France à quels excès se porte un peuple généreux quand le gouvernement encourage ses mauvaises passions. Des Juifs et des Maures, la persécution passa aux nouveaux convertis, puis aux chrétiens eux-mêmes. Les querelles religieuses de l'Europe, l'ambition de Charles V, l'amour des conquêtes et la gloire qu'il donna à ses peuples pour prix de leur liberté, consolidèrent l'inquisition, devenue un instrument merveilleusement propre à seconder sa politique. Le despotisme et le fanatisme se perfectionnèrent si bien sous Charles V et Philippe II, qu'il fallut plusieurs siècles pour que la nation oubliât les principes inculqués par de si redoutables maîtres.

Je demande pardon de ces longues dissertations historiques à propos d'un ouvrage purement littéraire, mais il m'a semblé qu'il est nécessaire de connaître la vie d'un peuple, si je puis ainsi parler, pour apprécier convenablement les idées qui lui sont propres et sa façon de les exprimer. M. Ticknor n'a pas fait, je crois, une étude assez sérieuse de l'histoire d'Espagne, et à mon sentiment, cette étude aurait donné à son livre une liaison et une méthode qui lui manquent un peu.

Avec l'établissement de l'inquisition, ou la suppression de la liberté de penser, coïncide à peu près l'influence des arts et de la littérature des Italiens en Espagne. Elle fut due, comme l'a remarqué M. Ticknor, à la supériorité, incontestable alors, des Italiens, mais elle ne modifia pas d'abord très-sensiblement la littérature; du moins deux de ses branches, le roman et le théâtre, conservèrent au milieu de la conquête italienne leur physionomie toute particulière.

Que les Espagnols tiennent des Arabes, ou qu'ils doivent à la nature le don de conter, c'est ce qu'il est assez difficile de décider aujourd'hui. Personne d'ailleurs ne conteste à Cervantes la gloire d'avoir écrit le plus spirituel et le plus amusant des romans. M. Ticknor rend toute justice à cet incomparable écrivain, qui, au milieu des plus cruelles épreuves, a créé l'œuvre la plus gaie peut-être qu'on connaisse. On a traduit *Don Quichotte* dans toutes les langues, et ses commentateurs formeraient seuls une bibliothèque. Pour ma part, je sais bon gré à M. Ticknor d'avoir rejeté toutes les profondes et subtiles rêveries que plusieurs doctes critiques ont inventées à propos du *Don Quichotte*. Laissons à de graves professeurs allemands le mérite d'avoir découvert que le chevalier de la Manche est la symbolisation de la poésie, et son écuyer celle de la prose. Ils diraient volontiers à Cervantes comme les femmes savantes à Trissotin :

Ah ! quand vous avez fait ce charmant quoi qu'on die,
Avez-vous compris, vous, toute son énergie ?
Songiez-vous bien vous-même à tout ce qu'il nous dit,
Et pensiez-vous alors y mettre tant d'esprit ?

Un commentateur découvrira toujours dans les ouvrages d'un homme de génie mille belles intentions qu'il n'avait pas ; mais je pense qu'au sujet du *Don Quichotte*, le plus sûr est de s'en tenir, avec M. Ticknor, à l'opinion vulgaire et au témoignage de Cervantes lui-même. Son but fut de railler les romans de chevalerie et de combattre la vogue prodigieuse qu'ils avaient obtenue à cette époque. *Don Quichotte* fut la protestation d'un homme d'esprit et de bon sens contre la folie de ses contemporains. La manie des romans avait gagné toutes les classes de la société, et les anecdotes suivantes, que j'emprunte à M. Ticknor, feront connaître l'état du goût public avant que Cervantes le réformât.

Un gentilhomme, revenant de la chasse, trouve sa femme, sa fille et leurs demoiselles suivantes (*doncellas*) les larmes aux yeux et les traits bouleversés. « Quel malheur vous est-il survenu? demande-t-il tout effrayé. — Rien, et les larmes redoublent. — Mais, enfin, pourquoi pleurez-vous? — Hélas! Amadis est mort! » — Plusieurs auteurs graves, laïques ou religieux, attestent qu'à la fin du seizième siècle personne ne connaissait d'autre lecture, et que bien des gens, pas trop fous d'ailleurs, croyaient aux aventures merveilleuses des chevaliers de la Table-Ronde, plus fermement qu'aux témoignages historiques les plus respectables. Enfin, en 1555, les cortès crurent devoir s'occuper de cette dépravation du goût comme d'une épidémie dangereuse pour le pays, et ils demandèrent, mais inutilement, que tous les livres de chevalerie fussent recherchés et livrés aux flammes. On comprend qu'un engouement si général ait été suivi d'une réaction, et Cervantes eut la gloire de la provoquer. Tout cela n'a rien qui nous doive étonner, nous autres Français du dix-neuvième siècle. Rappelons-nous quel poids nous fut ôté de dessus la poitrine, et de quel appétit nous déjeunâmes le matin où le *Journal des Débats* nous apprit que *Monte-Cristo* était sorti sain et sauf de son sac. N'entendons-nous pas dire tous les jours que les dames qui enfreignent l'article 212 du Code civil y ont été entraînées par la lecture des romans? Enfin l'Assemblée nationale n'a-t-elle pas décrété naguère, non pas qu'on brûlerait les feuilletons (la Constitution le défend), mais qu'il en coûterait 1 centime de plus pour timbre aux éditeurs? Pour que la ressemblance soit complète, il ne manque plus à notre époque qu'un Cervantes. En Espagne, il fit une cure radicale. Depuis 1605, date de la première édition du *Don Quichotte,* nul roman de chevalerie ne vit le jour, et ceux qui faisaient auparavant les délices du public passèrent chez l'épicier, ou furent abandonnés aux rats.

Le roman a précédé le drame en Espagne, et l'a, pour ainsi dire, introduit dans les mœurs. M. Ticknor a raconté d'une manière très-attachante l'origine et les premiers essais du théâtre, qu'il fait remonter jusqu'à l'apparition des antiques pastorales ou romans dialogués. Son développement fut rapide; car, moins d'un siècle après le temps où Lope de Rueda *promenait dans les bourgs son heureuse folie,* portant dans un chariot sa troupe et ses décorations, il y avait trois cents troupes de comédiens en Espagne. Madrid en possédait plus de vingt, et l'on y comptait mille acteurs. Des villes médiocres et des bourgs même avaient leurs théâtres.

Adopté avec enthousiasme par le public, le drame eut à lutter un instant contre l'opposition de l'Église; mais, ce qui suffirait seul à prouver que M. Ticknor, comme je le remarquais tout à l'heure, a singulièrement exagéré l'influence des rois et du clergé sur les mœurs, l'inquisition, soutenue par un roi despote, assez puissante pour expulser six cent mille Morisques, parce qu'elle se faisait l'interprète d'un sentiment de patriotisme exclusif, l'inquisition ne parvint pas à réprimer le penchant populaire pour le théâtre. Elle succomba honteusement dans la lutte. Des ecclésiastiques écrivirent pour la scène, des acteurs figurèrent dans les pompes sacrées, et les couvents s'ouvrirent pour des représentations théâtrales. Les saints, la Vierge et Dieu lui-même eurent leurs rôles. Il est vrai qu'en fin de compte, la religion ou plutôt le pouvoir du clergé n'y perdit rien. Quelques lignes de madame d'Aulnoy nous montreront quel était l'état du théâtre et celui de la religion en Espagne en 1679. « On jouait, dit-elle, la vie de saint Antoine (à Vittoria). J'y remarquai que le diable n'était pas autrement vêtu que les autres, et qu'il avait seulement des bas de couleur de feu et une paire de cornes pour le faire reconnaître. Quand saint Antoine disait son *Confiteor*, ce qu'il faisait assez souvent, tout le monde se mettait à genoux, et se donnait des *mea culpa* si rudes, qu'il y avait de quoi s'enfoncer l'estomac. »

L'histoire du théâtre espagnol offre plus d'une analogie avec celle du théâtre grec. En Espagne comme en Grèce, le drame fut un complément obligé des fêtes religieuses ; comme Thespis, Lope de Rueda fut tout à la fois auteur et acteur ambulant ; la danse et la musique, ou du moins une déclamation cadencée, firent partie du spectacle. Enfin la prodigieuse fécondité des dramaturges espagnols est un rapport de plus avec les tragiques et les comiques grecs. Pour suivre encore plus loin la comparaison, j'ajouterai que la poétique du théâtre espagnol, bien que très-différente de celle du théâtre grec, lui ressemble en ce point, qu'elle n'a pas fait de l'imitation de la nature le premier but de l'art, et qu'au lieu de chercher à faire illusion aux spectateurs, elle les transporte, en quelque sorte, dans un monde idéal.

M. Ticknor a fort exactement indiqué le caractère romanesque du théâtre espagnol et les ressorts habituels de ses drames, mais j'aurais voulu qu'il nous eût expliqué pourquoi un peuple dont les romans ont peint avec tant de fidélité la nature et les mœurs nationales n'a, dans ses drames, que des tableaux de fantaisie. Tandis que les romanciers, observateurs exacts et souvent profonds, ont reproduit avec succès des individualités ou des vices répandus, les poëtes dramatiques n'ont créé que des personnages de convention, agissant toujours d'après certaines règles invariables, accessibles seulement à certaines passions héroïques et dont la forme est toujours la même. Sauf de très-rares exceptions, comme *le Chien du Jardinier* de Lope de Vega, ou *l'Alcade de Zalamea* de Calderon où se trouvent des individualités remarquablement étudiées, les drames espagnols reproduisent uniformément les mêmes personnages : des amants jaloux et des pères fort chatouilleux sur l'honneur de leurs filles. A vrai dire même, la jalousie et le point d'honneur sont les seules passions qui défrayent le théâtre espagnol. L'intrigue change, grâce à l'inépuisable fécondité des auteurs, mais le fond demeure immuable. C'est encore la continuation de ce goût pour le genre héroïque que nous avons remarqué aux commencements de la poésie espagnole, et ici ce ne sera plus l'état de guerre qui pourra l'expliquer.

Arrêtons-nous un instant à examiner le style, encore plus étrange que le fond, des drames espagnols. Je le prends dans les auteurs les plus renommés, Lope et Calderon, qui ont fait école. Rien de plus en opposition avec nos idées françaises ; pour nous, ce style

Sort du bon caractère et de la vérité.

En voici quelques exemples. Un jeune homme veut dire à ses domestiques de le laisser lire à l'ombre et de revenir l'avertir à l'heure du dîner : il s'exprimera de la sorte : « Revenez quand le soleil tombant ira au milieu de sombres nuages s'ensevelir dans les ondes, qui, pour ce grand cadavre d'or, sont un tombeau d'argent (1). » Dans la même pièce, un naufrage s'appelle couramment « une ruine sans poussière (2). » Ailleurs, une fille enlevée, pour ne pas dire plus, s'écrie, en rentrant dans la maison paternelle : « Comment paraître devant mon père? lui

---

(1) ... Volved por mi à este sitio
Cuando el sol cayendo vaya
A sepultarse en las ondas,
Que entre obscuras nubes pardas,
Al gran cadaver de oro
Son monumentos de plata.
(*El Mágico prodigioso.*)

(2) Ruina sin polvo.
(*Ibid.*)

qui n'avait d'autre plaisir qu'à se mirer dans la lune de mon honneur, de quelle tache va-t-il la voir éclipsée (1) ! » Assurément, en France, un juge rirait au nez d'une fille qui se plaindrait en ce style d'un ravisseur brutal ; mais je crois qu'au commencement du dix-septième siècle ces endroits étaient fort goûtés du public de Madrid. Observons toutefois que ce langage étrange, que les Espagnols appellent le style *culto*, n'est pas particulier à leurs poëtes dramatiques. Shakespeare, qu'on cite toujours et avec raison, comme le grand peintre de la nature, ne leur cède pas en ce point. Ainsi Juliette dit : « Je voudrais briser l'antre où gît Écho, et rendre son gosier d'air plus enroué que le mien à répéter le nom de Roméo (2). » Et Macbeth, méditant le meurtre de Duncan, regrette « de n'avoir pas d'éperons pour piquer les flancs de son dessein (3). » Le style *culto* est bien ancien ; on en pourrait trouver plus d'un exemple chez les Grecs, et particulière-

---

(1) Que otro bien, otra alegria
No tuvo sino mirarse
Con la clara luna limpia
De mi honor, que hoy desdichado
Tan torpe mancha le eclipsa.
(*El Alcalde de Zalamea.*)

(2) Else would I tear the cave where Echo lies
And make her airy tongue more hoarse than mine
With repetition of my Romeo's name.
(*Romeo and Juliet.*)

(3) I have no spur.
To prick the sides of my intent.
(*Macbeth.*)

ment chez Eschyle. Il appelle les chefs les plus braves des Perses des « enclumes à lances, » et un héraut, racontant la mort d'un satrape, termine le récit par ces mots : « Changeant la couleur de sa barbe, il l'a teinte en pourpre (1). » J'accumule à dessein ces citations pour constater que de très-grands écrivains se sont rencontrés dans la même voie, et que, de parti pris, ils ont recherché les expressions les plus éloignées du naturel. Faut-il accuser leur mauvais goût et celui de leur temps, ou bien plutôt ne faut-il pas supposer qu'alors on demandait au drame une autre sorte de plaisir que celui qu'on y cherche aujourd'hui ? Cette dernière conjecture, je l'avoue, me paraît préférable à l'autre, car je ne puis me persuader que le parterre de Calderon, de Shakespeare ou d'Eschyle fût moins sensible que le nôtre aux choses de goût. Aujourd'hui, ce me semble, le système de la division du travail, qui a produit tant de merveilles dans l'industrie, a été appliqué, peut-être malheureusement, au drame. Jadis le public savait goûter deux plaisirs à la fois : il s'intéressait à une fable dramatique, tout en appréciant les beautés du style, et même le plaisir principal, je crois, était dû à l'expression poétique. On ne cherchait pas encore l'illusion théâtrale, et le moyen de la produire en effet

---

(1) Λόγχης ἄκμονες.
(Pers., 51.)

γενειά·

Ετεγγ', ἀμείβων χρῶς πορφυρᾷ βαφῇ.
(Ibid., 316.)

sur une scène presque dépourvue de décorations et flanquée de banquettes, où se faisaient voir en grandes perruques les courtisans et les gens à la mode?

La sensation double de plaisir qu'on éprouve à une représentation de *Don Giovanni* peut, je crois, donner une idée de celle que produisait le drame sur les spectateurs du dix-septième siècle. La fable ou le *poëme* de *Don Giovanni* n'est pas sans mérite, mais ce n'est pas ce qui nous préoccupe le plus. Elle n'est qu'un prétexte, ou, si l'on veut, un programme pour la musique. Quand Rubini ou Mario chantait *Il mio tesoro*, nous jouissions et de la situation dramatique et d'une délicieuse mélodie. Qu'on se représente maintenant un peuple bien organisé pour la poésie : les vers du drame seront pour lui ce qu'est la musique d'un opéra pour nous. On ne doit pas oublier que les langues du Midi, sonores, fortement accentuées, riches en expressions pittoresques, charment par le seul bruit des mots, et qu'elles parviennent souvent à déguiser la médiocrité de la pensée par l'harmonie des sons. Il n'en est pas de même chez nous : notre langue sourde, dépourvue d'accents, la construction uniforme des phrases, le rigorisme de la grammaire, et par-dessus tout l'habitude française de raisonner et de juger au lieu de sentir, voilà les obstacles immenses que nos poëtes ont à vaincre. S'ils y réussissent, leurs efforts ne sont guère appréciés que par les gens du métier, quand l'esprit de coterie ou la jalousie ne s'en mêlent pas. Je ne prétends pas réhabiliter le style *culto*, je ne cherche qu'à me l'expliquer. Je crois qu'il ne fut qu'une *forme*, appréciable à des esprits plus littéraires que ceux d'aujourd'hui. La poésie change de forme tous les siècles, et je me demande ce que pensera la postérité du luxe d'images qu'on entasse volontiers à présent dans le style moderne. Peut-être bien que dans un siècle d'ici on donnera à ce style un nom ridicule, comme on en a donné aux vers de Lope de Véga, et les critiques d'alors diront : *Sed nunc non erat his locus.* Le goût moderne pour la réalité et pour l'illusion tend à chasser le vers de la scène. Je ne sais s'il y a lieu de le regretter beaucoup, mais je crains que cette révolution, qui me paraît menaçante, ne soit après tout funeste à la littérature. A force de rechercher le naturel, nous pourrions bien en être réduits à une espèce de pantomime sans développements, où toute la gloire appartiendra aux acteurs et aux machinistes. C'est ainsi qu'a fini, dit-on, le théâtre antique.

Le plaisir de parler d'un pays et d'une langue que j'aime m'a souvent entraîné loin de mon sujet. Je crains, en finissant, d'avoir été un peu sévère pour M. Ticknor, et peut-être lui ai-je demandé un autre ouvrage que celui qu'il a voulu faire. Il y a bien des manières d'écrire l'histoire. M. Ticknor s'est piqué seulement de n'omettre aucun fait, aucun personnage. Réserve ou oubli de sa part, il ne faut pas chercher dans son livre d'aperçu, d'ensemble, de jugements originaux, encore moins une étude de littérature comparée. En revanche, c'est un excellent dictionnaire, un livre éminemment utile à posséder dans sa bibliothèque. Il renferme de très-bonnes notices biographiques sur les auteurs espagnols et de nombreuses analyses qui dispenseront souvent de recourir aux originaux. Je ne dois pas oublier des traductions assez étendues que M. Ticknor a faites avec beaucoup de goût pour donner une idée du style de quelques poëtes espagnols. Grâce à la souplesse de la langue anglaise et au talent de l'auteur à la manier, ces traductions sont d'une fidélité et d'une élégance remarquables. Le rhythme, le mouvement, la grâce du tour, sont reproduits avec autant d'exactitude que de bonheur.

LES ROMAINS SOUS L'EMPIRE.

LES ROMAINS SOUS L'EMPIRE (¹).

La tâche que s'est proposée M. Merivale est immense ; il a entrepris d'écrire l'histoire des Romains, c'est-à-dire l'histoire du monde antique, depuis la chute des institutions républicaines jusqu'à l'époque où le siége de l'empire fut transféré de Rome à Constantinople. Trois volumes ont déjà paru; les deux premiers, dont je vais rendre compte, et qui ne sont qu'une introduction à ce vaste sujet, sont remplis tout entiers par le récit de la lutte entre Jules César et les champions du parti oligarchique. Le second tome finit à la mort du dictateur. D'après l'étendue de cette introduction, un mathématicien devinerait

---

(1) *A History of the Romans under the empire*, by Charles Merivale. London, 1850, tomes I et II.

probablement le numéro du dernier volume, et, en France, il y a des lecteurs que ce chiffre pourrait effrayer ; mais les Anglais sont gens de résolution, qui ne craignent pas les ouvrages de longue haleine, voire les plus sérieux. Pour moi, je pense que si M. Merivale continue comme il a commencé, ni ses lecteurs ni son éditeur n'auront lieu de se plaindre; un livre n'est jamais long s'il est instructif et intéressant.

Il est vrai que des écrivains excellents ont déjà traité le même sujet, mais la mine est riche encore, et plus d'un filon précieux reste à exploiter. Les recherches ingénieuses de l'érudition, les progrès de la critique moderne, surtout notre récente expérience des révolutions, nous ont rajeuni, pour ainsi parler, l'histoire romaine. Nous comprenons mieux aujourd'hui peut-être qu'il y a un siècle les mœurs, les passions, le mouvement politique de l'antiquité, et nous commençons à nous apercevoir que nous n'avons pas tout appris sur son compte dans nos années de collège. D'ailleurs, le système des études historiques a bien changé depuis quelque temps : maintenant on veut rattacher tous les événements à une idée générale qui les domine et les explique. Un auteur doit donner à son lecteur un fil qui le dirige au milieu du labyrinthe des faits où les causes et les résultats se confondent ; en un mot, ce qu'on demande aujourd'hui à un historien, c'est qu'il devine le secret de la Providence. Je n'ai pas à examiner si la chose est possible, si un tel système offre des inconvénients ou des avantages ; à mon avis, pour juger une œuvre d'art, il vaut mieux se mettre d'abord au point de vue de l'auteur. Observons seulement si le désir d'apporter des arguments à son système ne l'entraîne pas quelquefois hors des règles d'une saine critique.

Dès le début de son livre, M. Merivale expose son plan et fait ressortir l'idée qui doit présider à tout son travail. Dans les quatre siècles de révolutions dont il va tracer le tableau, il est frappé surtout de la lutte des classes privilégiées contre le reste des hommes. Au moment où commence son récit, deux grandes victoires ont été obtenues déjà sur l'oligarchie romaine ; les patriciens ont été obligés d'élever les plébéiens à leur niveau et de les associer à leur domination sur le reste du monde; puis les Italiotes, à leur tour, ont réclamé le partage de la gloire et des avantages attachés au droit de cité romaine. Après de longs combats, il a fallu les admettre au rang de citoyens. Rome est demeurée la reine du monde ; mais, à présent, Rome c'est toute l'Italie. On sent que l'exemple sera contagieux; les provinces voudront être adoptées par la Ville éternelle comme l'on été les petites nations de la Péninsule. Cette cité, si exclusive autrefois, sera contrainte, un jour, d'ouvrir ses portes au monde antique, et le christianisme achèvera de consacrer l'égalité de tous les vassaux de l'empire. Pour M. Merivale, l'établissement du christianisme sur les ruines des religions païennes, c'est la conquête de Rome par ses propres sujets.

On peut contester, à cette vue générale, le mérite de la nouveauté, mais ce n'est pas une raison pour qu'elle soit moins juste. Il y a longtemps, en effet, qu'on l'a remarqué, la grande révolution opérée dans le monde par la diffusion du christianisme a été préparée par la réunion des peuples sous l'empire des Césars. Lorsque le monde était encore partagé entre des nations rivales, obstinément attachées à leurs institutions propres, la communication et l'échange des idées civilisatrices étaient bien difficiles. La guerre, *la guerre divine*, comme l'appelle M. de Maistre, détruisait seule les barrières élevées entre les peuples. L'unité de gouvernement, suite de la conquête romaine, amena l'unité de nationalité pour tous les sujets de l'empire, et cette dernière était indispensable pour fonder une religion dont la morale est demeurée universelle.

A ce grand et incontestable mouvement vers l'unité opéré dans le monde romain, M. Merivale rattache le commencement et les progrès de l'influence des classes moyennes. Excitées, et pour ainsi dire créées par des ambitions en guerre contre des oligarchies usées, les classes moyennes ont profité lentement, mais sûrement, des révolutions qui ont dépouillé les classes privilégiées. Quel que soit le champion qu'elles aient adopté, quel que soit le résultat immédiat de ses efforts, les classes moyennes en ont recueilli les fruits, et chaque révolution a vu s'accroître leur importance politique. Telle est, si je ne me trompe, la thèse que M. Merivale doit développer dans son ouvrage, et qu'il discute déjà dans son exposition.

Je ne prétends point nier que si l'on embrasse dans une vue générale toutes les révolutions de l'empire romain, si l'on en examine toutes les conséquences, il ne soit possible d'y reconnaître cette marche de la civilisation et ce développement continu, mais très-lent, des classes moyennes. Seulement, l'auteur me paraît un peu prompt à signaler leur influence dès l'époque qu'il a prise pour son point de départ. A Rome, dans les dernières années de la République, existait-il quelque chose comme un *tiers état*, des *classes moyennes?* j'avoue que je les cherche en vain. Si, par ce mot tout moderne, on entend les citoyens d'un État que leur position met à l'abri de la corruption ou de la violence, sur lesquels la persuasion agit surtout, et dont l'opinion donne une force morale immense à celui qui devient leur représentant, où les trouvera-t-on au septième siècle de Rome? je n'y vois que des patrons et des clients. D'un côté, un petit nombre d'hommes possesseurs d'immenses richesses et d'un pouvoir presque sans bornes; d'un autre côté, une masse avide, corrompue, passionnée, changeant sans cesse de parti et de maître. Aujourd'hui, enthousiaste du consul qui a fait mourir sous ses yeux mille gladiateurs dans le cirque, elle traînera demain ses statues aux Gémonies, si un rival, plus riche, sait faire couler plus de sang pour l'amuser, ou lui dresse des banquets plus splendides.

L'agriculture, le commerce, l'industrie, les arts font les classes moyennes dans nos sociétés modernes, parce qu'elles donnent l'indépendance à ceux qui s'y adonnent avec quelque succès. Dans la Rome antique toutes ces professions étaient le monopole des riches qui les faisaient exercer par leurs esclaves et par leurs affranchis. Le citoyen romain qui ne possédait que quelques arpents de terre, ou bien une industrie quelconque, se trouvait dans une position très-désavantageuse vis-à-vis du sénateur, son voisin, maître de milliers d'esclaves. Le blé qu'un descendant de Cincinnatus aurait récolté à la sueur de son front, à qui l'eût-il vendu ? Un candidat au consulat transportait à Rome les moissons de la Sicile ou de l'Afrique, et les distribuait au peuple pour acheter ses suffrages. Quelle profession, d'ailleurs, pouvait exercer un homme exposé sans cesse à être enrôlé dans une légion et envoyé en Asie ou dans les Gaules ? Quelques familles privilégiées possédaient l'argent et les terres ; seules elles avaient les moyens, et presque le droit de s'enrichir. A cette époque, deux chemins principaux menaient à la fortune : les charges publiques, qui donnaient à l'élu des comices le pillage d'une province, et l'usure, que personne n'avait honte d'exercer. Tous les ans les charges publiques étaient mises à l'enchère, et les plus lucratives appartenaient aux plus riches, et quelquefois aux plus hardis. Faut-il s'étonner qu'elles fussent le partage d'un petit nombre de familles? le reste des citoyens n'existait que sous leur protection. On sait que des villes et des nations entières étaient heureuses d'avoir un patron à Rome ; il en fallait à quiconque voulait faire fortune, ou même conserver son patrimoine, et l'on n'obtenait guère une existence médiocre qu'en se faisant le complaisant et le séide d'un homme en passe de prétendre aux honneurs. Toutefois, il restait à Rome un métier facile et encouragé, c'était celui de mendiant. Pour la populace urbaine il y avait toujours du pain et des spectacles, et une fois par an le plaisir de voir les sénateurs les plus fiers, transformés en humbles candidats, mendier à leur tour, ou plutôt acheter ses suffrages à force d'or et de bassesses. Dans une telle société on aurait peine, je pense, à découvrir les éléments d'une classe moyenne.

Tibérius Gracchus, vers l'an de Rome 617, rêva la création, ou, à ce qu'il croyait, le rétablissement d'une classe moyenne; il voulut changer les mendiants de Rome en petits propriétaires; personne n'ignore le résultat de sa tentative. Cinquante ou soixante ans plus tard l'entreprise était devenue encore plus difficile : Sylla ne réussit pas mieux lorsqu'il partagea à ses vétérans le Samnium et l'Étrurie dépeuplés par son glaive; il ne put faire des agriculteurs de ses soldats. Les uns devinrent des bandits, d'autres ayant vendu ou joué leurs champs, allèrent à Rome grossir ce peuple de mendiants dont je parlais tout à l'heure.

Selon M. Merivale, l'ordre équestre constituait la classe moyenne à Rome, à l'époque dont nous nous occupons; mais la définition qu'il donne des éléments qui le composaient ne me semble guère correspondre à l'idée que nous attachons aujourd'hui au mot de classe moyenne. « Parmi les chevaliers romains, dit-il, les uns s'atta-
» chaient à de grandes familles et dépendaient de leur
» patronage; d'autres s'appliquaient au commerce; d'au-
» tres enfin occupaient des emplois subalternes dans le
» gouvernement, et formaient un corps de fonctionnaires
» dont l'importance ne tarda pas à être considérable. »
Dans tout cela, où est l'indépendance sans laquelle ne peut exister une classe moyenne influente dans l'État? Pour obtenir un emploi public, ou pour commercer, ne fallait-il pas l'appui, le patronage d'un magistrat, c'est-à-dire d'un membre des familles privilégiées? On peut lire, dans les lettres de Cicéron et ailleurs, à quelles conditions trafiquaient les chevaliers romains, et par quels

moyens ils obtenaient la protection d'un proconsul. Aujourd'hui les classes moyennes échappent à plus d'une cause de corruption, qui souvent atteint les classes supérieures. A Rome, au contraire, l'ordre équestre était intimement associé à la corruption des grands. A dire vrai, je ne vois guère qu'un trait de ressemblance entre les chevaliers romains et le tiers état de nos sociétés modernes, c'est le goût et le besoin de la tranquillité qui les éloignaient des révolutions et les attachaient aux personnages dont le caractère et les ressources leur garantissaient un gouvernement stable et régulier. C'est ainsi qu'on voit l'ordre équestre soutenir Pompée dans sa lutte contre le parti rétrograde du sénat, entourer Cicéron et lui servir de garde contre les complices de Catilina, enfin se donner à César lorsque César parut le seul homme capable de mettre fin à l'anarchie qui désolait la République (1).

---

(1) Je suis surpris que M. Merivale n'ait pas cherché à faire une application de son système en indiquant, parmi les causes du développement des classes moyennes dans le monde antique, l'institution des corporations et des colléges (*corpora, collegia*). Je ne parle ici, bien entendu, que des corporations d'artisans ou de négociants, non de ces associations purement politiques, si multipliées au septième siècle de Rome, et qui furent supprimées par César et par Auguste. Les chefs des différents corps de métiers (*patroni*) étaient d'ordinaire des industriels ou des négociants jouissant d'une aisance honnête, et qui devaient naturellement exercer une assez grande influence sur leurs confrères. Les monuments épigraphiques dont l'étude peut fournir des renseignements précieux sur les *colléges* antiques, représentent, en général, le *patron* d'un

Sylla avait rendu aux sénateurs l'administration de la justice en matière politique. En vertu des lois cornéliennes, les concussionnaires et les candidats accusés de corruption électorale furent jugés par leurs pairs, c'est-à-dire par des hommes aussi coupables qu'eux. En l'an de Rome 684, l'organisation de ces tribunaux fut notablement modifiée, et environ les deux tiers des juges durent être choisis parmi l'ordre équestre. Dans ce changement M. Merivale voit une des plus importantes conquêtes des classes moyennes, et il en attribue l'honneur à Pompée. Le fait n'est pas tout à fait exact. La loi qui retira aux sénateurs le droit de juger leurs égaux fut portée par le préteur L. Aurelius Cotta, oncle maternel de César, sous le consulat de Pompée et de Crassus, c'est-à-dire pendant le premier triumvirat dont César faisait partie. Sans doute ce fut une mesure politique, mais tout l'honneur en revient à César, et je pense que ce fut surtout une satisfaction accordée au peuple, ému par le scandale de quelques jugements. Enfin on remarquera que ce changement dans l'ordre judiciaire rétablissait une loi portée par les Gracques, dont César s'annonçait en quelque sorte comme le successeur. D'ailleurs, je doute fort que l'ordre équestre

---

collège comme le personnage le plus important d'une colonie ou d'une ville de province. — Au reste, toutes les conclusions qu'on en tirerait me sembleraient fort hasardées s'il était question d'une époque antérieure à l'établissement de l'Empire, et les motifs qui m'obligent à douter de l'exactitude d'une assimilation de l'ordre équestre à nos classes moyennes me semblent avoir tout autant de force à l'égard des *corporations* et des *collèges*.

y ait gagné quelque importance. Ce qu'il y a de certain, et M. Merivale en fait lui-même la remarque, c'est que les chevaliers ne se montrèrent pas plus dignes de leur mission que les sénateurs. La corruption était générale, et toutes les classes étaient à vendre. C'était le temps où un magistrat dans sa province faisait deux parts de ses concussions, l'une pour lui-même, l'autre pour ses juges, assuré, par cette précaution doublement préjudiciable aux sujets de la République, de jouir en paix du fruit de ses rapines.

J'ai trouvé avec un véritable plaisir que l'auteur des *Romains sous l'Empire* s'est séparé de la plupart des historiens dans son appréciation de la politique de César et des résultats qu'elle eut sur le sort de l'humanité. M. Merivale n'est point partial pour ce grand homme, mais juste seulement. La plupart des écrivains modernes, prenant chez les anciens leurs opinions toutes faites, se sont montrés sévères pour César et d'une extrême indulgence pour Pompée. Il semble, à les entendre, que le premier fut le destructeur des lois, le second leur défenseur. A dire vrai, ni l'un ni l'autre ne les respectèrent jamais, mais Pompée soutenait des abus intolérables et des institutions profondément viciées, tandis que César abattait une constitution ruinée pour y substituer un état de choses qui devait prolonger de plusieurs siècles la gloire et l'existence de l'Empire. Tous les deux travaillaient en effet à la ruine de la République, mais César seul avait assez de génie pour remplacer un gouvernement usé par un autre plus durable. Le pouvoir oligarchique exercé par le sénat avait fait son temps. Renversé par Marius au profit de la démagogie, il avait été restauré par Sylla avec une inflexible cruauté. Les boucheries du dictateur donnèrent à la constitution romaine quelque trente ans d'une existence fort précaire. Alors même que César eût été vaincu à Pharsale, la puissance du sénat n'en eût pas moins succombé sous une révolution militaire. Le général auteur de cette révolution se fût appelé Pompée. Il eût été un despote non moins absolu que César, mais un despote cruel, à vues étroites, sans plans arrêtés, sans énergie pour maintenir ses lieutenants dans le devoir. Probablement l'empire se fût divisé; l'anarchie et les invasions des barbares auraient désolé le monde quelques siècles plus tôt!

Je me rappelle avoir entendu dire à M. Royer Collard ce mot sur César : C'était un homme *comme il faut*. En effet, rien en lui n'est médiocre ni vulgaire. Il n'a pas une petite passion, pas une pensée qui ne soit grande, rien qui sente le parvenu. Toujours il marche à son but fièrement et sans jamais dévier. L'ambition de Pompée, au contraire, a quelque chose de bas et de sournois. *Occultior, non melior*, c'est ainsi que Tacite le dépeint (1).

On ne sait que peu de chose sur les premières années de César, et M. Merivale n'a pu recueillir que les renseignements rares et souvent incertains des auteurs de l'antiquité. Peut-être, et c'est un des dangers d'écrire l'histoire sous la préoccupation d'une idée générale, M. Merivale a-t-il cédé un peu trop au désir de fortifier son système en interprétant quelques faits obscurs et leur at-

---

(1) Tac. Hist., II, 38.

tribuant une importance qui les transforme et leur donne des proportions considérables. Suétone raconte que César, échappé par miracle aux proscriptions qui suivirent le triomphe de Sylla, mal pardonné par le dictateur, jugea prudent de quitter Rome pour quelque temps, et s'en alla étudier la rhétorique à Rhodes, sous Apollonius Molon, professeur célèbre de ce temps. Là-dessus M. Merivale, qui ne perd jamais de vue les classes moyennes et la fusion des castes, suppose que les leçons du rhéteur grec firent oublier à César ses préjugés nationaux et patriciens. « A l'école de Molon, dit l'historien anglais, rendez-vous » de la jeunesse éclairée de toutes les nations, César a pu » concevoir l'idée de son sénat composé de Gaulois, d'Es- » pagnols et d'Africains. » Voilà, ce me semble, une idée toute moderne. — Il est vraisemblable qu'un Julius était trop grand seigneur pour ne pas prendre des leçons particulières. Que s'il eut des condisciples parmi la jeunesse des provinces sujettes, ou parmi des étrangers, il est à supposer qu'il trouva en eux plutôt des complaisants que des camarades. Enfin devenu l'arbitre de Rome, il n'avait pas sans doute besoin de se rappeler sa vie d'étudiant pour récompenser des chefs gaulois, espagnols ou africains qui s'étaient bravement battus pour lui pendant les guerres civiles. A ce compte, M. Merivale aurait pu faire remonter plus haut les idées politiques de César. Son premier maître était un Gaulois, M. Antonius Gniphon, lequel composa, dit-on, de beaux ouvrages qui sont perdus. Qui sait si ce Gniphon ne lui apprit pas que les Gaulois étaient des hommes? Il lui prouvait assurément qu'ils pouvaient parler le latin aussi bien que leurs vainqueurs, car on dit que Cicéron s'instruisit à l'école de ce même Gaulois.

Le nom de César seul réveille tant de souvenirs de grandeur et de gloire, qu'aujourd'hui on ne se rend peut-être pas compte assez exactement des obstacles qu'il eut à vaincre pour devenir ce qu'il fut. Quant à moi, j'avoue qu'il m'est très-difficile de m'expliquer l'importance extraordinaire que tout jeune encore il paraît avoir eue parmi ses contemporains. Il avait beau être issu d'une des plus anciennes familles patriciennes, être neveu de Marius et gendre de Cinna, je ne puis comprendre qu'à dix-sept ans il fût déjà l'espoir du parti démocratique écrasé par le dictateur. En vérité, il faut admettre avec Plutarque et Suétone que Sylla fut inspiré de l'esprit prophétique lorsqu'il prédit qu'en ce jeune fat à la toge mal attachée, il y avait plusieurs Marius. Être suspect à Sylla et livré aux bourreaux, c'était alors même chose. César faillit être inscrit sur les tables fatales, et ne fut sauvé que par l'intérêt qu'excitaient sa jeunesse et le nom de Julius. Les personnages les plus considérables de Rome et le collége des Vestales intercédèrent pour lui et obtinrent sa grâce, bien qu'il ne voulût consentir à aucune bassesse pour se faire pardonner. On exigeait qu'il répudiât sa femme Cornelia, fille d'un des plus méchants et des plus médiocres démagogues associés de Marius. Il s'y refusa obstinément, et cette conduite généreuse, surtout dans un pays où le mariage était un lien si faible, attira naturellement l'attention et l'intérêt du public sur un jeune homme de noble race qui montrait du cœur et qui peut-être était amoureux de sa femme. Les honnêtes gens de Rome, les *optimates*, se dirent sans doute que ce n'était pas la faute de C. César si sa tante Julia avait épousé ce vieux coquin de Marius, si lui-même encore enfant avait été fiancé à la fille d'un autre coquin. Après tant de massacres, le sang patricien était devenu si rare, que Sylla lui-même pouvait hésiter à le faire couler sur un soupçon. Jusque-là tout s'explique facilement. Mais quelques années plus tard, nous retrouvons César lié, quoique non compromis, avec les plus turbulents démagogues, aussi fier de son oncle Marius que de son aïeule la déesse Vénus, annonçant hautement le projet de détruire la constitution de Sylla, et, de fait, tenant dans sa main tous les fils des intrigues politiques.

Reconnu pour chef de la faction démocratique, il possède cependant la confiance de Pompée, le favori et le successeur de Sylla, et celle de Crassus, un des principaux meneurs du parti aristocratique, ou, comme on dirait aujourd'hui, du parti parlementaire. Pompée et Crassus étaient ennemis de longue date. César, n'ayant encore exercé que la charge de préteur, se fait accepter par eux comme une espèce d'arbitre, les réconcilie, et devient aussitôt un des personnages de cette coalition fameuse à laquelle on a donné le nom de triumvirat. Il persuade à Pompée de changer toute sa politique; il se fait prêter par Crassus treize millions pour payer ses dettes et acheter des suffrages. Qu'offrait-il en échange à ses associés? Comment expliquer cet ascendant étrange exercé par un jeune homme sans passé sur les deux hommes alors, en apparence, les plus puissants dans la république? C'est en vain qu'on demanderait aux écrivains de l'antiquité quelques lumières pour pénétrer ces mystérieuses intrigues. M. Merivale remarque avec beaucoup de justesse que, dans tout le cours de sa carrière, César ne s'abandonna jamais aux plans et aux combinaisons des autres. Dans toute association où il entra, il fut le chef. Il ne fut l'instrument de personne, seulement il eut l'art de persuader aux plus grands politiques qu'il les servait, alors qu'il ne travaillait que pour lui-même. Mais par quel art exerça-t-il cette persuasion? — En se faisant aimer des dames, répondra-t-on, si l'on ajoute foi aux scandales si soigneusement enregistrés par Suétone. César, à ce qu'il prétend, aurait compté parmi ses maîtresses la femme de Pompée et celle de Crassus; mais il ne paraît pas que les dames romaines exerçassent alors beaucoup d'empire sur leurs maris, et il me semble encore plus difficile d'admettre que César dominât son nombreux harem au point d'en obtenir un dévouement à toute épreuve, lorsque lui-même se piquait si peu de fidélité dans ses amours.

Un grand écrivain allemand qui faisait profession de deviner l'histoire du passé, Niebuhr, si affirmatif sur tous les points les plus obscurs, a dit, et M. Merivale a peut-être tort de répéter, que César, qui a fait tourner la tête à tant de femmes et à tant d'hommes, n'était ni enjoué ni brillant dans la conversation, et cela parce que les auteurs anciens ne citent pas un seul trait d'esprit de sa façon. J'ai cependant peine à croire que ce fût à sa qualité de penseur et d'observateur profond qu'il dut ses succès parmi la bonne compagnie si corrompue de son temps. Il fallait que son pouvoir de séduction fût en effet bien grand pour que des hommes vieillis dans les affaires s'y laissassent prendre au point d'oublier toutes leurs préventions de caste et de politique. Il est vrai, et cette remarque ingénieuse est de M. Merivale, qu'à Rome les personnages politiques, hors quelques moments d'excitation violente, vivaient ensemble comme des joueurs, toujours prêts à se ruiner l'un l'autre, mais se traitant avec une familiarité qu'on pourrait prendre pour de l'affection. — La prodigieuse activité de César, sa facilité de travail, son audace, le recommandèrent peut-être à Pompée, qui, gâté par la fortune, était devenu de bonne heure paresseux et indolent. Cet homme qui à vingt-six ans avait reçu le surnom de *Magnus,* et le prenait sans vergogne dans sa correspondane officielle, avait acquis un peu trop facilement son immense renommée. Quelques batailles gagnées par lui pendant la guerre civile, à la tête des vétérans de Sylla contre des paysans samnites ou étrusques, lui avaient acquis la réputation d'un grand général. En Espagne il la soutint assez mal contre Sertorius, en Asie contre Mithridate. Mais la fortune se chargea d'en faire un conquérant. Ses deux redoutables adversaires moururent l'un et l'autre victimes de lâches trahisons, où Pompée, à la vérité, n'eut aucune part, mais qui obscurcissent un peu l'éclat de ses triomphes. Lorsque César eut affaire à Pharnace, qu'il défit en un clin d'œil, il ne put s'empêcher de dire que Pompée avait obtenu à bon marché son surnom de Magnus, ayant eu de si vils ennemis à combattre. Au milieu de toute sa gloire et des flatteries dont il était l'objet, Pompée peut-être se rendait justice et comprenait qu'il ne fallait pas lasser la fortune. Il craignait de s'y risquer de nouveau. Aussi le trouve-t-on toujours timide, incertain, disposé à céder sa responsabilité en présence du péril. Il aimait à commander, mais par des lieutenants. Il crut sans doute en avoir trouvé un dans César, et d'abord s'abandonna entièrement à lui. Aussi imprudent que Sultan Léopard, il laissa croître griffes et dents au Lionceau. Lorsque l'étonnante conquête des Gaules eut alarmé sa jalousie, par une autre imprudence, il se hâta de rompre avec son rival avant de s'être assuré qu'il pourrait lui résister. Pompée n'avait d'audace que pour former ses plans, toujours irrésolu lorsqu'il fallait agir ; il le prouva bien à Pharsale.

Tout au contraire, César, le plus hardi des capitaines au moment de l'action, s'y préparait par une prudence incomparable, et ne se livrait à la fortune qu'après avoir réuni dans sa main tous les éléments de succès. C'est ainsi qu'à l'âge de quarante-trois ans, se trouvant l'idole de la populace romaine, et chef reconnu de la faction de Marius, ralliée et comme ressuscitée sous ses auspices, il comprit la faiblesse réelle de son parti, et voulut, avant de démasquer ses desseins, avoir une armée à lui et s'être acquis légitimement la renommée d'un grand capitaine. Pendant huit années, il se tint éloigné de Rome et risqua sa vie dans vingt batailles, pour avoir les meilleures légions et la plus grande gloire militaire. C'était en effet par les armes que devait se décider le sort de la république. Il n'y avait que des orateurs comme Cicéron, ou des philosophes spéculatifs comme Caton, qui pussent croire qu'une assemblée de vieillards éloquents en imposerait longtemps à des ambitieux disposant de soldats dévoués. Crassus en jugeait autrement. Associé au triumvirat par César et Pompée, et, pour me servir de la belle comparaison de Lucain, placé entre ces deux ambitions comme un isthme entre deux mers, il sentit que sans le prestige de la gloire militaire il serait bientôt écrasé entre ses deux formidables rivaux. A soixante-dix ans, il voulut devenir général, et ce fut, je pense, le motif qui l'engagea dans sa funeste expédition contre les Parthes.

Crassus s'y prenait un peu tard ; néanmoins, telle était l'excellence des institutions militaires chez les Romains, qu'avec du bon sens et de l'activité, un sénateur élevé dans les débats de la curie pouvait, sans danger pour la république, être mis à la tête d'une armée. Cicéron nous en fournit un exemple ; il n'avait pas vu un camp depuis la guerre des Marses, et cependant il fit avec honneur une campagne en Cilicie et gagna une bataille. Napoléon, dans ses Mémoires, a fort bien expliqué comment l'invention des armes à feu a compliqué l'art de la guerre, et rendu le métier de général infiniment plus difficile qu'il ne l'était dans l'antiquité. Toutefois, il admire le génie de César, et reconnaît dans toutes ses opérations le capitaine accompli. De toutes les qualités du général, César possédait à un haut degré la plus rare et la plus précieuse : l'art de dominer les hommes et d'en faire des machines intelligentes et dévouées. Non-seulement les légions qu'il avait menées en Gaule devinrent invincibles, formées et disciplinées par lui, mais encore, avec les Gaulois qu'il avait vaincus dans cent combats, il se fit des auxiliaires enthousiastes de sa cause. Le pays où pendant huit années il avait porté le fer et le feu lui demeura fermement attaché lorsqu'il en retira ses troupes pour les porter en Italie et en Espagne ; il lui fournit même la fleur de ses guerriers, qui, sur les champs de bataille, rivalisèrent de bravoure avec les vétérans de Rome.

César a raconté ses luttes héroïques dans les Gaules, les villes qu'il a prises d'assaut, les peuples qu'il a exterminés ; il a négligé d'entrer dans aucun détail sur l'administration qu'il établit après sa conquête. On ne sait par quel art il sut se concilier des ennemis si longtemps acharnés. Sans doute, il fit régner l'ordre dans des contrées désolées par l'anarchie ; il les délivra des invasion des Germains, et, probablement, mit un frein à la turbulence de leurs chefs nationaux. La noblesse gauloise, qui admirait César comme un ennemi invincible, l'aima comme un chef juste et doux, qui savait apprécier et récompenser son courage. Frappés de la supériorité de civilisation qu'ils rencontraient chez leurs vainqueurs, les Gaulois se façonnèrent vite et facilement aux mœurs romaines sous un maître qui affectait de respecter leurs usages et s'appliquait à ménager leur orgueil et leurs préjugés nationaux. Une anecdote heureusement conservée montre le soin de César à complaire à ce peuple, qui oublie une sanglante défaite plutôt qu'une blessure faite à son amour-propre. Le proconsul, dans une de ses campagnes, faillit être pris et perdit son épée, qui fut suspendue comme un glorieux trophée dans un temple d'Alise. Quelque temps après, entrant en vainqueur dans cette ville, il revit son épée, et ses soldats indignés voulurent la reprendre. Il les en empêcha : « Elle appartient aux dieux ! » leur dit-il. Je ne doute pas que plus d'un Gaulois qui montrait avec orgueil l'épée prise à César, ne se fit tuer bravement pour lui à Pharsale ou à Thapsa.

Ce fut après la soumission complète des Gaules, et lorsque César disposait de dix légions aguerries et d'une pépinière inépuisable de braves soldats, que Pompée et le sénat le provoquèrent de gaieté de cœur, et lui fournirent un prétexte pour passer le Rubicon. Quelque médiocre opinion que l'on ait de Pompée, sa conduite, après l'entrée de son rival en Italie, est si extraordinaire, qu'on a cherché à l'expliquer autrement que par l'outrecuidance la plus folle alliée à une honteuse pusillanimité. Il avait une armée nombreuse, il commandait à Rome et au sénat : cependant il s'enfuit devant César, qui n'était suivi que d'une seule légion. Que si défendre l'Italie était chose impossible, Pompée avait à choisir entre deux lignes de retraite : l'Espagne, où il avait sept légions aguerries et une population accoutumée à lui obéir; ou bien l'Asie, où il ne pouvait compter que sur le secours de petits despotes dont il avait pu apprécier autrefois la perfidie et la lâcheté. Ce fut ce dernier parti qu'il préféra, et l'événement prouva qu'il n'en pouvait choisir un plus mauvais. Ni les conseils ni les avertissements ne lui manquèrent. Il faut chercher un motif à sa conduite, et M. Merivale a proposé l'explication suivante :

« Le plan de Pompée, dit-il, fut arrêté du moment
» qu'une rupture avec César devint inévitable. Il haïssait
» l'oligarchie dont il était le chef. Longtemps auparavant,
» lorsqu'il se plaçait ostensiblement à sa tête, il avait
» travaillé à l'abaisser et à l'avilir. Jaloux de Cicéron,
» qu'elle avait élevé pour se défendre et pour lui tenir
» tête, Pompée s'était servi de César comme d'un instru-

» ment, il le croyait du moins, pour faire avorter cette
» tentative d'opposition à son autorité. Mais l'instrument
» blessa l'ouvrier malhabile. Bientôt, une nouvelle révo-
» lution de la fortune le força de s'allier étroitement avec
» cette même oligarchie contre un ennemi commun. Ce-
» pendant, il ne se dissimula pas que ses amis du mo-
» ment n'attendaient que sa victoire pour l'abandonner
» et pour le perdre. Il craignit l'influence hostile des con-
» suls et des magistrats dans un camp de citoyens ro-
» mains, et sentit que, dans le cas d'une collision entre
» les représentants des lois de la république et lui-même,
» son titre d'*imperator* serait sans poids auprès de l'au-
» torité légitime qu'ils auraient sur les soldats. En effet,
» les légions dont il était le chef nominal, récemment
» levées en Italie, n'étaient pas encore, comme celles de
» Marius, de Sylla ou de César, comme ses propres vété-
» rans d'Asie, corrompues par une longue absence du
» pays et par l'habitude de la licence des camps. Pour se
» maintenir dans la position si élevée qu'il occupait, il lui
» eût fallu, même après avoir vaincu César, des troupes
» animées d'un tout autre esprit que les légions ita-
» liennes. Surtout, il ne fallait pas que la victoire qu'il se
» promettait fût gagnée sur le sol de l'Italie, ni qu'un
» Lentulus ou un Domitius pût en partager l'honneur. Il
» voulait que Rome le vît rentrer dans ses murs triom-
» phant du sénat aussi bien que de César. »

M. Merivale, sur des données un peu arbitraires, peut-
être, établit une différence singulière entre l'esprit des
provinces d'Orient — la Grèce et l'Asie, et celui des
provinces d'Occident — l'Espagne et les Gaules. Les pre-

mières, depuis longtemps façonnées au despotisme, promettaient d'être toujours dociles dans la main d'un général victorieux, tandis que les autres, déjà pénétrées par la civilisation romaine, n'étaient pas moins difficiles à gouverner que l'Italie elle-même. D'après cela, Pompée fit son choix et gagna l'Épire.

« Dès ce moment, poursuit M. Merivale, il ne déguisa
» plus ses desseins, et montra qu'il voulait effacer jus-
» qu'aux derniers vestiges de l'antique liberté. Un petit
» nombre de sénateurs, peut-être, espéraient encore le
» retenir par leur présence au milieu de son camp; mais
» déjà la plupart étaient corrompus par l'espoir du pillage.
» Guerre à Rome! guerre à l'Italie! tel était maintenant
» le cri des plus audacieux et des plus dépravés. Nous
» prendrons Rome par la famine, et *nous n'y lais-*
» *serons pas une tuile entière :* voilà ce que Pompée
» lui-même ne craignit pas de répéter après ses plus
» féroces partisans (1). C'est ainsi qu'on s'exprimait
» dans le camp du sénat, et dès qu'il fut planté sur la
» côte d'Épire, le rivage opposé lui parut une terre
» étrangère et ennemie. Les consuls entendaient sans
» murmure ce langage encouragé par leur propre cham-
» pion. Pompée, dit Cicéron, a quitté Rome, non parce
» qu'il n'a pu la défendre, l'Italie non parce que César
» l'en a chassé, — mais parce que, dès le commence-
» ment, il avait résolu d'ameuter terres et mers, d'armer

---

1) M. Merivale attribue à tort ce propos à Pompée. C'est un mot de Cicéron, qui lui échappa dans un moment d'inquiétude et de mauvaise humeur.

» les rois barbares, et de conduire des nations féroces en
» Italie, non plus comme des prisonniers, mais comme
» des vainqueurs. Il est tout Sylla (1) dans l'âme, il veut
» régner en roi sur des sujets, et il est entouré de gens
» qui applaudissent à cet atroce dessein. »

Je crains bien qu'en écrivant les lignes que je viens de traduire, M. Merivale n'ait pris trop à la lettre des paroles que le désespoir et l'effroi arrachaient à Cicéron dans une correspondance intime où il avait pris l'habitude d'épancher ses sentiments les plus passagers. Absent de Rome depuis longtemps, lorsqu'il exhalait ainsi sa mauvaise humeur, Cicéron avait perdu le fil de toutes les intrigues qui avaient précédé le passage du Rubicon. Personne, à Rome, ne s'était attendu à une détermination si audacieuse. On se complaisait, depuis deux ans, à rabaisser les ressources et les forces matérielles de César. Il avait lui-même soigneusement accrédité l'opinion de sa faiblesse, par la modération de ses demandes et ses protestations de respect pour l'autorité du sénat. Il offrait de licencier son armée, pourvu que Pompée licenciât la sienne, et, s'il persistait à briguer le consulat, c'est qu'il n'avait pas d'autre moyen de se mettre à couvert de la malice de ses ennemis. Un langage si modéré persuada au sénat et à Pompée que César ne pouvait plus compter sur ses troupes. Aussitôt après le passage du Rubicon, la terreur la plus vive succéda à cette aveugle confiance. Ceux qui, peu auparavant, répandaient le bruit que l'armée de César allait l'abandonner, furent les premiers

---

(1) *Sullaturit ejus animus.* Cic., ad Att. IX, 10.

à croire et à publier qu'il marchait sur Rome à la tête de toutes ses légions, renforcées par une levée en masse de Gaulois et de Germains. Dès qu'il eut pris Ariminum, on le crut aux portes de Rome. Il y eut un sauve qui peut général, et les consuls, avec tout le sénat et Pompée le Grand, étaient déjà dans le sud de l'Italie avant qu'on sût le petit nombre de troupes que César menait avec lui. Rien ne prouve mieux, ce me semble, l'absence de tout plan de la part de Pompée que l'absurde dispersion de ses troupes, qu'il laissa enlever cohorte par cohorte, au lieu de les tenir rassemblées en nombre imposant, ne fût-ce que pour couvrir et assurer sa retraite. En réalité, il était si peu préparé contre une attaque, qu'il oublia dans Rome un trésor considérable, qui servit à César pour payer ses légions et en lever de nouvelles. Quant au choix de sa retraite, je pense qu'il le fit également à la hâte et sans réflexion. Dès qu'il vit que César, au lieu de se diriger sur Rome, s'avançait à marches forcées le long de la côte orientale, Pompée ne douta pas qu'on ne voulût lui fermer le chemin de la Grèce, et je crois que, dès ce moment, il s'imagina que le chemin de la Grèce était sa meilleure ligne de retraite. De fait, il s'en fallut peu qu'il ne fût coupé de Brindes et obligé de livrer bataille en Italie. Sans l'opiniâtreté de Domitius à défendre Corfinium, malgré les ordres de son général, César aurait pu être à Brindes avant Pompée et prévenir son embarquement. Pompée ne semble avoir eu qu'une seule préoccupation, celle d'éviter une action décisive. Il y avait longtemps qu'il n'avait fait la guerre, et il était convaincu qu'il n'avait pas de soldats en état de se mettre en ligne contre les vainqueurs des Gaules. En présence de César, pendant toute la durée de la guerre civile, il semble perdre toutes ses facultés et céder à une sorte de fascination. Il ne retrouva un instant d'audace que la veille de Pharsale pour décider la bataille et d'avance se vanter insolemment de la victoire : puis, le jour venu, il abandonna ses soldats à la boucherie dès que la manœuvre sur laquelle il comptait fut déjouée par une manœuvre plus habile. Il n'y a pas en Europe aujourd'hui un conseil de guerre qui ne condamnât à être fusillé un général qui se conduirait aussi lâchement que Pompée le fit à Pharsale.

M. Merivale a fort bien éclairci un point historique demeuré assez obscur, je veux parler des projets de Pompée après sa défaite et du parti qu'il prit de se rendre en Égypte. Sa première pensée fut de se mettre sous la protection des Parthes, qui venaient d'égorger son collègue Crassus et d'exterminer une armée romaine. Ce ne fut ni la honte d'une alliance avec les ennemis de son pays, ni la crainte de livrer des provinces romaines à leurs invasions qui l'obligèrent à changer de dessein; mais il avait une jeune femme qu'il aimait beaucoup, et on lui peignit le roi des Parthes comme un prince très-galant. Cette considération lui épargna une lâcheté de plus. Il fit voile pour l'Égypte, et fut assassiné tandis qu'il relisait une harangue grecque, qu'il se proposait de débiter à Ptolémée. Telle fut la fin misérable de cet homme, que sur la foi de Lucain et de quelques rhéteurs de l'antiquité on a représenté comme le défenseur des lois et le martyr de la liberté.

Après s'être montré pendant la guerre civile aussi habile politique que grand capitaine, César paraît tout à coup sous un jour nouveau, et embarrasse fort ses admirateurs, en allant étourdiment à Alexandrie se jeter dans un piége, où il pensa rester. Il suivait Pompée à la piste, et, débarqué en Égypte avec une seule légion, il n'y trouva plus que la tête de l'homme qui avait été son ami et son gendre. Dès lors, il n'avait plus rien à faire en Égypte, sinon d'y prendre assez d'argent pour payer ses soldats. On s'empressa de lui en proposer, et il était tout disposé à profiter des offres que lui faisait le jeune Ptolémée, lorsque la sœur de ce prince, qui prétendait au trône d'Égypte, la fameuse Cléopâtre, alors âgée de dix-neuf ans, se fit empaqueter dans un tapis et porter un soir au quartier général de César, à l'insu des ministres de Ptolémée. Là, elle fit au proconsul, en bon grec, une si belle harangue qu'il en oublia ses engagements avec Ptolémée, qu'il en oublia Rome, les fils de Pompée, Caton et le monde entier. César joua le rôle de chevalier errant et s'exposa aux plus grands dangers qu'il ait courus, pour plaire à deux beaux yeux. Pendant plusieurs mois, il fut bloqué dans Alexandrie, risquant chaque jour d'y être pris ou tué, mais ne s'ennuyant pas de son séjour. Il avait alors cinquante-trois ans, et n'était nullement blasé comme il semble. En Égypte, il se montre en tout romanesque; il y faisait des plans (avec Cléopâtre, je suppose) pour aller découvrir la source du Nil, très-beau voyage sans doute, mais un peu long pour un homme qui avait tant d'affaires sur les bras.

Ici M. Merivale me paraît avoir méconnu complétement

l'homme extraordinaire dont il écrit l'histoire. « Si César
» se fit le champion de Cléopâtre, dit-il, c'est qu'il entrait
» dans ses desseins de faire valoir les prétentions de cette
» princesse contre les ministres insolents de son frère.
» En adoptant sa cause, il ne se refusa pas la récompense
» de son dévouement chevaleresque ; mais tandis qu'il se
» livrait à la dissipation et aux délices de la plus volup-
» tueuse des capitales, il ne perdait pas de vue son but
» principal, et cependant se gardait avec soin des machi-
» nations de ses ennemis peu scrupuleux..... »

A mon sentiment, si César faisait attention alors à ce qui se passait hors de l'Égypte, il est encore plus extraordinaire qu'il y soit demeuré si longtemps. En effet, tandis qu'il se faisait payer, non point en argent, son dévouement chevaleresque, Pharnace envahissait l'Asie, Juba l'Afrique, l'Espagne se révoltait, Rome était désolée par des émeutes, et César lui-même ne se maintenait dans un quartier d'Alexandrie que grâce à l'habileté de ses ingénieurs, à la fécondité de ses ressources, surtout à la bravoure de ses soldats. Jamais, je pense, la fortune ne parut si près de l'abandonner. On sait que, dans un combat auprès du Phare, il fut obligé de se jeter à la mer et ne se sauva que parce qu'il était excellent nageur.

Pourquoi ne veut-on voir dans César qu'un politique consommé, calculant toutes ses actions et incapable d'une faiblesse ? Pour moi, je ne doute pas qu'il n'ait été bien et dûment amoureux de Cléopâtre. Sans doute elle était fort supérieure à toutes les Romaines, à toutes les Gauloises qui avaient été ses maîtresses. Cléopâtre était petite, brune, le contraire d'une beauté régulière, mais elle savait causer, et je soupçonne que jusqu'alors César n'avait guère trouvé de femmes dont la conversation l'intéressât. Plutarque rapporte une charmante anecdote de Cléopâtre versant du poison dans la coupe d'Antoine, tout en lui parlant, sans que ce grossier soldat, bien moins prenable par le doux parler que son maître César, s'aperçût de ce manége, tant ses yeux étaient fixés aux yeux et aux lèvres de l'Égyptienne. Telle devait être la maîtresse d'un grand homme de cinquante-trois ans, encore vert toutefois, comme le prouva la naissance du petit Césarion, dont Cléopâtre était fière. Ce malheureux enfant était bien le fils de César, car Octave eut grand soin de s'en débarrasser. Oserai-je le dire, c'est par ces faiblesses étrangères à ses contemporains que César me semble si supérieur à son temps et à son pays. Brutaux et sensuels, les Romains de cette époque ne connaissaient le plaisir que dans les orgies; César était délicat, honnête homme jusque dans la débauche. On aime à trouver en lui la galanterie qui ne parut en Europe que près de dix siècles plus tard. Romain et élevé dans le paganisme, ne croyant pas aux juges des Enfers, il était pourtant bon, humain et sensible. Il y avait dans cette organisation exquise une fibre de délicatesse presque féminine. Il pleurait en traversant la plaine de Pharsale jonchée de ses ennemis morts. « Ils l'ont voulu ! s'écriait-il avec douleur, ils m'y ont forcé ! » Il pleurait encore en voyant la tête de Pompée, son rival ; et lorsque, percé de coups de poignard, il aperçut Brutus parmi ses assassins : « Et toi aussi, mon fils ! » dit-il en grec, car c'est sans doute dans cette langue de la bonne compagnie qu'il parlait à Servilia, mère de Brutus. Quelle immense distance entre César et tous ses contemporains !

M. Merivale a fait bonne justice du prétendu amour de la liberté que la plupart des historiens ont si gratuitement prêté aux meurtriers de César. Le dictateur fut assassiné par des gens qu'il avait comblés de ses bienfaits, mais dont il voulait restreindre l'avidité. Ils ne purent lui pardonner les réformes qu'il voulait introduire ni l'ordre qu'il prétendait établir dans le monde qu'il avait conquis. Un jour que Napoléon présidait un divan au Caire, on vint lui annoncer que des Arabes bédouins avaient pillé un village et tué un paysan. Aussitôt le général en chef, témoignant une vive indignation, donna l'ordre à un corps de cavalerie de punir cet acte de brigandage. Les scheiks arabes étaient étonnés qu'on fît tant de bruit pour la mort d'un fellah. — Et quoi ! dit un d'eux, ce paysan qu'on a tué était-il donc ton frère ? — Tous ceux qui m'obéissent, répondit Napoléon, sont mes enfants. — César regardait aussi comme ses enfants les habitants des provinces sujettes et s'opposait aux pilleries coutumières des magistrats de la république. Vingt-trois coups de poignard lui firent expier cette infraction aux patriotiques traditions de Rome. Au reste, il faut se garder de prendre César pour un philanthrope du genre de nos négrophiles. Je ne pense pas que ce fût par pur amour de l'humanité qu'il cherchait à rendre le joug moins pesant aux sujets de l'Empire ; mais l'Empire était devenu sa chose et il se sentait responsable des abus qu'il y tolérerait. S'il traita mieux les provinces sujettes qu'aucun magistrat de la république n'avait fait avant lui, ce n'est pas qu'il fût exempt des préjugés de race ordinaires à sa nation et à son époque, mais à la distance où il se trouvait du reste des hommes, Romains et provinciaux se confondaient pour lui dans une masse commune soumise à sa volonté.

Je dois dire en terminant quelques mots du style de M. Merivale. Presque toujours vif et rapide, constamment clair et facile, il a souvent la gravité que comporte l'histoire. Parfois des métaphores un peu hardies, des images plus brillantes que nettes et fermement tracées semblent indiquer de la part de l'auteur une admiration un peu irréfléchie pour Lucain, que d'ailleurs il cite trop sans cesse comme une autorité historique. Les Anglais se moquent de notre purisme, peut-être exagéré, dans l'emploi des métaphores. Cependant je doute qu'en Angleterre même on approuvât une phrase comme celle-ci : « Les amis de César le regardaient comme *un soleil levant* qui devait être pour eux *la source* des honneurs et de la fortune. » [Tome I, p. 135.] Ailleurs l'auteur dit que César avait encore *une carte* à jouer. [Tome II, p. 55.] Ce sont des misères qui échappent aux meilleurs écrivains depuis que les improvisations de la tribune et de la presse quotidienne assiégent toutes les mémoires et ont habitué les gens de lettres à une foule de phrases toutes faites qu'on répète sans les examiner. M. Merivale d'ailleurs a pris franchement un parti que j'approuve, c'est de traduire dans notre langue parlementaire beaucoup de mots et de phrases latines, que la plupart des érudits modernes rendent par un jargon conventionnel qui n'appartient à aucun idiome. M. Merivale ne dit pas une *rogation*, mais un projet de loi — et il a parfaitement raison. Avant tout il faut être clair, et écrire pour tout le monde. En outre, entre les institutions de Rome et nos institutions constitutionnelles, il existe une singulière analogie. La tactique et les intrigues des assemblées délibérantes, les divisions de partis qui existent dans ces compagnies, ont existé autrefois dans le sénat de Rome. Quel meilleur moyen de faire comprendre au lecteur cette remarquable conformité entre notre temps et l'antiquité, que de se servir de termes généralement adoptés aujourd'hui et qui représentent des idées devenues vulgaires?

MÉMOIRES

D'UNE

FAMILLE HUGUENOTE.

MÉMOIRES

D'UNE FAMILLE HUGUENOTE (1).

Je viens de lire ce petit volume avec un vif intérêt. C'est le récit de la vie d'un homme obscur, et qui n'a pris qu'une bien petite part aux événements de la fin du dix-septième siècle : cependant cette biographie a son importance historique ; elle permet d'entrevoir les mœurs et les opinions de la société moyenne en France, à une époque où cette classe ne faisait guère parler d'elle, et où les gens de cour et d'Église semblaient avoir le privilége exclusif de s'adresser à la postérité. L'auteur de ces *Mémoires* (ou plutôt de la partie la plus considérable du recueil), Jacques Fontaine, donne des détails curieux sur les per-

(1) *Memoirs of a huguenot Family*, etc., translated by Anna Maury. New-York, 1853.

sécutions qui précédèrent et suivirent la révocation de l'édit de Nantes, sur l'exil des protestants et leur établissement en pays étranger. Il est inutile de remarquer qu'on ne doit pas s'attendre à trouver dans ce livre des appréciations politiques profondes, ni même ingénieuses ; il n'y faut chercher ni modération ni vues exactes : livre d'émigré, c'est tout dire. Cependant, malgré sa passion et ses préjugés, le narrateur surprend la sympathie tout d'abord ; c'est un de ces hommes singuliers, tout d'une pièce, qui furent peut-être insupportables dans leur temps, mais auxquels on s'attache involontairement après leur mort. Tel était le fameux Agrippa d'Aubigné, si difficile à vivre pour ses contemporains, si aimable pour nous qui lisons ses mémoires ; tel était l'auteur du livre dont j'ai à rendre compte. Ministre de l'Évangile par profession, fabricant de draps ou négociant par nécessité, soldat par occasion et surtout par inclination, Jacques Fontaine est un mélange de contrastes qui, sous la plume de Walter Scott, ferait la fortune d'un roman. Malheureusement notre auteur, comme la plupart des hommes d'action, n'est pas fort habile dans l'art de raconter. On regrette qu'il passe si rapidement sur maints détails qui nous intéresseraient vivement aujourd'hui ; mais il va toujours droit au but avec une concision lacédémonienne, si ce n'est quand parfois il trouve l'occasion de faire un sermon ; alors il se plaît à faire voir qu'il n'a pas oublié son métier de prédicateur. Observons toutefois que nous n'avons qu'une traduction anglaise de ces *Mémoires ;* selon toute apparence, le style de l'auteur a conservé dans sa langue natale quelque chose de l'originalité de son caractère, et voilà ce qu'une traduction n'a pu reproduire. Je fais des vœux pour qu'on publie un jour la version première de Jacques Fontaine dans cette belle langue du dix-septième siècle, non moins admirable dans les mémoires des gens du monde que dans les livres des grands écrivains.

Jacques Fontaine commence l'histoire de sa famille par celle de son arrière-grand-père, lequel était un gentilhomme du Maine, prenait le *de* dans les actes qu'il signait, et avait été gendarme dans une compagnie d'ordonnance sous François Ier. Cette situation n'était pas quelque chose de considérable, tant s'en faut ; cependant, riches ou pauvres, tous les gentilshommes commençaient ainsi leur carrière au seizième siècle. Le gendarme des ordonnances quitta le service pour embrasser la religion réformée dès son apparition en France, et vécut quelque temps au Mans, dans la retraite, d'un petit patrimoine qu'il possédait. Là, en 1563, durant les premières guerres civiles, ou pendant une de ces trêves mal observées qui suspendaient à peine les hostilités entre les deux partis, il fut assassiné avec sa femme, dans sa maison, par une bande de fanatiques, ou plutôt de brigands qui prenaient un drapeau religieux pour piller avec impunité. Ses fils se sauvèrent comme ils purent, et gagnèrent la Rochelle, qui était alors la capitale et la citadelle des réformés. Le grand-père de Jacques Fontaine, arrivant en cette ville à demi nu, dépourvu de toutes ressources, fut heureux d'être recueilli par un cordonnier qui l'adopta et lui apprit à tailler le cuir. Il y réussit, à ce qu'il paraît, et gagna même une petite fortune a faire des souliers. C'était un fort bel homme. Il se maria deux fois, — la seconde fois, étant déjà sur le retour, mais encore vert, et portant bien une barbe grisonnante qui lui couvrait la poitrine. Cela n'empêcha pas que sa seconde femme ne voulût l'empoisonner; on ne dit pas pour quels motifs. En France, dès ce temps-là, on s'intéressait fort aux grands coupables, et les bonnes âmes de la Rochelle remuèrent ciel et terre pour empêcher madame Fontaine d'être pendue. Le roi Henri IV se trouvant de fortune en ces parages, on lui remit des placets pour obtenir la grâce de cette femme légère. Avant de rien décider, le roi se fit montrer le mari, qui probablement sollicitait comme les autres. On lui présenta un grand gaillard haut de six pieds, d'apparence plus propre à manier une lance qu'un tranchet. « Elle n'a pas d'excuse, s'écria le roi, qui avait aussi une barbe grise. Ventre-saint-gris ! empoisonner le plus bel homme de mon royaume ! qu'on la pende ! » Ainsi fut fait.

La pauvre femme incomprise à qui ce malheur arriva n'avait pas donné d'héritier au cordonnier son époux, et le père de Jacques Fontaine était le dernier enfant du premier mariage. Déjà la famille était en voie de prospérité, car ce fils, au lieu de faire des chaussures, fut ministre de l'Évangile, et s'acquit une certaine réputation d'éloquence par ses prédications. Il avait fait plusieurs voyages à Londres, et même y avait pris femme. A cette époque, les relations de l'Angleterre avec la province de Saintonge étaient assez étroites. Un commerce actif et la contrebande des grains et des eaux-de-vie favorisaient les communications et les intrigues des réformés avec leurs coreligionnaires de la Grande-Bretagne. C'est de ce pays qu'ils tiraient des secours et des munitions pendant les guerres civiles ; ce fut sur l'espoir tant de fois déçu d'une grande expédition anglaise que les Rochelois soutinrent ce long siége qui détruisit leur commerce et leur importance politique.

Jacques Fontaine naquit en 1658. Il fut élevé comme devait l'être l'arrière-petit-fils d'un martyr et le fils d'un ministre ardent et passionné pour sa croyance. Doué d'une constitution robuste et d'une force morale peu commune, il semblait destiné par la nature à la carrière des armes, mais un accident l'ayant rendu boiteux, tout enfant, on le fit étudier pour en faire un jour un pasteur. La mission des ministres protestants commençait à devenir pénible et même périlleuse. Des tracasseries continuelles préludaient à la persécution, et chaque jour la partialité des agents du gouvernement mettait à l'épreuve la constance des prédicateurs évangéliques. Jacques Fontaine était d'un caractère à se distinguer dans ces temps malheureux, et l'éducation dure de son enfance ne fit que développer sa résolution et son énergie. On en peut juger par cette petite anecdote qu'il rapporte de ses premières années. « M. Arnauld (c'était le maître d'école qui lui apprit à lire) suivait à la lettre le précepte de Salomon qui recommande de ne pas épargner les étrivières à la jeunesse. D'ailleurs c'était toujours en particulier qu'il administrait le fouet à ses élèves, car il avait dans son école des filles aussi bien que des garçons. Nous autres garçons, parlant un jour de la sévérité de notre maître, nous cherchions à supputer de combien de coups de verges se composait une fessée. Personne ne pouvant résoudre le problème,

je m'offris pour en avoir le cœur net à la première occasion. Elle ne tarda pas à se présenter. Pendant les préparatifs de l'exécution, je criais et je pleurais à l'ordinaire ; mais au premier coup de verges je me tus, reconnaissant qu'il m'était impossible de crier et de compter en même temps. Un peu surpris de mon silence, M. Arnauld me regarda en face pour voir ce que j'avais, et, ne me trouvant rien d'extraordinaire, il me donna un second coup plus fort que le premier. Je ne dis mot, pas plus que la première fois, comptant mentalement, tout préoccupé de mon addition et de ne pas laisser voir ce que je faisais. Mon maître, encore plus surpris, frappe de toute sa force sans pouvoir me faire oublier mon occupation ; mais pourtant je ne pus m'empêcher de crier, et très-haut : *trois !*
— Ah! petit drôle, tu comptes? dit M. Arnauld. Eh bien! compte, compte, compte! et les coups se succédèrent si rapidement, que je crains fort de m'être embrouillé dans mon calcul. »

Le fouet avait une place considérable dans toutes les éducations de ce temps, et Jacques Fontaine aurait été sans doute bien embarrassé pour donner le chiffre exact des corrections qui lui furent infligées. Jamais Spartiate ne reçut plus galamment les étrivières devant la statue de Diane Orthie. Il avait un camarade, un *copin*, comme nous disions au collége, avec lequel il partageait tout. Il voulut partager avec lui jusqu'au fouet. Lorsqu'un des deux amis avait mérité une correction, l'autre aussitôt, de propos délibéré, commettait quelque faute pour s'associer au châtiment, si bien que le maître, averti bientôt de ce dévouement si contraire à la discipline, fut obligé de transiger avec Nisus et Euryale, et de tenir un registre spécial où il marquait leurs mauvais points, pour ne les fouetter qu'ensemble, et lorsque leurs comptes respectifs se balançaient à peu près exactement.

Malgré l'excellence de cette vieille méthode selon laquelle furent élevés nos pères, Jacques Fontaine demeura longtemps un fort mauvais écolier. Il ne fit de progrès dans ses études qu'assez tard et lorsqu'il fut confié aux soins d'un professeur fort avancé pour son temps. Celui-ci, piquant avec adresse l'amour-propre de cet enfant opiniâtre et audacieux, en fit un bon humaniste, et lui apprit plus de latin qu'il ne lui en fallait pour argumenter sur la théologie contre tout venant.

Au moment où Jacques Fontaine se disposait à embrasser le ministère évangélique, une crise décisive allait éclater. Depuis assez longtemps déjà, le protestantisme n'était plus que toléré dans le royaume, si l'on peut appeler tolérance le régime d'exception qui pesait sur les religionnaires. Louis XIV voyait en eux non-seulement des hérétiques qui troublaient l'ordre et la paix de l'Église, mais, ce qui était peut-être non moins grave à ses yeux, des rebelles toujours prêts à secouer le joug et à réclamer l'assistance des ennemis de sa maison. A son apparition en France, la réforme, qui avait trouvé comparativement beaucoup plus de prosélytes dans les châteaux que dans les chaumières, ressemblait un peu à une révolte de la haute noblesse contre l'autorité royale. Bientôt les grands seigneurs huguenots, mauvais théologiens, embarrassés d'ailleurs pour soutenir une guerre difficile, avaient appelé des ministres dans leurs conseils pour leur fournir des arguments, rédiger leurs manifestes et leur recruter des soldats. De là un élément démocratique tout nouveau et parfois quelque peu embarrassant. Les ministres devinrent des espèces de tribuns du peuple, sortis de ses rangs, interprètes de ses plaintes et de ses passions. Les synodes provinciaux, où les ministres dominaient par leur éloquence et leur caractère sacerdotal, étaient plus dangereux et plus irritants pour les rois que les grandes compagnies telles que les parlements : il était plus difficile de les gagner ou de les intimider, car si l'on écartait un pasteur populaire, cent autres se présentaient pour lui succéder. Lorsque l'abjuration de Henri IV et la politique de ses successeurs eurent enlevé à la cause protestante la plupart des grands noms qui l'avaient soutenue d'abord, la tendance républicaine des synodes n'en devint que plus manifeste et plus intolérable pour la royauté. A cette époque, l'issue d'une lutte entre le souverain et les sectaires ne pouvait être douteuse. D'ailleurs la réforme n'avait pour elle ni le nombre ni la force morale; l'enthousiasme et l'ardeur de ses débuts commençaient à lui faire défaut. La grande majorité du peuple haïssait les religionnaires. L'orgueil des chefs était insupportable ; l'austérité de toute la secte semblait un masque odieux ou ridicule à une nation gaie, railleuse, amie du plaisir. On se souvenait des irruptions et des surprises qui avaient livré quantité de villes à une poignée d'hérétiques. Partout des églises profanées, des tombes violées, rappelaient les exploits des protestants. On ne pouvait surtout leur pardonner un crime, dont à la vérité les catholiques s'étaient rendus coupables à leur tour, celui d'avoir appelé les étrangers en France, et de les avoir mêlés à nos querelles nationales.

Leurs malheurs, il faut le dire, n'excitèrent que peu de sympathie. Les catholiques fervents applaudissaient aux rigueurs, les indifférents ne voyaient dans les religionnaires que des fous entêtés. Pour obtenir des conversions, toutes les manœuvres étaient permises, et c'était à qui s'ingénierait pour forcer les sectaires à l'abjuration. On leur payait l'apostasie, on leur faisait payer l'attachement à leur croyance. Leurs contributions étaient doublées, on faisait peser sur eux la lourde charge des logements militaires. Ce dernier moyen de persuasion, qui ruinait en peu de temps toute une famille, fut inventé, dit-on, par M. de Louvois, alors ministre de la guerre, et le succès en fut si merveilleux, qu'on attribua à son département la direction des conversions ou des *dragonades*. « Les pères seront hypocrites, disait madame de Maintenon, mais les enfants seront catholiques. » Et pour beaucoup de gens de bonne foi, ce résultat justifiait les contraintes les plus odieuses. M. Pierre Clément, dans son excellent livre sur le gouvernement de Louis XIV de 1683 à 1689, explique fort bien comment les ministres du roi le trompèrent indignement sur la sincérité de ces conversions et sur les moyens employés pour parvenir à l'extirpation de l'hérésie. Chaque fois que la vérité se fit jour jusqu'au prince, il défendit les violences, et les malheureux réformés obtinrent un instant de répit ; mais bientôt, abusé de nouveau par de faux rapports, il laissait les persécutions suivre leur cours, et ces alternatives de sévérité et de clémence furent encore plus funestes aux protestants que ne l'aurait été un système de rigueur franchement maintenu. Passant tour à tour de l'espérance au découragement, ils ne savaient à quel parti se résoudre. Ils épuisaient leurs ressources dans une résistance inutile, et lorsque enfin, à bout de patience, ils ne virent plus que l'émigration pour remède à leurs maux, la plupart, réduits au dernier dénûment, ne pouvaient faire les frais du voyage, ou bien arrivaient en mendiants sur la terre étrangère.

Pendant les premières persécutions, favorisées, mais non encore avouées par le gouvernement, Fontaine se fit remarquer par sa fermeté et son adresse à se tirer des mauvais pas où l'entraînait son zèle enthousiaste. Mis en prison pour avoir prêché, bien qu'il n'eût pas encore reçu l'ordination, il se défendit fort bien, railla très agréablement le ministère public, et finit par être acquitté devant le parlement de Bordeaux. On voit par ses *Mémoires* que cette compagnie était en général fort peu disposée à la rigueur contre les réformés et n'obéissait qu'à contre-cœur aux ordres de la cour ; mais les ministres inférieurs de la justice voyaient dans la persécution des hérétiques une bonne occasion de les rançonner, et malgré les injonctions très-précises du premier président, Jacques Fontaine ne sortit du guichet que débarrassé de tout son argent.

Il se remit à prêcher de plus belle, et comme l'humeur s'aigrit vite dans de pareilles luttes, ce n'était plus par un appel aux lois qu'il voulait défendre sa croyance ; le moment était venu, disait-il, de la soutenir à coups de fusil. Heureusement ses exhortations à la guerre civile ne produisirent aucun effet. Les dragons de *Mons* de Louvois étaient redoutables et redoutés, et la Saintonge n'a pas, comme les Cévennes, des rochers et des précipices pour lasser et détruire des soldats réguliers dans une guerre d'escarmouches incessantes. D'ailleurs tel était alors en France le respect de la nation pour son roi, que beaucoup de protestants zélés, longtemps inébranlables dans leur croyance, se firent scrupule de résister à la volonté du souverain dès qu'il l'eut manifestée. « Plusieurs personnes, dit Fontaine, qui avaient supporté sans broncher les épreuves de la persécution et qui s'étaient laissé dépouiller de tous leurs biens sans succomber à la tentation, y cédèrent à la fin, vaincues par les arguments de faux amis qui leur représentaient que Dieu commande d'honorer les rois et de leur obéir ; c'était, disaient-ils, manquer à son devoir envers le Seigneur que de refuser obéissance aux décrets monstrueux du roi. C'est ainsi qu'ils devinrent d'idolâtres renégats, et se mirent à adorer ce qu'ils savaient n'être qu'un morceau de pain. »

Parmi cette loyauté et cette timidité générales, Fontaine courait le pays armé jusqu'aux dents et déguisé, prêchant dans les solitudes, gourmandant les indécis, échauffant les braves, et mourant d'envie de rencontrer au coin d'un bois quelques-uns de ces soldats qui faisaient *l'œuvre du démon* en Saintonge. A sa confiance dans le Seigneur Fontaine joignait, comme Cromwell l'exigeait de ses soldats, quelques précautions temporelles. Il était excellent cavalier ; il montait un barbe fin coureur, et dès son enfance il s'était exercé à abattre un blanc en tirant au galop ; enfin il connaissait tous les bois, tous les sentiers de la province. « Je savais bien, dit-il, que pas un seul des dragons ne pourrait m'atteindre à la course, et j'étais décidé, s'ils me poursuivaient, à fuir en Parthe. J'aurais attendu que le mieux monté eût dépassé ses camarades pour me retourner et lui casser la tête; puis, piquant des deux, j'aurais rechargé pour en faire de même à un autre. » D'après quelques expressions obscures, peut-être à dessein, je serais porté à croire que cette manœuvre ou quelque autre semblable n'aurait pas été inutile au digne ecclésiastique, et il adresse des louanges au Seigneur pour certaines grâces occultes qu'il en aurait reçues, lesquelles peut-être ont coûté cher aux dragons de Louis le Grand.

Mais avec un barbe et une paire de pistolets on ne fait pas une révolution ni même une révolte. Bientôt, n'ayant plus d'autre ressource que la fuite, il fit marché avec un capitaine anglais qui, pour cent francs par tête, transportait dans son pays les protestants qui voulaient émigrer. De par le roi, la fuite était interdite à ces malheureux, et tandis que les dragons les traquaient dans les bois, des vaisseaux croisaient le long des côtes pour arrêter les fugitifs. Fontaine décrit avec une certaine verve les péripéties de cet embarquement hasardeux. Neuf femmes et deux hommes s'étaient jetés avec lui dans une petite barque qui devait accoster le vaisseau anglais à quelque distance au large. Pour que leur manœuvre ne parût pas suspecte à une frégate française qui croisait le long de la côte, ils passèrent plusieurs heures à portée de la voix de ce bâtiment, dont le capitaine pouvait avoir envie de les visiter. Les douze protestants étaient couchés au fond de la barque, cachés sous des voiles et des filets de pêche. La nuit et le vent les favorisèrent, et ils purent gagner le vaisseau anglais.

A peine débarqué sur le sol britannique, Fontaine entra chez un boulanger pour acheter du pain. Frappé du bon marché, il emploie aussitôt le peu d'argent qu'il avait apporté à faire une spéculation sur les farines, charge un bâtiment, fait vendre ses farines en France, et malgré les droits de commission et les tours de bâton de ses associés, il réalise un très-honnête bénéfice. C'était un assez brillant début pour un pauvre ecclésiastique.

Si Fontaine avait l'instinct du commerce, il croyait que tout n'est pas matière à spéculations, et que l'argent n'est pas le bien le plus désirable en ce monde. Parmi les neuf compagnes de son aventureuse évasion, il y avait une demoiselle Boursiquot qu'il voyait d'un œil fort doux; sous les voiles et les filets où ils avaient passé de longues heures, l'amour leur avait tenu compagnie, et ils avaient échangé une promesse de mariage écrite, engagement autorisé par les lois de ce temps. Cette demoiselle, fort jolie à ce qu'il paraît, attira tout d'abord l'attention d'un Anglais très-riche, qui voulut l'épouser. Mademoiselle Boursiquot ne savait pas un mot d'anglais, l'Anglais pas un mot de français; il s'adressa bravement en latin à Fontaine, et le pria de faire la proposition à mademoiselle Boursiquot, offrant à son interprète une sœur à lui avec une belle dot en dédommagement. Les deux émigrés soutinrent noblement cette épreuve, envoyèrent promener l'Anglais et sa sœur, et se marièrent riches d'amour, mais sans un sou vaillant.

Peu de temps après, nouvelle tentation du malin. Le mariage romanesque de ces deux jeunes gens avait fait une certaine sensation et leur avait procuré des protecteurs. On offrit à Fontaine une prébende de trente livres sterling par an, situation assez bonne alors, même pour tout autre qu'un émigré ; mais pour l'obtenir, il fallait confesser le symbole de l'Église d'Angleterre, et Fontaine fut pris de scrupules. « Je ne trouvais rien à redire à la liturgie de cette Église, dit-il : je l'avais étudiée à fond, et j'adoptais de grand cœur les trente-neuf articles ; mais le gouvernement de l'Église et le point capital de l'épiscopat me parurent avoir un peu trop de ressemblance avec le papisme. De plus, j'appris que l'Église anglicane persécutait cruellement ses frères calvinistes à cause de cette question de l'épiscopat. On me dit encore que tous les pauvres gens qui, peu de jours avant notre arrivée, avaient été exécutés à cause de la rébellion du duc de Monmouth (et dont les têtes et les membres, exposées aux portes des villes et des carrefours, donnaient le spectacle d'étaux de boucher) n'étaient coupables d'aucun crime, sinon de professer la croyance des presbytériens. » I n'en fallut pas davantage pour le décider. Échappé aux dragons, il était prêt à braver les jurés de Jeffreys ; il se reconnut aussitôt pour presbytérien et refusa le bénéfice qu'on lui offrait. D'ailleurs Jeffreys, qui en voulait surtout aux presbytériens riches, laissa en repos les pauvres réfugiés français.

Pour vivre et faire vivre sa femme, qui bientôt lui donna un nombre très-respectable d'enfants, Fontaine se fit tout à la fois épicier, mercier, chapelier ; puis il s'avisa de fabriquer du drap. Telle était alors l'ignorance des arts industriels en Angleterre, que notre brave ministre se fit une petite fortune en inventant ou plutôt en important un procédé très-grossier pour débarrasser le drap des longs poils qui restent à sa surface après le tissage. Aujourd'hui on connaît vingt machines plus ingénieuses les unes que les autres pour tondre les draps. Fontaine brûlait tout bonnement les longs poils avec une torche de paille dont la flamme passait assez rapidement pour ne pas roussir l'étoffe. Il avait tout d'abord trouvé le tour de main qu'il fallait pour réussir dans cette opération délicate. Pour le temps, c'était une découverte assez importante, qui naturalisait une industrie en Angleterre. On sait que ce n'est pas la seule qu'elle ait gagnée à la révocation de l'édit de Nantes.

La révolution de 1688, en émancipant les presbytériens, rendit Fontaine à ses travaux spirituels, sans pourtant l'arracher entièrement à ses spéculations industrielles et commerciales. Nommé ministre d'une communauté de réfugiés établis à Dublin, il ne tarda pas à se brouiller avec ses ouailles, qu'il paraît avoir menées un peu militairement. Il les quitta pour aller prêcher l'Évangile et fonder un établissement de pêcheries dans le nord de l'Irlande, en pays de catholiques ou plutôt de sauvages. Là avec sa femme, ses enfants et quelques domestiques, la plupart français, il pêchait et prêchait, toujours sur le qui-vive, au milieu de paysans qui le haïssaient doublement en sa qualité d'étranger et d'hérétique. Le gouvernement anglais favorisait alors autant qu'il lui était possible ces établissements dans la partie septentrionale de l'Irlande; c'étaient comme autant de petites colonies protestantes intéressées à y maintenir l'autorité du nouveau prince. Fontaine, ayant remarqué que la baie où il avait fixé sa demeure recevait d'assez fréquentes visites des corsaires français, s'adressa au duc d'Ormond, lord-lieutenant d'Irlande, et lui proposa d'élever un fort qui défendrait ses pêcheries et toute la baie. Surpris de voir un ministre disserter doctement sur l'art de la guerre, le duc lui répondit un peu sèchement : « Priez Dieu pour nous, monsieur; nous saurons bien vous défendre. » Fontaine se mordit les lèvres, et rempocha son projet de fort; mais quelques mois plus tard il écrivait au duc : « Milord, je me suis acquitté fidèlement de mon devoir de prier pour vous; mais Votre Grâce a oublié sa promesse, car elle ne m'a pas défendu, et il a bien fallu que j'en prisse le soin moi-même. » Un corsaire français avait débarqué auprès des pêcheries et avait voulu piller la maison de Fontaine : il avait trouvé à qui parler. Le brave ministre n'avait que deux ou trois domestiques en état de combattre; mais sa maison était un arsenal. Madame Fontaine et les enfants chargeaient les fusils, et le saint homme canardait vigoureusement les corsaires, qui, désespérant d'en venir à bout, furent obligés de lever le siège après huit heures de combat. Ils laissaient trois morts sur la place et emportaient bon nombre de blessés. Pendant cette bataille, deux cents paysans irlandais, rassemblés en amateurs sur les falaises voisines, regardaient tranquillement les prouesses de leur pasteur et jugeaient les coups.

Ce siége si galamment soutenu fit grand bruit en

Irlande et attira les faveurs du gouvernement sur l'émigré français qui payait de son sang sa dette d'hospitalité. Le duc d'Ormond adopta les idées de Fontaine et fit bâtir un fort auprès de ses pêcheries ; mais ces précautions ne firent qu'irriter les corsaires. Bien servis par leurs espions irlandais catholiques, ils surprirent la petite garnison et s'emparèrent du fort sans coup férir. La maison du pasteur se défendit mieux, mais comment résister au nombre? Après avoir épuisé ses munitions, grièvement blessé et entouré de flammes, Fontaine capitula avec les pirates et ouvrit ses portes. Ils le traitèrent fort mal, et il put dire avec Cicéron : *Beneficium latronis non occidere*. Durement rançonné, pillé et incendié, Fontaine, déjà vieux, paraît avoir renoncé dès lors aux aventures. Il termine ses *Mémoires* domicilié à Dublin, où il subsistait d'une pension du gouvernement. Ses fils étaient établis. Un d'eux, qui avait servi comme officier dans l'armée de milord Peterborough, en Catalogne, alla vivre en Amérique, emportant une copie des *Mémoires* dont nous venons de rendre compte. C'est celle qui vient d'être publiée à New-York, traduite, je crois, par une des petites-nièces de l'auteur.

Le reste du volume contient le journal assez insignifiant du fils de Fontaine établi en Amérique, et quelques lettres de différents membres de sa famille qui paraissent avoir oublié assez vite leur origine française. On remarque une lettre d'un colonel William Fontaine, de l'armée de Washington, qui vient de voir les troupes de lord Cornwallis, prisonnières de guerre, défiler devant les milices américaines et leurs auxiliaires français.

« Croyez, dit-il à son correspondant, que ces derniers ne ressemblent pas du tout à ces mangeurs de grenouilles et de mauvais légumes dont on nous apprenait à nous moquer. Je n'ai jamais vu de plus belles troupes. »

DE L'ENSEIGNEMENT

DES BEAUX-ARTS.

DE L'ENSEIGNEMENT
DES BEAUX-ARTS.

1849.

L'ÉCOLE DE PARIS ET L'ACADÉMIE DE ROME.

Le ministre de l'intérieur a nommé récemment une commission pour réviser les règlements de l'Académie des Beaux-Arts et de l'Académie de France à Rome, particulièrement en ce qui concerne les concours et les récompenses qui en sont la suite. D'un autre côté, un grand nombre d'artistes se sont réunis pour protester contre le choix de cette commission, prétendant qu'à eux seuls appartient de la désigner. Peut-être eût-il mieux valu, pour protester, attendre le rapport fait au ministre. D'ailleurs, pourquoi contester tout d'abord au gouvernement une initiative sans laquelle il n'y a guère d'administration possible? Je crains surtout qu'on ne se soit mépris sur le but du gouvernement. La plupart des artistes se sont émus en pensant qu'il s'agissait de leurs intérêts. Il s'agit, je le pense du moins, des intérêt de l'art, ce qui est fort différent, il faut avoir la franchise de faire cet aveu pénible. — Loin de moi le profane vulgaire ! voilà ce que dit l'art. — Il faut que tout le monde vive, voilà ce que disent beaucoup d'artistes. — Oui, sans doute, il faut que tout le monde vive, mais en faisant le métier auquel chacun est propre. Tel serait un bon dessinateur dans une fabrique, qui ne fera jamais qu'un détestable peintre; tel sculpteur fera fort bien des chambranles de cheminées, qui ne modèlera jamais une bonne statue. Ce n'est pas à *tous* les artistes, ni à la majorité des artistes que le gouvernement doit demander des conseils. Il fera mieux d'en consulter un seul que d'écouter les avis des trois mille exposants au Salon de cette année.

Les artistes demandent à la république plus qu'elle ne peut et plus qu'elle ne doit leur donner. Ces prétentions sont naturelles après une révolution comme la nôtre. Revenu de son étonnement, chacun s'imagine d'abord que la révolution s'est faite pour lui. Si, comme je l'espère, elle s'est faite pour le bien général, il faudra lui pardonner quelques malheurs particuliers. Une monarchie accorde des faveurs, une république n'en donne point. Sa première vertu est la justice. Elle honore le talent : la médiocrité n'a rien à prétendre d'elle.

Sans doute, dans un pays comme le nôtre, les arts méritent la sollicitude constante du gouvernement. Ils sont une des gloires de la France, et c'est par les beaux-arts surtout que notre industrie occupe une place dans les marchés de l'Europe ; mais, comme je le disais tout à l'heure, il est essentiel de ne pas confondre les arts avec les artistes. Aux premiers le gouvernement doit des encouragements; aux seconds il ne doit que la protection qu'il accorde à tous les citoyens dans l'exercice de leur industrie.

Quelques mots d'explication sont ici nécessaires. J'entends par encouragements aux arts les mesures qui peuvent en rendre l'étude accessible à tous ceux qu'anime un noble instinct. Faciliter l'éducation des artistes est donc la mission d'un gouvernement national; mais il arrive un temps où cette éducation est faite, et alors l'artiste doit se soutenir par ses ouvrages. Je sais que beaucoup d'entre eux, avertis par la pauvreté de l'inutilité de leurs efforts, maudiront cette éducation qu'on leur a donnée. Pourquoi vouloir être artistes? Aviez-vous *reçu du ciel l'influence secrète?* N'en est-il pas de même dans toutes les professions? Combien de sous-lieutenants accusent le sort de ne les avoir pas faits maréchaux de France? Gagnez des batailles, leur dira-t-on. Faites des chefs-d'œuvre ou dessinez des indiennes, dirons-nous à ceux qui à tort ou à raison se prétendent artistes.

Je me hâte d'aller au-devant d'une objection.

Il y a dans les arts du dessin deux routes également suivies qui mènent toutes deux à la gloire et même à la fortune. Les uns s'attachent à ce que l'art a de plus sublime et de plus difficile, les autres à ce qu'il a de séduisant et de propre à concilier les suffrages de la foule. S'il s'agit de peinture, on appelle les premiers peintres d'histoire, les seconds peintres de genre ou de portraits. Je n'essayerai pas de traiter ici une question souvent débattue, celle de savoir quel rang il convient d'assigner au *genre ;* je remarque seulement que dans un pays où les fortunes sont médiocres, dans une capitale où peu de maisons sont assez vastes pour contenir des statues ou des tableaux de grandes dimensions, la peinture et la sculpture *historiques,* qu'on me passe ce mot, ne peuvent exister qu'avec l'appui constant de l'administration. Il n'y a qu'un prince ou qu'une république qui puisse payer et loger *la Transfiguration* ou *les Noces de Cana.*

C'est aussi pour la peinture et la sculpture historiques que je réclame toute la protection du gouvernement ; mais il ne s'ensuit pas qu'elle doive être accordée sans discernement, et que, bon ou mauvais un tableau, un bas-relief, dès qu'il sera d'une certaine grandeur, doive être acheté par l'État. Au contraire, et précisément parce qu'il s'agit de l'argent de l'État, il faut apporter le soin le plus scrupuleux à n'en faire qu'un bon emploi, à ne donner place dans nos musées ou nos monuments publics qu'aux ouvrages d'un mérite incontestable.

Je ne crois pas être injuste pour la peinture et la sculpture de genre en les abandonnant entièrement à la protection des amateurs. Vienne un Van-Dyk, un Terburg ; ils trouveront facilement renommée et fortune. D'un autre côté, pourquoi encourager à faire de mauvais portraits ou de méchantes statuettes ? Il y aura toujours de bons bourgeois qui empêcheront la médiocrité de mourir de faim.

En résumé, voici les principes que je voudrais voir adoptés par le gouvernement :

1° Encourager et faciliter l'éducation des artistes ;

2° Récompenser le talent qui s'exerce dans un genre difficile et qui travaille surtout pour la gloire du pays ;

3° Abandonner la médiocrité.

Peu de pays possèdent des institutions aussi libérales que les nôtres pour l'éducation des artistes. Presque toutes nos grandes villes ont des écoles de dessin et même de peinture, sculpture et architecture. Paris en compte deux très-importantes, l'École gratuite et l'École des Beaux-Arts. La première a surtout pour objet de former des dessinateurs pour l'industrie. Dans la seconde, on enseigne tous les arts du dessin, et de nombreux professeurs y font des cours accessoires qui permettent aux jeunes artistes de se livrer à toutes les études nécessaires à leur complète instruction.

Quant à présent, je ne pense pas qu'il y ait de grandes améliorations à introduire dans l'enseignement de ces deux écoles; qu'on nous permette seulement d'indiquer ici deux lacunes qu'il serait facile sans doute de faire disparaître.

Il existe à l'École des Beaux-Arts un cours d'histoire, considérée surtout à son point de vue le plus important pour les artistes, les mœurs et les costumes. Pour donner à cet enseignement tout l'intérêt qu'il peut offrir, je voudrais qu'on augmentât, ou, pour mieux dire, que l'on fondât la bibliothèque de l'École des Beaux-Arts. Il faudrait pouvoir mettre sous les yeux des élèves un grand nombre de dessins et de gravures. Les importantes publications auxquelles souscrivent les ministres de l'intérieur et de l'instruction publique ne sauraient être mieux placées que dans une semblable bibliothèque. Sous l'ancien gouvernement, on en faisait cadeau à maint chef-lieu d'arrondissement où ils ne servaient qu'à amuser quelques oisifs et à constater le crédit de tel ou tel député. Aujourd'hui tout livre utile doit avoir sa destination utile aussi. A cette collection de livres et de dessins, il serait encore bon d'en joindre une de véritables costumes, confectionnés sous les yeux d'artistes et d'antiquaires exercés, et qui serviraient à habiller des modèles en présence des élèves. On ferait ainsi pour les jeunes gens, aux frais de l'État, et dans une direction indépendante de tout système particulier, ce que les artistes les plus célèbres ont toujours pratiqué dans leurs ateliers. Rien n'aiderait mieux à comprendre les habitudes des anciens que cette comparaison entre la réalité et son interprétation par la peinture ou la statuaire antiques. Ce n'est pas tout de voir un péplus ou une chlæna sur une de ces charmantes terres cuites d'Athènes, il faut encore examiner ces vêtements déployés, les manier, apprendre comment ils s'attachent, s'ajustent et se combinent. Des Hottentots seraient fort embarrassés, je pense, s'ils n'avaient, pour connaître nos vêtements, que nos tableaux ou nos statues. Dieu sait quelles méprises ils feraient quand il faudrait s'habiller. La garderobe que je propose pourrait encore s'augmenter de quelques costumes orientaux, car, ainsi que M. H. Vernet l'a fort bien démontré dans un intéressant mémoire lu à l'Académie des Beaux-Arts, les vêtements actuels de plusieurs peuples de l'Asie et de l'Afrique présentent l'analogie la plus frappante avec les descriptions des auteurs anciens et avec les monuments figurés. C'est une idée féconde et qu'il convient d'approfondir.

Une seconde addition plus importante que je réclame pour l'École des Beaux-Arts, c'est la création d'une chaire spéciale d'architecture du moyen âge. Cet enseignement n'existe pas dans notre école, ou plutôt n'a qu'une place nécessairement trop bornée dans un cours général de l'histoire de l'architecture. L'utilité, la nécessité de cette chaire nouvelle est facile à démontrer.

Le ministère des cultes consacre tous les ans plus de 2,000,000 à la réparation de nos cathédrales et de nos églises; le ministère de l'intérieur emploie 800,000 fr. à l'entretien de nos monuments historiques, dont les neuf dixièmes sont des édifices du moyen âge; le ministère des travaux publics fait exécuter également de grandes restaurations; enfin les départements et les communes votent tous les ans des sommes aussi considérables pour seconder les travaux de ce genre dirigés par l'administration centrale. Ainsi, l'on dépense plusieurs millions tous les ans pour la conservation d'une architecture dont on n'enseigne ni la théorie ni la pratique. Confier la direction de tels travaux à des artistes sortis de nos écoles publiques, c'est s'exposer à des erreurs fâcheuses, dont on pourrait citer plus d'un exemple; en charger des artistes qui ont fait leur éducation ailleurs, n'est-ce pas reconnaître la lacune que je viens de signaler?

Au reste, je ne sache pas que les critiques ou les plaintes s'élèvent contre l'enseignement de l'École des Beaux-Arts. Elles portent principalement sur les concours et surtout sur leurs jugements. Dans tout concours, il y a beaucoup d'appelés et peu d'élus, et il n'est pas étonnant qu'on accuse des juges obligés de se montrer sévères. On ne les taxe pas d'injustice ni même de partialité; mais ils ont, à ce qu'on dit, des tendances trop exclusives. Ils attacheraient trop d'importance à l'observation de certaines traditions, j'ai presque dit de certaines pratiques matérielles. Cependant les professeurs sont nombreux; chacun a sa méthode, et, au premier abord, on serait tenté de croire qu'il doit en résulter plutôt une absence d'unité dans la direction de l'enseignement. Or, on se plaint au contraire, et les concours annuels prouvent que ce n'est pas tout à fait sans motif, on se plaint d'un certain *éclectisme* imposé, qui détruit chez les jeunes gens l'originalité et les allures franches et natives. Les concurrents, obligés de plaire à leurs juges, ne croient pouvoir mieux faire que de les imiter. C'est imiter la nature qu'il faudrait; mais le moyen de prévenir cette tendance assurément regrettable? N'est-ce pas un vice inhérent à toute école et impossible à éviter? Nulle école n'existe que par l'esprit de corps, et, s'il en était autrement, ce serait, je crois, un mal. Il est bien difficile à un professeur sentant l'art, et surtout le pratiquant d'une certaine manière, de conserver l'impartialité et la liberté de jugement, qu'un simple amateur ne garde qu'avec beaucoup de peine. A un homme amoureux d'une blonde n'allez pas demander ce qu'il pense des brunes. Je ne doute pas que Raphaël n'eût jugé sévèrement les ouvrages de Rubens, et Rubens, en copiant Léonard de Vinci, a montré qu'il trouvait fort à redire à la Cène.

On aura donc toujours beau jeu à attaquer les jugements d'un artiste dont la méthode est faite, et surtout les jugements d'une compagnie d'artistes qui, par l'habitude de vivre ensemble et par la conformité de leurs goûts, se font chaque jour des convictions plus profondes. A mon avis, on s'exagère le mal. Je n'ai jamais entendu parler d'injustices criantes, et ordinairement le public a trouvé les arrêts de l'Institut plus indulgents que sévères; mais, à mon avis, ce n'est pas dans les jugements des grands prix que l'influence d'école s'exerce d'une manière fâcheuse. Ce serait plutôt dans les épreuves préparatoires qu'il serait à propos de la conjurer. Je veux parler des concours d'esquisses, de figures peintes ou modelées. Là peut-être les jugements, ayant moins d'importance, seraient rendus avec moins de réflexion. Déjà la section d'architecture, sans doute pour ôter tout prétexte à la critique, a cru devoir s'adjoindre un jury spécial choisi en dehors de l'Institut. Cet exemple pourrait être imité par l'Académie de peinture et de sculpture. Très-probablement ses jugements n'en seraient pas modifiés d'une manière sensible; il y aurait cependant une chance de plus pour que les lueurs d'originalité qui paraîtraient dans les ouvrages de quelques concurrents fussent appréciées et encouragées.

Les plus importants de ces concours, ceux qu'on appelle les *grands prix,* décident en quelque sorte de la destinée d'un artiste. C'est aussi sur ce point que portent principalement les réclamations des réformateurs.

Quelques mots d'abord pour faire connaître le système actuel et ses résultats.

Après une série d'épreuves préparatoires destinées à faire connaître le degré d'instruction des élèves, les concurrents, architectes, peintres d'histoire, paysagistes, sculpteurs, graveurs en taille-douce, graveurs en médaille et musiciens, qui justifient d'être âgés de moins de trente ans, reçoivent un programme rédigé par l'Institut, et, renfermés dans des ateliers séparés, qu'on nomme *loges,* ils exécutent, sans communications avec le dehors, dans un temps fixé, une composition sur ce programme. L'Académie des Beaux-Arts décerne les prix. L'artiste qui est nommé le premier est pensionné, pendant quatre ou cinq ans, par le gouvernement. Les peintres d'histoire, les sculpteurs et les graveurs en taille-douce sont envoyés à l'Académie de France à Rome, où, pendant cinq années, ils sont nourris et logés et reçoivent une indemnité mensuelle de 75 fr. — Les architectes passent quatre ans à l'Académie, et la cinquième année, sur leur demande, peuvent être envoyés à Athènes. — Les musiciens demeurent deux ans à Rome, puis voyagent pendant une autre année en Allemagne. Leur pension leur est continuée pendant deux années encore à Paris. — Les paysagistes et les graveurs en médaille ne jouissent de la pension que pendant quatre ans. J'oubliais de dire qu'avec la permission du directeur, tous les pensionnaires peuvent voyager en Italie, avec leur indemnité de 75 fr., et que les frais de leur voyage à Rome et de leur retour à Paris leur sont payés à raison de 600 fr. pour chaque voyage.

Voilà l'état de choses actuel qui est l'objet de bien des critiques. Elles portent sur l'âge des concurrents, l'époque des concours, le voyage en lui-même et le séjour à l'Académie de France. J'examinerai successivement ces différentes questions ; mais d'abord, partant des principes que je proposais tout à l'heure, je demanderai pourquoi il y a un grand prix de paysage? On a beau l'appeler *paysage historique*, ce n'en est pas moins de la peinture de genre. Observons que tous les grands peintres ont été paysagistes, quand ils l'ont voulu. Je n'ai nullement l'intention de rabaisser un art qui a créé des chefs-d'œuvre. Il me semble seulement qu'il n'a pas besoin pour exister d'être encouragé par le gouvernement comme la peinture historique. Rien de mieux que d'accorder une indemnité spéciale, pour voyager, à un paysagiste qui annonce un talent remarquable, mais il est inutile de chercher à créer une classe d'artistes qui sera toujours assez nombreuse; partant, il n'y a aucun inconvénient à supprimer le concours de paysage.

La limite d'âge fixée par l'admission au concours n'est-elle pas beaucoup trop étendue? A trente ans, un artiste vraiment digne de ce nom a formé son talent. Il n'a plus à s'instruire, il faut qu'il travaille et qu'il produise. Presque tous les grands maîtres se sont rendus célèbres avant vingt-cinq ans. Ruisdael seul, dit-on, fait exception à cette règle; mais à l'âge où il commença à peindre, selon une tradition contestable, il n'aurait pu être reçu en loges aux termes de notre règlement. Dans tous les cas, la règle ne peut être fondée sur des exceptions, et il serait probablement utile de restreindre à vingt-cinq ans l'extrême limite pour l'admission aux concours des grands prix. A vingt-cinq ans, celui qui reconnaîtra que la nature ne l'a point créé pour être artiste, est encore à temps pour chercher une autre profession. Il faut laisser une porte ouverte à de sages repentirs.

Quant à l'époque des concours, ne sont-ils pas trop rapprochés? Les concurrents passent trois mois en loges dans un état d'excitation fébrile. Épuisés par un travail pénible, ils s'abandonnent ensuite à un repos assez long, et reprennent fort tard les études sérieuses que le concours a interrompues. Six mois de l'année, souvent plus, se passent ainsi pour les meilleurs élèves de l'école, qui assurément pourraient les employer plus utilement. Je ne vois aucun inconvénient, et je trouve quelques avantages à rendre ces épreuves moins fréquentes. On s'y présenterait mieux préparé, et elles seraient plus décisives. Il est inutile de multiplier le nombre des artistes, il suffit de donner à tous pour se produire des occasions assez fréquentes pour que le talent véritable puisse en profiter. Je proposerais donc que les grands prix ne soient décernés que tous les deux ans. Je me hâte de dire que je ne voudrais pas que la somme que le gouvernement accorde pour l'entretien des pensionnaires fût en rien diminuée. Au contraire, la pension actuelle est tellement médiocre, que la position des élèves de l'Académie de Rome qui n'ont pas de fortune est réellement intolérable. Prétend-on qu'avec 75 francs par mois ils s'entretiennent et payent leurs modèles et leurs couleurs (1) ? A l'époque où cette pension fut fixée, la valeur de l'argent était bien

---

(1) Il est alloué à chaque élève 900 francs, qui lui sont comptés en argent à raison de 75 francs par mois, soit pour son entretien personnel, soit pour les dépenses des travaux d'obligation, soit enfin pour des courses et des recherches spéciales.

(*Règlement de l'Académie de France à Rome*, art. 9.)

supérieure à ce qu'elle est aujourd'hui, et il est évident que, tous les prix étant haussés, il devient également nécessaire d'augmenter la pension.

Vient ensuite la question du voyage en lui-même, ou plutôt à ce sujet un grand nombre de questions se présentent. Le voyage est-il utile aux artistes ? Est-il également utile à tous ? A supposer qu'il soit bon de résider quelque temps à Rome, doit-on réunir les pensionnaires dans l'Académie de France comme des moines dans un couvent, et les astreindre aux règlements en vigueur dans cette académie ?

Contre le voyage, on dit que les artistes perdent souvent leur temps à Rome, qu'ils y oublient le goût français, qu'ils se font eux-mêmes oublier d'un public, dont ils auront à briguer de nouveau les suffrages ; bref, qu'à leur retour à Paris ils auront leur carrière à recommencer. On ajoute que les musiciens ne trouvent à Rome ni les orchestres, ni les chanteurs qu'ils ont à Paris ; que le *Stabat* de Pergolèse ne s'exécute plus comme autrefois à la chapelle Sixtine, attendu qu'il n'y a plus de chanteurs du troisième genre ; enfin que toute musique bonne s'imprime ou se lithographie, et peut se trouver à la bibliothèque du Conservatoire. Quant aux graveurs en taille douce, l'Italie est le pays du monde qui leur offre le moins de ressources. Sont-ce des tableaux qu'ils cherchent ? ils ne manquent pas à Paris ; des gravures ? où trouver un plus riche cabinet qu'à la Bibliothèque nationale ? des machines ou des procédés nouveaux ? ce serait plutôt en Angleterre qu'ils devraient en chercher.

Il y a du vrai dans toutes ces objections. Rome est une

ville sans pareille, où le temps se passe avec plus de rapidité que dans toute autre capitale. Le climat, le spectacle de la nature, la vue des chefs-d'œuvre vous jettent dans une admiration passive. A Rome, la paresse n'a pas la grossièreté qui l'accompagne dans le nord. Elle y prend les dehors de l'étude et de la méditation. A moins d'être sourd et aveugle, on y apprend quelque chose malgré soi ; mais j'avoue qu'il faut une énergie peu commune pour y travailler. Entouré des débris magnifiques d'une civilisation détruite, on vit dans un monde imaginaire, on se plonge avec volupté dans des rêveries incessantes. Je suis loin de nier ce que presque tout le monde a senti ; cependant, parce que Rome est le paradis terrestre des paresseux, est-ce à dire que ce soit un lieu que doivent fuir les travailleurs (je prends ce mot dans l'acception qu'il avait il y a quelques mois)? Je maintiens que cette nature si forte et si belle est pour les esprits d'élite comme une trempe qui double leurs forces. Sans doute, à la vue de cette multitude de chefs-d'œuvre, plus d'un artiste découragé jettera sa palette ou son ciseau ; mais quelques autres, au contraire, saisis d'une noble émulation, accepteront le défi que le passé leur présente, et, s'ils succombent dans la lutte, ils ne tomberont pas sans gloire. Est-il besoin de dire qu'on ne peut et qu'on ne doit pas exiger que tout pensionnaire revienne en France avec un mérite transcendant? On ne fait point de grands artistes, on ne donne du génie à personne. Qu'importe que cent artistes ne profitent pas du voyage en Italie, s'il peut être utile à un seul, qui sera un grand maître? En un mot, le gouvernement, qui ne peut créer les grands talents, ne doit négliger rien qui puisse les développer.

L'Italie d'ailleurs, et Rome surtout, offre un avantage considérable aux artistes français, car c'est là seulement qu'ils peuvent se défaire du vice capital de notre école que j'appellerai *le convenu*. Je regrette de ne pas trouver un mot meilleur pour exprimer ma pensée ; mais, en vérité, pour la comprendre, quand on n'est pas sorti de Paris, cela vaut la peine d'aller à Rome. A Paris, chacun vit et se meut comme s'il était observé. On agit en vue de son public, on pose ; et, parce qu'on craint toujours de n'être pas comme il faut, on est souvent comme il ne faut pas. Le mal ne date pas d'hier dans notre patrie, et ils étaient Gaulois, ces gladiateurs qui inventèrent de mourir en prenant des attitudes nobles. A Rome, rien de semblable. Personne ne s'inquiète de son voisin. La passion, et dans ce climat tout l'excite, la passion est toujours franchement, énergiquement exprimée. J'ajouterai qu'on trouve en Italie des types de physionomies, je n'ose dire plus beaux que les nôtres, c'est impossible assurément, mais différents, et qui ont leur mérite. On rencontre souvent des Fornarines dans la campagne de Rome, qui produisent un certain effet, même quand on a vu nos beautés du bal Mabille.

Je n'ai guère parlé jusqu'à présent que des avantages que les peintres et les sculpteurs peuvent trouver dans le voyage d'Italie. Quant aux architectes, personne ne contestera, je pense, qu'ils n'aient beaucoup à apprendre dans un pays où tant de systèmes d'architecture se sont traduits à côté les uns des autres par des chefs-d'œuvre.

J'accorderai aux musiciens que les orchestres italiens sont médiocres, et que les belles voix italiennes sont plus rares en Italie qu'à Paris et à Londres ; mais, en retour, on conviendra avec moi, j'espère, que l'Italie est un pays plus musical ; je veux dire que l'on y sent mieux la musique que chez nous, et qu'elle tient dans la vie une plus grande place. Je doute que *l'Hymne à Pie IX* produise sur les Autrichiens le même effet de terreur que produisit autrefois *la Marseillaise ;* mais il suffit d'entendre chanter aujourd'hui dans nos rues ce dernier air, pour être convaincu que ce n'est pas en restant chez soi qu'on cultivera son sentiment musical.

Enfin, *voir, c'est avoir*, dit le bohémien de Béranger. Tout voyage excite dans l'âme d'un artiste des émotions qui se gravent dans ses souvenirs et qui deviennent la source d'inspirations fécondes. Sans doute celui qui ne vise qu'à rendre une nature triviale et dont l'ambition ne s'élève pas plus haut qu'un certain mérite d'exécution, celui-là peut rester dans son pays ; mais quiconque se croit une mission plus élevée voudra courir le monde, voir et comparer. Or, quel plus beau champ pour un voyageur que cette Italie, cette mère immortelle des arts ?

Peut-être en ce moment est-ce un fantôme que je combats, et ce n'était pas la peine d'en écrire si long pour prouver une vérité que nul artiste vraiment digne de ce nom ne s'avisera de nier ; mais nous vivons dans un temps où tout est remis en question, et où il suffit qu'une institution soit ancienne pour que quelques esprits s'imaginent qu'elle est mauvaise.

Je crois donc qu'il est bon de maintenir le *statu quo* en ce qui concerne le voyage et sa durée. Peut-être y aurait-il lieu pourtant de la réduire pour les graveurs, qui souvent vont à Rome sans avoir suffisamment étudié la pratique si longue et si difficile de leur art. A mon avis, ils feraient mieux de passer auprès de leur maître les deux premières années de leur pension. Trois ans d'ailleurs leur suffiront amplement pour chercher en Italie quelque tableau qui les inspire. Il reste entendu que pendant ces deux années passées à Paris ils jouiraient de la même indemnité qu'à Rome.

Le système de la vie en commun, le régime de l'Académie de France à Rome, est attaqué par quelques-uns de ceux qui veulent bien reconnaître les avantages d'un séjour en Italie. On peut pour défendre ce système alléguer d'abord l'économie. Il est certain que pour entretenir séparément le même nombre d'élèves dans des chambres garnies à Rome, il en coûterait beaucoup plus d'argent. Si les dîners se prolongent trop à la villa Medici, si les causeries de la flânerie s'excitent par la réunion dans le même lieu de jeunes gens du même pays, c'est un malheur peut-être, mais il est à peu près sans remède, et, quoi qu'on fasse, des gens qui parlent la même langue, qui ont les mêmes goûts et qui sortent de la même école, trouveront le moyen de se réunir et des occasions de perdre leur temps ; du moins nos jeunes artistes, vivant dans un palais appartenant à la nation, se sentent obligés à un certain décorum qui rend facile la surveillance du directeur.

L'Académie de France à Rome a bien, comme toutes

les institutions françaises, quelque chose de fastueux et de théâtral. C'est une ambassade au petit pied ; néanmoins, même en tant qu'ambassade, elle rend des services au pays. Elle montre aux étrangers la grandeur de la France et inspire un noble orgueil aux nationaux. Sans doute nos soldats blessés pourraient vivre heureux dans leurs villages avec une pension du gouvernement ; cependant il est bon qu'il y ait un Hôtel des Invalides, que ce soit un vaste et beau bâtiment, qu'on aille voir la grande marmite et la vaisselle plate des officiers. En passant devant l'Hôtel des Invalides, il n'y a personne qui ne se dise que la France est une nation militaire, et qu'elle sait récompenser le courage de ses soldats.

Le retour à Paris est souvent pour un artiste un moment de tristes déceptions. Lauréat et privilégié en Italie, sans inquiétude pour sa vie matérielle, habitué à une société étrangère, il rentre en France et s'y trouve isolé dans la foule, sans amis, sans protecteurs, quelquefois sans ressources, et ne sachant comment subsister. Les règlements de l'Académie ont essayé de remédier à ce que cette situation a de fâcheux, en statuant que le pensionnaire pendant la dernière année de son séjour à Rome doit exécuter un ouvrage, lequel donnera la mesure de son talent et le fera connaître dans le pays où il va exercer son art. Mais qu'arrive-t-il ? Par l'imprévoyance naturelle aux artistes, surtout par le manque de ressources pour payer les modèles (je parle surtout des peintres et des sculpteurs), la plupart exécutent cet ouvrage à la hâte et au dernier moment. D'ailleurs, il faut se rappeler qu'ils travaillent loin du pays d'où ils attendent leur récompense, qu'ils en ont perdu les habitudes, les modes même, il faut bien lâcher le mot ; enfin qu'ils se présentent au public avec tous les désavantages qu'aurait un étranger. L'épreuve est souvent fatale à beaucoup de pensionnaires, et malheureusement elle est décisive. C'est d'après cet ouvrage que le public les juge. Les musiciens sont mieux traités à mon avis. Les deux dernières années de leur pension, ils les passent à Paris, près des auteurs et des directeurs de théâtre. Ils peuvent, comme on dit, prendre l'air du bureau, et ils ont deux ans pour se faire connaître.

Je voudrais que les peintres et les sculpteurs fussent placés dans une condition aussi avantageuse. Qu'ils envoient à Paris non point un tableau ou une statue, mais des études. C'est au retour qu'ils feront ce tableau ou cette statue. Ils auront une année pour y travailler, et une indemnité suffisante pour subvenir à leurs besoins et payer les frais de modèle. J'insiste sur ces détails pratiques, parce que, à mes yeux, ils ont une grande importance. On ne travaille pas bien quand la misère est à la porte, et celui qui n'a pas de quoi payer des modèles ne fera rien qui vaille. Serait-ce trop de donner 8 ou 10 mille francs à un artiste pour cette dernière année? S'il a du succès, il vend son tableau, et le voilà lancé ; s'il ne réussit pas, le gouvernement a fait pour lui tout ce qu'il devait faire ; il n'a plus à s'en occuper. Ce sont 10 mille francs perdus. On achète quelquefois plus cher de mauvais tableaux, et encore est-on obligé de les placer quelque part. Dans mon système, le pensionnaire conserverait toujours la propriété de son œuvre.

Quant aux architectes, il est beaucoup plus difficile de leur donner de l'occupation à leur retour. Un architecte est comme un médecin : pour l'employer, on n'exige pas seulement qu'il soit savant, mais qu'il soit habile, qu'il soit heureux. Un architecte doit être administrateur ; or, on n'apprend à le devenir qu'en dirigeant des travaux. Dans tous les cas, je demanderais pour les architectes la prolongation de leur pension pendant une année après leur retour, et la préférence pour les places d'inspecteur qui seraient vacantes. Peut-être encore pourraient-ils être utilement employés au Conseil des bâtiments civils, où ils prendraient séance pour un temps. J'oubliais de dire que dans mes idées il serait absolument nécessaire d'ajouter pour eux au voyage d'Italie et de Grèce une tournée en France de quelques mois, consacrée à l'étude des monuments du moyen âge.

Je résumerai en peu de mots mes propositions, qu'en toute humilité je soumets à l'administration. Je demande :

1° Qu'un jury soit adjoint à l'Académie des Beaux-Arts pour les jugements préparatoires des esquisses, études, etc. (Il pourrait être nommé par le ministre et par les concurrents eux-mêmes) ;

2° Que les concours pour les grands prix n'aient lieu que tous les deux ans ;

3° Qu'on ne s'y puisse présenter après vingt-cinq ans ;

4° Que le grand prix de paysage soit supprimé ;

5° Que la pension des lauréats soit augmentée ;

6° Qu'une pension suffisante leur soit continuée à leur retour en France pendant une année ;

7° Que les architectes pensionnaires passent quatre

années en Italie, un an en Grèce, et fassent une tournée en France ;

8° Que les graveurs pensionnaires ne passent en Italie que les trois dernières années de leur pension ;

9° Qu'un cours spécial d'architecture du moyen âge soit établi à l'Académie des Beaux-Arts, et qu'en attendant le vestiaire que je sollicite, une bibliothèque spéciale soit jointe à cet établissement.

Encore un mot sur le système d'encouragements qui me semble le plus utile. Le dernier gouvernement, à mon avis, en avait un détestable ; c'était de commander des ouvrages d'art, en général fort mal payés, souvent des copies de tableaux anciens et même de modernes. Qu'arrivait-il ? La commande était exécutée à la hâte, presque toujours assez mal ; l'artiste, en l'exécutant, n'apprenait rien, ne gagnait presque rien, et l'administration se trouvait en possession d'un mauvais ouvrage dont il lui fallait disposer. On l'envoyait dans une province, où il enseignait cette vérité déplorable, qu'avec un peu de protection nul, si méchant artiste qu'il fût, ne devait désespérer de vivre aux dépens du budget.

Tel ne peut être le système que suivra le gouvernement de la république. Aux artistes d'un mérite reconnu, il faut confier le soin de décorer nos monuments ; mais point de commandes : il est rare qu'un artiste rende avec bonheur des idées qui ne sont pas les siennes. Rien de mieux, après les expositions, que d'acheter des ouvrages qui ont obtenu le suffrage du public. Aux jeunes gens qui montrent des dispositions, qu'on donne des allocations qui leur permettent de se livrer à des études sérieuses, mais ne leur demandez encore aucune de leurs productions. Pour mériter le secours que vous leur accorderez, il suffira qu'ils travaillent à perfectionner leur éducation.

RESTAURATION DU MUSÉE

RESTAURATION DU MUSÉE.

1849.

L'assemblée nationale vient de voter une allocation de deux millions pour réparer plusieurs salles du Musée du Louvre et pour faire, dans la disposition générale des objets d'art, un grand changement, dont une expérience récente a prouvé la convenance et la nécessité. Sur cette somme de deux millions, la moitié s'applique à la galerie d'Apollon, qui, au pied de la lettre, tombe en ruines, et qu'il faut, non pas seulement restaurer, mais reprendre en sous-œuvre. L'autre moitié est destinée au parquetage des nombreuses salles dites du *bord de l'eau,* à la restauration des voûtes, à l'élargissement des jours, enfin à la décoration du *grand salon* et de la salle dite des *Sept Cheminées.* On sait que ces deux salles doivent recevoir, la première un choix de chefs-d'œuvre de toutes les écoles étrangères, l'autre les productions les plus remarquables des artistes français. Désormais le Louvre aura sa *tribune,* comme le musée de Florence. Imiter le bien partout où on le trouve est toujours une excellente chose.

Les crédits nécessaires à ces grands travaux ont été demandés à l'assemblée nationale par M. Vivien, et, pour les obtenir, il lui a suffi de dire en deux mots l'usage auquel il les destinait. Félicitons-nous de voir la France, au milieu des plus grandes préoccupations politiques, conserver pieusement le culte des arts. Il est vrai que jamais largesse ne vint plus à propos. La galerie d'Apollon, étayée de toutes parts, offrait depuis longtemps le spectacle affligeant d'une ruine au milieu d'un palais splendide. Quant à la convenance d'une disposition nouvelle dans la collection du Louvre, l'heureux essai tenté dernièrement par M. Jeanron, directeur du Musée, a montré tout ce que cette admirable collection pouvait gagner à un arrangement judicieux et méthodique. En voyant le *grand salon* transformé tout à coup en un sanctuaire de la peinture, chacun s'est demandé si des Raphaëls et des Titiens devaient être suspendus sur des murailles mal crépies, et s'il était décent d'exposer tant de trésors dans une salle qui, pour la décoration, ressemblait fort à une écurie. Richesse oblige : on n'étale point un service de Sèvres sur une table de sapin ; chacun a senti qu'il fallait traiter avec un peu plus de cérémonie les grands maîtres qu'on vient de si loin admirer dans le Louvre.

La commission de l'assemblée nationale n'a point exigé de l'architecte un travail graphique, car, pour arriver à la meilleure disposition, à la meilleure décoration possible, il est évident que plus d'un essai sera nécessaire. D'ailleurs, le nom de M. Duban suffisait pour garantir que ni le goût ni l'expérience ne feraient faute dans cette entreprise ; les excellentes restaurations de la Sainte-Chapelle et du château de Blois sont là pour prouver la souplesse de son talent et son tact à employer toutes les ressources de l'art. Un seul changement a été introduit par la commission dans le programme présenté par le ministre. On y a formellement inscrit le mot de *tentures,* qui exclue une décoration en boiseries, décoration à laquelle l'architecte avait songé peut-être, mais à laquelle il ne s'était point sans doute irrévocablement arrêté.

Nous regrettons ce mot. Il donne des entraves à un homme de talent et le prive de cette liberté d'allure si nécessaire à un artiste. Selon toute apparence, la commission a été frappée d'abord des inconvénients d'un système de décoration en *boiseries.* Danger du feu, immobilité de la décoration, impossibilité de changer, selon les caprices ou les variations continuelles du goût, des tableaux enfermés dans un encadrement fixe, voilà les considérations qui ont probablement obligé les représentants à rejeter une décoration en menuiserie. Ces défauts ont fait condamner un système qui, suffisamment étudié, aurait pu, nous n'en doutons pas, résister à toutes les objections que nous venons d'exposer. Par contre, le mot de *tentures* en soulève d'autres tout aussi fondées peut-être. S'il s'agit d'interpréter ce mot dans le sens le plus ordinaire, il faudrait entendre des draperies de drap ou de velours, de toile ou de laine ; mais a-t-on bien réfléchi, nous le demanderons, à l'effet produit par la lumière et la poussière sur des étoffes ? En considérant les rideaux de sa fenêtre, chacun peut voir ce que deviennent au soleil les couleurs réputées les plus solides ; et, si l'on a jamais assisté à un balayage du lundi, on se représentera ce que peuvent absorber de poussière des tentures hautes de quinze mètres.

Mais ce n'est pas avec le dictionnaire de l'Académie, nous l'espérons, que M. Duban interprétera la décision de l'assemblée. Le bois a ses défauts, sans doute ; des étoffes ont les leurs. Laissons l'artiste chercher un remède aux inconvénients qu'on lui a signalés, et si, en fin de compte, il arrive à un résultat heureux, comme nous n'en doutons pas, ne nous mettons point en peine d'examiner de trop près les moyens qu'il aura employés.

Il me semble que de tous les arts du dessin, l'architecture est celui où le raisonnement a le plus de part, de telle sorte qu'il est assez difficile de déterminer le point précis où le raisonnement y doit céder la place au goût. On peut même se demander si les conseils ou les inspirations du goût ne sont pas, en réalité, des jugements rapides et *raisonnés ;* l'âme d'un artiste les comprend, mais aucune langue n'a de termes assez subtils pour les formuler. Quoi qu'il en soit, il ne sera douteux pour personne que les dispositions générales d'un projet, peut-être même que ses principaux détails d'exécution, ne soient, en quelque sorte, commandés par sa nature même. Satisfaire à toutes les conditions d'un programme, c'est, à vrai dire, déduire logiquement des conclusions de prémisses posées à l'artiste par ce même programme.

Le projet de donner une décoration au grand salon du Louvre a des conditions assez précises, à mon avis, pour qu'on en puisse discuter et déterminer d'avance les principales dispositions. En effet, il s'agit d'exposer des objets d'art sous le jour le plus favorable, de les isoler les uns des autres et de les disposer sur un *fond* qui fasse ressortir aussi bien les ouvrages des coloristes que ceux des dessinateurs. Telles sont, en somme, les données du programme dans la question qui nous occupe.

Il importe encore de ne pas perdre de vue que le grand salon ne doit contenir qu'un nombre fort limité d'objets d'art. En offrant au public la réunion, dans un même local, des chefs-d'œuvre des grands maîtres, on a sans doute en vue de présenter les éléments d'une comparaison éminemment propre à former le goût. Les ouvrages ainsi exposés seront désignés sans acception de style ni d'école ; le consentement unanime, la notoriété publique, dicteront ce choix, qui n'est pas difficile à faire du moment qu'on le restreindra. Si vous voulez former une bibliothèque de dix mille volumes, votre embarras peut être grand pour les désigner. Réduisez à cent le nombre des ouvrages, dans un quart d'heure vous aurez nommé les livres indispensables. Ajoutons qu'en plaçant dans le grand salon une élite de tableaux, on doit bien se garder d'ôter à la grande galerie toutes ses œuvres capitales ; ce serait la priver de son intérêt particulier. Que le grand salon présente à l'admiration générale les plus sublimes efforts des Raphaël, des Titien, des Rubens, mais que la grande galerie conserve sa destination spéciale ; artistes et amateurs y viendront étudier à loisir chaque maître dans la suite de ses ouvrages, dans les progrès ou les phases de son génie.

Remarquons d'ailleurs que moins il y aura de tableaux dans le grand salon, et plus ils y paraîtront avec avantage. Il n'y a personne qui n'ait remarqué combien un ouvrage d'art exposé seul dans un atelier ou dans une chambre produit une impression plus favorable que lorsqu'on l'entoure d'autres ouvrages, lui fussent-ils incontestablement inférieurs. En effet, pour comprendre un tableau, pour ressentir tout le plaisir qu'il peut donner, il faut un certain recueillement qui permette à la pensée de se concentrer sur un seul objet. Placez un coloriste à côté d'un dessinateur, ils se nuiront réciproquement. Le spectateur, qui s'est laissé séduire au charme de la couleur dans l'œuvre du premier, sera choqué des teintes ternes qui s'offrent à lui sans transition dans le tableau voisin; en revanche, lorsqu'il est parvenu à sentir tout le mérite de contours corrects et purs, il observera avec dépit une faute de dessin, qu'il n'eût pas observée dans un Rubens, si un Raphaël malencontreusement rapproché ne l'avait, en quelque sorte, forcé à une comparaison. Concluons de ce qui précède que, pour que les tableaux soient convenablement exposés, il est nécessaire de laisser entre eux un intervalle, variant selon leur grandeur, mais toujours assez grand pour que l'œil du spectateur n'embrasse qu'un seul tableau à la fois.

Il y a quelques années que, dans une école d'architecture que je ne nommerai pas, on enseignait qu'un musée est *un monument orné d'objets d'art*. Ni M. Duban ni M. Jeanron, nous en sommes certain, n'admettent cette définition barbare. Ils savent que, dans un musée, le mérite de l'architecte consiste à se cacher pour ainsi dire et à n'attirer l'attention que sur les hôtes immortels dont il construit la demeure. Le défaut qu'on doit éviter pardessus tout, c'est ce qu'en terme d'atelier on appelle le *papillotage*, c'est-à-dire cette confusion de détails qui attirent les regards sans les fixer, détruisent l'harmonie d'ensemble et fatiguent l'attention en la divisant en pure perte.

Ainsi, les sections ou les compartiments d'un musée devront être réglés surtout en vue de faire valoir les peintures ; mais, boiseries, tentures ou marbres, l'espace entre les tableaux, espace assez considérable, quelle teinte générale lui donnera-t-on ? Existe-t-il une couleur qui, propre à rehausser un certain tableau, ne nuise pas à un autre ? Et, sur ce point difficile, les peintres, juges suprêmes en cette matière, pourront-ils jamais se trouver d'accord ?

J'ignore si nos artistes modernes, que je respecte infiniment, seraient unanimes sur cette question ; pour moi, je crois plus sage de consulter les anciens peintres, dont l'autorité est encore plus grande. Or, depuis le quinzième siècle jusqu'à nos jours, nous voyons régner sans opposition l'usage d'entourer les tableaux de dorures. Tous les maîtres, toutes les écoles se rencontrent pour placer leurs ouvrages dans des cadres dorés. Je ne vois d'exception que chez quelques peintres flamands, qui, pour des compositions de dimension médiocre, ont préféré des bordures d'ébène, et cette exception s'explique facilement par le motif même qui a fait choisir l'or par tous les autres artistes. En effet, si l'on renferme un tableau dans un cadre, c'est pour l'isoler de ce qui l'entoure, c'est pour le placer, autant que possible, dans la condition des objets qu'on apercevrait d'une fenêtre dont les chambranles marquent exactement le rayon que l'œil doit embrasser : cet isolement artificiel s'obtient d'autant plus nettement que le cadre tranche davantage par sa couleur sur toutes celles qui existent dans le tableau. Depuis un temps immémorial, les marchandes d'oranges exposent leurs fruits sur du papier bleu : c'est que le *bleu* est la couleur diamétralement opposée à l'*orange,* et par conséquent la plus propre à faire ressortir cette teinte ; mais, comme dans un tableau toutes les nuances du prisme peuvent être réunies, on n'a trouvé que l'or mat ou bruni qui tranchât fortement avec toutes les couleurs. Si l'ébène convient à quelques Flamands, cela tient à ce qu'ils n'ont pas employé le *noir* pur dans leurs ombres, et, en le réservant pour leurs bordures, ils obtenaient une opposition suffisamment énergique ; enfin, c'était faire valoir la transparence de leurs ombres les plus vigoureuses, que de les entourer d'une teinte plus vigoureuse encore.

Aux exemples que je viens de citer on objectera peut-être les couleurs brillantes appliquées avec succès à l'encadrement de peintures murales. On citera les fresques de Pompéi, où de petites compositions se montrent au milieu d'une paroi couverte de couleurs très-vives et d'arabesques plus ou moins compliquées. Les *Loges* et les *Stanze* du Vatican offrent une disposition semblable ; mais on comprend bientôt qu'il n'y a nul rapport à éta-

blir entre des peintures murales et des tableaux mobiles.
L'accompagnement, l'encadrement qui convient aux premières ne saurait être celui des autres. En effet, dans la plupart des peintures murales, et c'est le cas surtout pour celles de Pompéi, les compositions ne sont que des parties de la décoration générale, et, pour ainsi dire, que des accidents ou des taches de couleur plus ou moins importantes. Séparer la composition de son entourage, c'est détruire un effet d'ensemble et lui ôter souvent une grande partie de son mérite. Combien de gens, en voyant au Panthéon les compositions des *Loges* peintes par MM. Balze, ont nié l'exactitude de leur copie? Mais, enlevées à leur encadrement, Raphaël ne les eût peut-être pas reconnues. Quant aux grandes compositions des *Stanze*, la dimension des parois est leur cadre naturel, et leur entourage peint a si peu d'importance, que plus d'un amateur aura passé des heures devant *l'École d'Athènes* sans pouvoir dire de quelle teintes est le soubassement de la salle. A notre sentiment, ce serait un contre-sens notable que de donner au grand salon une décoration peinte dans le genre de celle des maisons de Pompéi ou des *Loges* du Vatican ; ce serait en quelque sorte subordonner les objets d'art au monument et prendre les ouvrages des maîtres pour des motifs d'ornementation.

Cette loi d'opposition que nous observions tout à l'heure, cette loi si généralement reconnue par les artistes les plus célèbres, doit, on le sent, décider la question que nous avons posée, et nous ne craignons pas d'être contredit par les peintres, en admettant en principe que des fonds dorés sont les plus convenables à un musée de peinture. Il va sans dire que cet or ne sera pas trop éclatant, et qu'il sera tempéré ou même assourdi, s'il faut ainsi parler, par une ornementation calculée pour détruire les reflets trop vifs que produirait une large surface métallique. Si l'on combinait les effets de l'or et du noir, on parviendrait peut-être à réunir les avantages des deux systèmes d'encadrement adoptés pour toutes les peintures mobiles. Non-seulement cette combinaison se rencontre dans les vieilles tapisseries en cuir doré, dont l'harmonie est généralement reconnue, mais encore il serait facile de prouver par des exemples illustres que, dans toutes les écoles et à toutes les époques, les draperies qui participent de ces deux couleurs ont été préférées pour les fonds de tableaux. Si l'on se promène dans la grande galerie du Louvre en notant les tableaux à fond noir et or, on sera frappé de leur nombre et de la différence des écoles qui se sont rencontrées sur ce point. Coloristes, dessinateurs, Flamands, Italiens, Espagnols, ont chéri également ce moyen d'effet, et lorsqu'on voit des hommes de talent, partant de principes si divers, parcourant des routes si différentes, arriver à un même résultat, n'en doit-on pas conclure que la vérité était si évidente, qu'elle se manifestait à tous les points de vue ?

Nul doute que coloristes et dessinateurs n'aient également à gagner à un fond général où l'or et le noir prédomineront. Ajoutons que, comme il est nécessaire que les cadres eux-mêmes se détachent du fond sur lequel ils seront fixés, il convient que les dessins tracés sur ce fond affectent des formes qui tranchent avec les formes régulières et symétriques des bordures. C'est encore observer cette loi d'opposition que nous remarquions tout à l'heure, et il n'y a pas un peintre qui, obligé par son sujet à tracer sur sa toile des lignes verticales ou horizontales, ne dispose sa bordure de façon à ce que les détails d'ornementation de l'encadrement ne se trouvent pas dans un rapport de similitude avec les lignes du tableau. Personne ne s'avisera jamais de vouloir qu'un cadre soit comme une continuation de la toile qu'il renferme.

La symétrie a aussi ses exigences, dont il faudra tenir compte dans la décoration du grand salon, et surtout pour la décoration des tableaux qui doivent y être exposés. Nous nous hâterons de dire qu'en rappelant ici les lois de la symétrie, nous ne prétendons nullement astreindre M. le directeur du Musée à mettre en pendant ou en regard des tableaux de même dimension. Avant M. Jeanron, on semblait ne s'être appliqué qu'à dérober la vue des murailles du Louvre. M. Jeanron a pensé qu'il valait mieux en laisser voir la nudité que de placer des tableaux à une hauteur telle qu'à moins d'une forte lorgnette, on ne pût les apercevoir. Il est évident qu'entre la corniche du grand salon et le sommet des tableaux les plus élevés, il doit y avoir un espace vide assez considérable; mais quelle sera la largeur de ce vide, ou, ce qui revient au même, quelle sera la hauteur qu'on ne devra pas dépasser dans la disposition des tableaux? Nous répondrons aussitôt qu'il faudra faire en sorte que la toile la plus élevée soit parfaitement en vue. La hauteur des murailles du grand salon, depuis le parquet jusqu'à la corniche, est de 15 mètres. Des figures de grande proportion, telles qu'on en voit dans beaucoup de tableaux d'histoire, nous paraissent convenablement placées à une élévation de 10 mètres. C'est, à notre avis, la limite qu'on ne doit pas dépasser. Cette mesure est à peu près celle d'un des principaux ouvrages de notre Musée, *les Noces de Cana* de Paul Véronèse. Cet immense tableau a toujours été placé trop haut, et il suffit de se rendre compte du point de vue perspectif choisi par l'artiste, pour juger combien il trouverait à redire à la place qu'on lui a jusqu'à présent assignée. Cette admirable composition, qui ne perd rien de son effet à être examinée de fort près, devrait, nous le pensons, être baissée au moins jusqu'au niveau de la balustrade destinée à éloigner les curieux indiscrets. Le sommet du tableau serait alors le niveau que nous voudrions voir adopter pour les autres grandes toiles ayant des personnages de même proportion. On placerait plus bas et à portée des spectateurs les tableaux de chevalet, et surtout ceux des maîtres minutieux dont le travail semble acquérir du prix quand on l'examine à la loupe.

Si nous sommes bien informé, l'intention de M. le directeur du Musée serait d'exposer avec les tableaux quelques belles statues antiques. Ce rapprochement nous paraît d'un excellent goût, et nous désirons vivement qu'il ait lieu. Le marbre de Paros se détacherait merveilleusement sur les tableaux et sur les fonds dorés; les deux arts ne peuvent se nuire, et sont l'un pour l'autre des auxiliaires utiles. Ainsi, une seule salle réunirait toute l'histoire de l'art. De quelque côté que se portât le regard, on rencontrerait un chef-d'œuvre. Quel plus noble enseignement que de voir la variété des moyens, et partout le même résultat : le génie commandant l'admiration !

Un mot en terminant. Nous avons déjà de grandes obligations à M. le directeur du Musée, qui nous a rendu maint tableau dont nous ne nous doutions guère. Qu'il nous permette de lui adresser une requête. Un Musée n'est point un lieu de premenade. On y fait de longues stations lorsqu'on a le goût des arts, et l'admiration a ses fatigues. Pourquoi ne placerait-on pas dans le grand salon quelques chaises pour le repos des visiteurs, ou même pour leur permettre d'examiner dans un recueillement commode les tableaux et les sculptures ? En Angleterre, on a des chaises dans le Musée britannique, dans la Galerie de Shakespeare, et même aux exhibitions des artistes contemporains. C'est un perfectionnement qui a son prix pour les véritables amateurs, et que nous voudrions voir importer dans notre pays.

VIE DE CÉSAR AUGUSTE

FRAGMENT DE NICOLAS DE DAMAS

VIE DE CÉSAR-AUGUSTE

FRAGMENT DE NICOLAS DE DAMAS.

NOUVELLE ÉDITION (1).

1850.

Peu d'auteurs anciens sont parvenus jusqu'à nous dans leur intégrité. Nous n'avons pas le quart des tragédies d'Eschyle, de Sophocle, d'Euripide. On ne connaît que quelques vers de Ménandre. Il y a des poëtes de premier ordre, Varius, par exemple, dont on ne sait que le nom. A vrai dire, il est bien extraordinaire qu'il nous soit encore resté tant de débris de la littérature antique, quand elle avait conjurés contre elle les conquérants, les rats et les moines. Les uns brûlaient les livres, les autres les mangeaient ; les moines les lavaient et les grattaient pour en faire servir le parchemin à copier des missels ou des bréviaires. Après tout, peut-être ne faut-il pas trop pleu-

(1) Publiée par M. Piccolos ; traduction de M. A. Didot.

rer la perte de tant de poëtes anciens : les modernes ont eu quelque chose à inventer ; mais les lacunes de l'histoire sont à jamais regrettables.

Au commencement du seizième siècle, au plus beau moment de la renaissance des études classiques, on put croire que tous les génies de l'antiquité allaient nous être rendus. Chaque jour l'imprimerie faisait revivre quelque chef-d'œuvre grec ou latin. Mais bientôt les bibliothèques s'épuisèrent et l'on mesura l'étendue des pertes faites en dix siècles de barbarie. Aujourd'hui on a bien mérité des lettres quand on a déchiffré quelques lignes inconnues sur un papyrus carbonisé, ou qu'en feuilletant un grammairien du moyen âge, que personne n'a lu, on découvre une citation inédite de quelque auteur ancien. Malheureusement, messieurs les grammairiens n'enregistraient guères que les locutions hardies ou même bizarres des grands génies d'autrefois. Ainsi nous leur devons de savoir que Jules César écrivait et disait *memordi* pour *momordi*, ce qui, par parenthèse, lui vaudrait un pensum aujourd'hui, et cela ne nous console pas d'avoir perdu son *Anti-Caton*. Quelques érudits prétendent même que les *Commentaires* qui portent son nom lui sont faussement attribués.

Doit-on renoncer à tout espoir de faire de nouvelles découvertes ? Non, sans doute. D'abord on peut trouver à Pompéi ou à Herculanum quelque manuscrit précieux. Malheureusement il faut une année pour en lire trois lignes. — On a encore une autre chance. Plus d'une fois de doctes désœuvrés, parcourant un traité de scolastique, ou tout autre fatras du moyen âge, ont aperçu dans les interlignes les traces d'un ouvrage plus ancien, mal effacé et lisible encore pour quelques yeux d'érudits. Pourquoi ne retrouverait-on pas dans des interlignes une comédie de Ménandre ou les livres qui nous manquent de Tite-Live? C'est ainsi que de nos jours on a découvert le traité de Cicéron : *De Republicâ*. Tout récemment, dans un évangile syriaque du Musée britannique, on a constaté comme l'ombre d'un manuscrit grec très-ancien. Aussitôt chimistes d'apporter des réactifs, hellénistes de nettoyer leurs loupes. Après bien du travail, on a lu six mille vers d'un poëme admirable : *l'Iliade* d'Homère. On publie ce fragment à Londres en *fac simile ;* cela ne coûtera qu'une vingtaine de livres sterling l'exemplaire.

Enfin, un dernier espoir reste encore. Le monde est grand. Il y a beaucoup de bibliothèques peu fréquentées, beaucoup de bibliothécaires qui font des livres au lieu de lire ceux qu'ils gardent. Qui sait si quelque couvent grec, que dis-je? une bibliothèque de Paris, ne recèle pas un trésor encore ignoré, même des rats? Le cœur me battait, il y a quelques années, en entrant dans la bibliothèque du sérail à Constantinople. Si j'y déterrais seulement deux ou trois odes de Sapho, me disais-je, je les porterais à mon maître, M. Boissonade, et me voilà sûr de passer à la postérité. Hélas! Sa Hautesse n'a que des manuscrits arabes ou persans. Mais d'autres ont été plus heureux que moi. En 1842, M. Minoïde Minas, chargé par M. Villemain d'explorer les bibliothèques du mont Athos, trouva dans le trou d'un plancher vermoulu les fables de Babrius, aussi célèbre en son temps que La Fontaine l'est aujourd'hui. Une découverte encore plus précieuse est due à M. E. Miller : c'est celle de plusieurs morceaux de Nicolas de Damas, conservés, mais inconnus, dans la bibliothèque de l'Escurial. Ce Nicolas fut un historien estimé du premier siècle. Il était ami particulier d'Hérode et en quelque sorte son chargé d'affaires à Rome. Fort en faveur auprès d'Auguste, il put apprendre bien des choses qu'il eut l'excellente idée d'écrire en très-bon grec, dit-on, tout Syrien qu'il était.

Ces fragments ont été publiés pour la première fois en 1849, dans le troisième volume des *Fragmenta historicorum*, sur la copie de M. Charles Muller, que M. Firmin Didot, digne successeur des Estienne, avait envoyé tout exprès en Espagne. Le fragment détaché dont nous avons à rendre compte est le plus important de tous. C'est un récit très-détaillé de la mort de Jules César et des événements qui en furent la suite immédiate ; récit d'autant plus intéressant que l'auteur s'est placé à un tout autre point de vue que la plupart des historiens de l'antiquité dont nous avons le témoignage.

Sous l'empire fondé par César, dans une ville où il avait un temple et des prêtres, on a toujours parlé de lui avec fort peu de bienveillance. Il semble que ce fût alors une mode parmi les gens de lettres. Le fils adoptif de César appelait Tite-Live le *Pompéien*, à cause de sa partialité pour le parti vaincu, mais il ne lui en faisait pas plus mauvaise mine. Était-ce de sa part affectation de respect pour la liberté des lettres, liberté peu dangereuse alors ; ou bien, trouvant que le nom de César était un pesant fardeau, voyait-il avec une secrète satisfaction qu'on rabaissât un peu la gloire du grand homme auquel il craignait d'être comparé ? Louis XIV ayant dit un jour qu'il pourrait bien loger dans un château où Henri IV avait demeuré, un courtisan s'écria : Voilà un plaisant roi que votre Henri IV! Louis XIV sourit et n'en voulut pas à ce faux bourru, qui ménageait si peu son aïeul. Tite-Live eut plus d'un imitateur, et au collége, nos professeurs de l'Université royale de France nous ont fait souvent traduire en version l'apologie du régicide. Nicolas de Damas nous donne une autre idée, assez exacte, je crois, des meurtriers de César. A l'exception de Brutus, ils étaient tous de vils coquins. Amnistiés par César, quelques-uns plusieurs fois, ils ne lui pardonnaient ni sa gloire ni l'établissement d'un régime d'ordre qui fermait la porte à bien des ambitions. Les orateurs, c'étaient les journalistes du temps, avaient perdu l'espoir d'obtenir des provinces; les militaires, celui de commander en chef des armées ; tous, habitués à piller le trésor public, voyaient avec peine qu'ils avaient un maître dont la prétention bien justifiée était de fonder partout une bonne administration.

Brutus seul était, je l'ai dit, un honnête homme, mais, comme bien des gens de notre temps, esclave de l'opinion publique, c'est-à-dire d'une coterie. En lui rappelant sa descendance du Brutus qui chassa les Tarquins, origine fort contestable d'ailleurs, on pouvait tout faire de lui, même un assassin. Ces mots : *Tu dors, Brutus,* écrits sur la statue de son aïeul, lui mirent le poignard à la main. En outre, il avait ses griefs particuliers contre César, qu'il se cachait à lui-même, sans doute, en se disant qu'il n'en voulait qu'au tyran de sa patrie. On sait que César avait été l'amant de Servilia, mère de Brutus, et même, si l'on en croit un calembour de Cicéron, de sa sœur Tertia. Bien qu'à Rome ce ne fût point la coutume « d'attacher l'honneur de l'homme le plus sage aux choses que peut faire une femme volage, » Brutus ne pardonnait pas à César son ordre du jour le matin de Pharsale, qui recommandait qu'on lui amenât vivant le fils de Servilia. C'était encore César qui l'avait poussé dans les affaires et qui lui avait fait conférer la préture. Il était pénible d'être aimé par un César quand on s'appelait Brutus. Plutarque, qui est souvent bien mauvaise langue, a pris soin de nous dire quelle fut la blessure que Brutus fit à l'amant de sa mère. Je ne ferai pas de commentaires là-dessus.

Ni Plutarque, ni Dion Cassius, ni Suétone n'expliquent clairement pourquoi, quelques jours avant les Ides de mars, deux tribuns du peuple furent cassés et bannis par le dictateur. C'était, disent-ils, pour avoir enlevé une couronne posée sur une statue de César. Nicolas de Damas est plus explicite. César se plaignit que cette couronne, ou plutôt ce diadème, ce qui, à Rome, était fort différent, eût été placé en secret par les tribuns susdits, afin de le rendre odieux. C'était un coup de fouet qu'ils donnaient à l'opinion publique. Notre auteur raconte également avec beaucoup de détails et de la manière la plus vraisemblable, la comédie jouée par Antoine, lorsqu'aux Lupercales, il offrit à César une couronne sous laquelle se cachait mal un petit cercle d'or, symbole de la royauté. Ce fut Décimus Brutus, un des conjurés, nous dit Nicolas de Damas, qui la lui posa sur la tête. César la rejeta, et l'effet de la scène fut manqué. Il semble que tout y fût de l'invention d'Antoine, flatteur grossier du dictateur. Mais, sur ce point, Nicolas est un peu suspect, car il ne perd pas une occasion de noircir la mémoire du vaincu d'Actium. Il est vrai qu'on ne prête qu'aux riches.

Nicolas de Damas rectifie encore Plutarque sur un point important, et c'est ici le cas de remarquer combien Courier avait raison lorsqu'il dit de Plutarque, qu'il eût fait gagner la bataille de Pharsale à Pompée pour arrondir sa phrase. L'inimitable rhéteur de Chéronée, qu'Amyot nous donne pour un bonhomme, raconte l'histoire comme elle aurait dû se passer, voyant tout en beau, en grand, en sublime. C'est là le génie grec. Je crains bien que Plutarque et Shakspeare après lui (1), ne nous aient point Rome aux Ides de mars bien moins exactement que Nicolas de Damas. Qui ne connaît la harangue de Brutus, qui n'a lu celle d'Antoine, et qui n'a senti dans son cœur les émotions contraires qui, dit-on, agitèrent le peuple romain, applaudissant tour à tour Brutus et pleurant avec Antoine? Tout cela sent un peu sa tragédie classique. Écoutons la relation d'un contemporain. — César était sans cesse entouré des conspirateurs, qui affectaient pour lui un dévouement sans bornes. Le matin des Ides de mars, ils vinrent le chercher pour l'accompagner en grande pompe au sénat. Ce jour-là, un d'eux, D. Brutus, avait réuni beaucoup de gladiateurs armés entre la Curie et le théâtre du portique de Pompée, sous prétexte de s'emparer d'un gladiateur à lui qui se serait engagé dans une autre troupe. Chaque conjuré avait encore dans le

---

(1) Plutarque, *Vie de Brutus.* — Shakspeare, *Julius Cæsar.*

voisinage ses esclaves armés. César mort, les meurtriers coururent se saisir du Capitole avec ces gladiateurs et ces esclaves : c'étaient les émeutiers de Rome. Le peuple, le vrai peuple, les bourgeois, timides comme ils sont tous dans les grandes villes, s'enfuit et s'enferma. « Les uns » disaient que les gladiateurs avaient égorgé le sénat, » d'autres que César avait été tué, et que l'armée livrait » la ville au pillage. » — Quelques sénateurs du tiers parti philosophaient sur l'événement. « Grâces aux dieux ! » dit un de ces messieurs, on n'aura plus à faire sa cour.» Pendant que les bourgeois se barricadaient chez eux, que les conjurés se retranchaient dans le Capitole, trois esclaves de César mirent son cadavre sur une litière, et le rapportèrent chez lui. « Sur les toits, dans les vesti- » bules, on n'entendait que des gémissements !... » Remarquez que le bourgeois se place toujours à son aise pour observer les révolutions. *Sur les toits, dans les vestibules ;* on dirait aujourd'hui : *Derrière les persiennes et les jalousies.*

Les conjurés descendirent enfin au Forum, toujours accompagnés de leurs gladiateurs. Brutus parla, mais il semble qu'il ne fit pas grand effet, car il reprit bientôt et assez vite le chemin du Capitole avec sa bande, et, « le » soir étant arrivé, le trouble des habitants ne fit qu'aug- » menter. Chacun, abandonnant le salut de l'État, veil- » lait à ses propres intérêts, car chacun craignait des » attaques et des perfidies soudaines. » Ce tableau ne vaut pas, sans doute, les deux harangues de Shakspeare, mais il représente assez fidèlement, ce me semble, un jour de révolution dans une capitale.

Pendant la nuit, les vétérans de César entrèrent dans la ville, et offrirent leur épée à Antoine, non pas probablement en sa qualité de consul, mais comme au lieutenant de César. En même temps, Lépide avait ramassé bon nombre de soldats étrangers. Les bourgeois romains, en se réveillant, virent les rues remplies de troupes en bon ordre, et aussitôt il se fit une *réaction* générale : ce fut à qui ferait plus haut éclater ses regrets et son horreur des meurtriers. C'est, dit Nicolas de Damas, « que » la faiblesse des conjurés démentait la première idée » qu'on avait conçue de leurs forces. »

Toutes ces troupes marchent contre le Capitole, prêtes à mettre en pièces les assassins. Mais les chefs délibèrent. Ils réfléchissent que l'héritage de César est assez grand pour se partager. On parlemente au lieu de se battre, et Brutus et Cassius sortent de Rome assez penauds, mais pour aller prendre possession de bons gouvernements. Lépide, Antoine et bientôt Octave, ne pensent plus qu'à se tendre des piéges. Les décrets de César ne sont pas abrogés. Il n'y a qu'un homme de moins à Rome ; mais l'anarchie s'y est établie pour longtemps.

Il me semble que toute cette relation a un caractère de vérité qui commande la créance. Rien d'arrangé pour l'effet; mais tous les traits dénotent le bon sens et l'observation de l'historien. Ces qualités, à mon avis, distinguent à un haut degré Nicolas de Damas. Quant à son style, je n'oserai en parler. C'est au savant helléniste, son éditeur, à M. Piccolos qu'il appartient de l'apprécier, et je ne puis que renvoyer le lecteur aux notes qui accompagnent le fragment. La traduction de M. Alfred

Didot est fidèle, facile, et je ne lui reprocherai pas quelques néologismes qui surprennent d'abord dans une traduction du grec. Pour parler des discussions du sénat et des intrigues des partis politiques de Rome, le moyen d'être intelligible aujourd'hui, c'est d'employer notre jargon, non, je veux dire notre langue parlementaire.

INVENTAIRE

DES

JOYAUX DE LOUIS, DUC D'ANJOU

INVENTAIRE

DES

JOYAUX DE LOUIS, DUC D'ANJOU [1]

1354.

« Parmi les nombreuses améliorations introduites depuis quelques années dans le musée du Louvre, il faut citer la publication nouvelle et la révision des catalogues. Rédigés avec une judicieuse critique par les savants conservateurs du Musée impérial, ils forment aujourd'hui non-seulement le meilleur répertoire de nos collections, mais ils servent encore de manuels précieux pour l'étude des beaux-arts et de l'archéologie. M. de Laborde, à qui l'on doit le catalogue des émaux, bijoux, etc., a voulu compléter sa tâche en ajoutant à la description des objets

---

[1] Documents et glossaire, faisant suite à la *Notice des émaux, bijoux et objets divers exposés dans les galeries du Musée du Louvre*, par M. le comte L. de Laborde.

confiés à sa garde celle d'une collection qui n'existe plus, mais qui paraît avoir été une des plus riches du quatorzième siècle. Il vient de publier un inventaire curieux de l'argenterie du duc d'Anjou (1360-1368), et l'a fait suivre de petites dissertations réunies par ordre alphabétique, sous forme de glossaire. Elles contiennent, avec l'interprétation des termes anciens, des observations critiques sur l'origine, le caractère et l'usage des différents produits des arts et des métiers au moyen âge et jusqu'au dix-septième siècle.

Depuis longtemps, M. le comte de Laborde dirige ses recherches avec un soin tout particulier sur les inventaires manuscrits qui contiennent la description des objets précieux, jadis conservés dans les palais des princes ou dans les trésors de riches communautés. Avant qu'il eût analysé et commenté plusieurs de ces catalogues, on ne les consultait guère que pour y découvrir quelques dates, quelques faits enregistrés accessoirement et comme par hasard. M. de Laborde a montré qu'il y fallait chercher ce qui s'y trouve toujours, c'est à savoir des renseignements précis sur l'état des arts à l'époque où les inventaires ont été rédigés. Quelque imparfaites que soient les descriptions, écrites le plus souvent par des notaires ou par des custodes fort peu érudits, elles donnent cependant une idée assez exacte de la forme et du travail des objets inscrits, et, ce qui est encore plus précieux, elles fournissent des inductions qui ont leur valeur sur les habitudes, la vie intime, et jusque sur le caractère des personnages qui les ont possédés. Un marin débarque dans une île nouvellement découverte, dont les habitants s'enfuient à son approche; il pénètre dans leurs cabanes désertes : leur disposition, leur ameublement témoigneront du degré de civilisation auquel sont parvenus les naturels de cette terre nouvelle. Sans être un Œdipe, on devine un homme en examinant son cabinet; de même les goûts et le caractère d'une époque se révèlent dans ces nomenclatures d'objets qu'elle a considérés comme assez précieux pour être décrits dans un inventaire.

César portait dans ses campagnes des tables en mosaïque; il avait dans sa tente une statuette d'argent de sa grand'mère Vénus, œuvre d'un célèbre artiste grec; un autre Grec avait gravé la pierre de l'anneau dont il scellait ses lettres. A cette recherche ne reconnaît-on pas un esprit cultivé, aimant le beau? Voilà bien *cet homme comme il faut*, ainsi que l'appelait M. Royer-Collard. Qui serait entré dans le cabinet de Charles XII n'y aurait trouvé sans doute qu'une paire de grosses bottes de rechange. L'inventaire de la vaisselle du duc d'Anjou nous fait connaître le luxe et le goût d'un prince du quatorzième siècle, nourri dans la cour la plus brillante de l'Europe et probablement entouré de toutes les élégances de son temps.

A la lecture de cet inventaire, il est impossible de ne pas être frappé tout d'abord de l'alliance intime qui existait au quatorzième siècle entre l'art et l'industrie. Seulement on s'aperçoit que l'art commande et que l'industrie ne fait que se conformer à ses ordres. « Alors, dit M. de Laborde avec beaucoup de justesse, l'art transforme en objets précieux les ustensiles les plus vulgaires de la vie privée. » Qu'on prenne au hasard la description d'une pièce de l'argenterie destinée à la table du prince : l'ornementation en est toujours remarquable ; très-souvent elle suppose un travail fort délicat et tel, que, de nos jours, il ne serait exécuté que par un sculpteur, non par un orfévre. Sur les salières, les pots, les hanaps on voit des ciselures et des compositions en bas-relief. Beaucoup de ces objets sont ornés de groupes de figures ou d'animaux ; ils sont décorés de nielles ou bien émaillés ; car, pour le remarquer en passant, le goût de l'époque pour la sculpture polychrome exigeait que les métaux fussent revêtus de couleurs. Il n'y a pas une pièce dans cette vaisselle dont on ne puisse dire avec le poëte : *Materiam superabat opus.* Sur ce point je trouve que nous avons fort dégénéré de nos ancêtres. Aujourd'hui, partout se manifestent le défaut d'imagination de notre époque et sa tendance à une monotone uniformité. Dans nos services de table il n'y a qu'un fort petit nombre de patrons qui se répètent à l'infini. Tous les plats, toutes les assiettes se ressemblent et par la forme et par la décoration. Si dans un surtout on essaye parfois d'introduire quelque variété, c'est encore avec une certaine symétrie, et l'on s'applique à reproduire par intervalles les mêmes motifs selon une disposition régulière bien arrêtée. Il en était tout autrement au quatorzième siècle. Chaque meuble, chaque ustensile avait sa forme particulière, quel qu'en fût le nombre, et constituait un objet d'art isolé. Dans sa conception, ou, si l'on veut, dans son caprice, l'artiste, le créait unique, confiant dans son imagination pour inventer d'autres formes lorsqu'il aurait à exécuter d'autres objets d'un usage analogue. Je m'imagine que les gobelets de nos pères étaient souvent plus bizarres que commodes, et qu'il fallait quelquefois beaucoup d'adresse pour se servir d'une coupe faite d'un ongle de griffon, ou d'un hanap d'argent repoussé, en forme d'ours, comme la coupe hospitalière du baron de Bradwardine. Sans doute, quand il s'agit de boire, on préférerait un verre de cristal à ce gobelet d'argent du duc d'Anjou « sans pié, à un souage (moulure) dessous, où il y a trois lyons qui le portent et un autre souage au milieu, à un esmail au fons, où il y a un lou qui chevauche une liéparde. » Mais en même temps comment ne pas admirer cette richesse exubérante d'imagination chez les artistes d'autrefois, quand on la compare à notre symétrie, à notre uniformité modernes qui ne cachent souvent que de la stérilité ou de l'impuissance? De même que l'architecture romane et gothique, l'orfévrerie du moyen âge se distingue par l'inépuisable variété de ses formes. Probablement à la table du duc d'Anjou il n'y avait pas deux convives qui bussent dans des gobelets semblables; mais aussi il n'y avait pas un de ces gobelets qui ne pût prendre aujourd'hui sa place dans un musée. Malheureusement ces vases si curieux, couverts de reliefs et d'émaux, étaient d'or ou d'argent, et le premier caprice de la mode les a condamnés au creuset. C'est le sort ordinaire de tous les objets d'art fabriqués avec des métaux précieux.

La publication de l'inventaire du duc d'Anjou ne pouvait être d'une utilité générale qu'autant qu'elle serait accompagnée d'un commentaire et d'un vocabulaire des termes techniques. Non-seulement les artistes et les gens du monde, mais encore la plupart des archéologues, ceux mêmes qui ont fait une étude spéciale de nos anciens auteurs, n'auraient pu comprendre parfaitement une pièce remplie de mots inusités, propres à certaines industries, et qui ne se rencontrent presque jamais dans la langue usuelle. Le glossaire de M. de Laborde traduit ces termes techniques avec une grande précision. Souvent il en donne d'ingénieuses étymologies, et chaque article contient en outre d'excellentes observations sur l'art auquel se rapporte le mot interprété. A vrai dire, ce glossaire est une histoire de l'industrie dans ses rapports avec les beaux-arts, car l'auteur ne s'est point borné aux mots inscrits dans l'inventaire, il y a joint tous ceux que ses recherches lui avaient déjà fait connaître, et même un grand nombre de mots modernes qui pouvaient donner lieu à des observations utiles.

Tel est le travail immense entrepris par M. de Laborde et qui doit combler une lacune dans les études philologiques sur le moyen âge. La tâche était longue et difficile ; la plupart des objets enregistrés dans les inventaires ont disparu, et les descriptions qui ont subsisté sont presque toujours très-concises, obscures, défigurées souvent par une orthographe vicieuse ou par l'emploi de dialectes provinciaux. D'un autre côté, les dictionnaires de la langue du moyen âge ne se sont presque pas occupés des termes d'art, et, pour ne citer que le plus complet et le meilleur de ces ouvrages, le glossaire de Du Cange, les renseignements qu'il fournit se bornent d'ordinaire à une définition générale qui manque tout à fait de précision. Quelquefois même on cherche en vain cette définition générale. Les mots *languier, espreuve, salière* se lisent en tête d'un des chapitres les plus curieux de l'inventaire du duc d'Anjou. Pas un seul ne se rencontrera dans le glossaire de Du Cange. Passe pour le mot *salière* qui est resté dans la langue usuelle, quoique celui qui n'a pas vu de *salière* du moyen âge s'en fasse probablement une idée assez fausse ; mais *languier*, mais *espreuve* méritaient une explication. L'art. 297 de l'inventaire du duc d'Anjou nous apprend que ces deux mots étaient synonymes, mais laisse encore leur destination dans une grande obscurité : « un autre *languier*, » (le n° 296 est désigné comme *un grand espreuve*), « séant sur un pied » doré, à un grand chastel séant au milieu de l'entable- » ment, doré et esmaillé à maçonnerie, et deux petites » salières au costé du pied. Et sus le chastel dessus » nommé a un arbre à feuilles, et séant au bout des bran- » ches plusieurs *langues de serpents.* » Ayons recours au glossaire de M. de Laborde, il nous révélera tout un côté curieux des mœurs du moyen age. Sans cesse préoccupés de la peur du poison, les princes obligeaient leurs maîtres d'hôtel à faire *espreuve* de tous les plats, c'est-à-dire à en goûter eux-mêmes avant de les servir à leurs maîtres. Toutefois la précaution laissait encore à désirer. Si l'éprouveur était fidèle, mais que le poison fût préparé par quelque traître de marmiton, c'eût été pour un prince une médiocre consolation d'emmener son maître d'hôtel avec lui dans l'autre monde. A ce danger on remédia très-prudemment au moyen d'espreuves matérielles, c'est-à-dire en plaçant sur les tables des grands certains objets auxquels une opinion superstitieuse attribuait la propriété de dénoter la présence du poison par quelque signe visible. Ainsi l'on croyait qu'une coupe fabriquée avec la corne de licorne ou l'ongle de griffon (par ces deux mots on a désigné longtemps les cornes de rhinocéros) rejetait le poison qu'on y avait versé. Les *langues de serpent* mises en contact avec quelque substance vénéneuse le témoignaient par leur contraction. De là l'usage d'en garnir les *salières,* qui, à cette époque, étaient de grandes pièces d'orfévrerie assez semblables à nos surtouts et sur lesquelles on prodiguait la plus riche ornementation. Elles se nommaient *languiers* lorsqu'elles étaient pourvues de ces langues précieuses, dont M. Orfila a négligé de parler dans son *Traité de Toxicologie.*

Il faut remercier M. le comte de Laborde d'avoir, contrairement aux us et coutumes de beaucoup d'érudits, présenté sous une forme simple et commode les résultats de recherches longues et laborieuses. La définition de chaque mot est accompagnée de plusieurs exemples ; les citations sont empruntées aux chroniques et aux poëmes, aux inventaires et aux testaments, aux quittances et aux donations ; il n'est sorte de chartes ou de livres que l'auteur n'ait mis à contribution.

L'ordre alphabétique qu'il a adopté est excellent sans doute pour faciliter les recherches ; et si l'ouvrage contenait la terminologie des étoffes et vêtements, et celle des armes que M. de Laborde a systématiquement écartée, son glossaire serait un manuel complet des arts et de l'industrie du moyen âge. Je regrette toutefois que l'auteur, trop préoccupé, je crois, de resserrer son travail dans les limites d'un mince volume, n'ait pas fait précéder son vocabulaire d'une introduction qui eût été comme un abrégé méthodique de tout l'ouvrage. A mon avis, dans le temps de paresse où nous vivons, il ne suffit pas de fournir à l'étude des matériaux excellents, il faut y joindre encore quelques leçons sur la manière de les employer. Peut-être même, sans augmenter notablement les dimensions de l'ouvrage, eût-il été possible de joindre les avantages de l'ordre alphabétique à ceux de l'ordre méthodique. Deux sortes de mots se trouvent dans le glossaire, qui appartiennent les uns à la langue du moyen âge, les autres à notre langue moderne. Les premiers, qui composent le vocabulaire à proprement parler, sont suivis des interprétations et des explications nécessaires pour l'intelligence des textes; les derniers ne sont, ce nous semble, qu'un prétexte à de courtes et substantielles dissertations. Réunies dans un discours préliminaire, elles permettraient au lecteur de jeter un coup d'œil d'ensemble sur les arts du moyen âge. Que l'on transpose les articles *Artistes*, *Diamant*, *Esmail*, etc., et le travail que je demande est fait.

Les définitions du glossaire de M. de Laborde étant appuyées de textes nombreux, ont en général le caractère de démonstrations. Cependant, dans quelques rares articles, il m'a semblé qu'il ne présentait pas toutes les acceptions d'un mot ou que ses interprétations étaient contestables. Ainsi, par exemple, le mot *arquémye* n'est traduit que par *alchimie*. Les citations qui le suivent, où il est question de beaux *escus d'arquémye*, de *pierreries d'arquémie*, me paraissent prouver que l'on désignait de la sorte, au moyen âge, la fausse monnaie et les pierres fausses. Je trouve dans le baron de Fœneste, livre III, chap. III, le passage suivant : « deux cuillers jaunes et une d'*arquémie*, » c'est-à-dire deux cuillers de laiton et l'autre d'une composition imitant l'argent. Je m'attache à des misères. Plus loin, M. de Laborde inscrit le mot *esimouère*, et du texte manuscrit où il le rencontre, il conclut que cet ustensile était une sorte de gaufrier. Une transposition de lettres très-admissible expliquera, je pense, ce terme d'une manière plus satisfaisante : on parle d'un « *esimouère à fromage pour faire des gauffres*, » lisez : *esmiouère*, instrument destiné à esmier, émietter, et traduisez par *râpe à fromage*, d'où l'on doit inférer que l'usage du fromage râpé n'est pas particulier à l'Italie, et que la France le connaissait dès le quatorzième siècle. M. de Laborde nous pardonnera de relever si minutieusement des erreurs insignifiantes ; mais c'est une tâche bien plus courte que celle de citer tous les articles qui mériteraient d'être loués pour les aperçus nouveaux et les observations fines qu'ils contiennent. Remercions-le de nous avoir donné un précieux lexique qui facilitera notablement l'étude de nos antiquités nationales. Félicitons aussi l'administration du Musée, qui, par cette heureuse innovation, a fait d'un catalogue particulier un livre instructif et d'un intérêt général pour les artistes et les archéologues.

FIN.

TABLE.

Les Mormons...	1
Les Cosaques de l'Ukraine et leurs derniers Atamans......	59
Sur un Tombeau découvert à Tarragone...................	91
De l'Histoire ancienne de la Grèce.......................	107
L'Hôtel de Cluny..	221
De la Littérature espagnole..............................	237
Les Romains sous l'Empire................................	265
Mémoires d'une famille huguenote........................	299
De l'Enseignement des Beaux-Arts........................	319
Restauration du Musée...................................	343
Vie de César-Auguste.....................................	359
Inventaire des Joyaux de Louis, duc d'Anjou..............	371

www.ingramcontent.com/pod-product-compliance
Lightning Source LLC
Chambersburg PA
CBHW070439170426
43201CB00010B/1146